도리천 가는 길

* 이 도서의 국립중앙도서관 출판예정도서목록(CIP)은 서지정보유통지원시스템 홈페이지
(http://seoji.nl.go.kr)와 국가자료공동목록시스템(http://www.nl.go.kr/kolisnet)에서
이용하실 수 있습니다. (CIP제어번호 : CIP2018008308)

도리천 가는 길 〈3〉

사자의 분노와 슬픈 이별

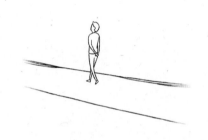

목차

**1
장**

인간세상의 먹이 싸움은
오히려 정글보다
더 치열하다

2
장

천하에 도가 있으면
말이 똥 수레를 끄는데
천하에 도가 없으면
말이 전쟁터에서 새끼를 낳는다

**3
장**

하늘이 만물을 태어나게 했으나
풀잎 하나라도 간섭하던가?
간섭하지 않기 때문에 만물은
제 자리에서 제 할 바를 다하는 것이다

1 장

인간세상의 먹이 싸움은
오히려 정글보다 더 치열하다

정글의 먹이 다툼

고삐 풀린 탕아의 귀환

아침저녁으로는 제법 선선해도 낮에는 푹푹 쪘다. 더위가 심한 것으로 보아 아무래도 또 한번 태풍이 몰아칠 것 같았다. 늦여름을 전후해서 폭우를 동반한 태풍이 두어 차례 지나가기는 했으나 세력이 그리 크지는 않았다. 그런데 백로白露가 지났는데도 짜증이 나도록 후덥지근한데다 어쩌다가 부는 바람도 겨우 나뭇잎이나 한들거려서 시원하기는커녕 더위를 더 느끼게 하였다.

한성민은 때아닌 무더위가 기승을 부리는 거로 봐서 심상치 않은 징조라 생각했다. 연초에 예견했던 대로 한반도뿐만 아니라 천하 곳곳을 휩쓸 폭우와 태풍이 미구에 몰아닥칠 것이라 짐작했다. 그래서 집 안과 밖을 단속하고 논밭의 두렁을 든든하게 다지고 도랑을 깊이 파서 물이 잘 빠지도록 해놓았다.

그리고 나서 한 사흘 마음 놓고 지내다가 이날 오후 해가 어스레

질 무렵이었다. 낮에는 하늘이 높고 쾌청은 하였다. 그러나 날씨는 짜증이 날 정도로 푹푹 찌고 후덥지근해서 큰비가 내릴 징조라 판단하고 혹시 무너질 염려가 있어 보이는 논둑을 다시 한번 보수하고 돌아왔다. 그리고 마당에 서서 하늘을 살펴보았다. 북쪽 까마득히 먼 하늘이 새까맣게 물들었다. 비를 머금은 구름이 틀림이 없었다. 그런데 까만 구름이 눈에 띄게 빠른 속도로 몰려오고 있어서 한 두어 시간만 지나면 비를 뿌릴 것이라 짐작했다. 그런데 점점 가까이 다가오는 구름이 높지 않고 낮은 데다 무겁게 보이는 것으로 보아 머금은 비의 양이 엄청날 것 같았다. 잔뜩 실은 비의 무게를 견디지 못한 구름이 둑을 허물듯 무너져서 물동이 붓듯 한꺼번에 폭우를 쏟아낼 듯해서 걱정이었다. 갑자기 불어난 물을 감당 못한 약한 논둑이 터지고 마을 가운데를 지나는 도랑물이 넘쳐 낮은 지역의 집 마당을 쓸고 담장을 무너뜨릴 것 같아 초조했다.

아닌 게 아니라 해와 천지가 어둠에 묻혀 앞뒤를 분간 못할 즈음이었다. 갑자기 마을 앞산 위 하늘이 더 껌껌해지더니 먼 곳에서 우르릉 대는 천둥소리가 들려왔다, 그리고 좀 지나서는 번쩍이는 번개가 어둠을 갈라놓았다. 그러다가 바람이 슬슬 나뭇가지를 흔들더니 화등잔 같은 번개가 한 번 번쩍이고 연이어 태산을 무너뜨릴 것 같은 우레가 천지를 뒤흔들었다.

잠깐 사이였다.

귀신 울음 같은 바람소리가 어둠 속을 휘몰아 오고 굵은 빗방울이 마른 땅을 후드득 후드득 적셨다. 그리고 눈 깜짝할 사이에 쏟아 붓기 시작했다. 방에서 잠깐 눈을 붙였던 강서영이 빗소리를 듣고 부리나케 일어나 문을 열고 마당에서 우두커니 하늘을 보고 서있는 남편을 다급히 불렀다.

"여보, 안으로 어서 들어오세요. 비가 오잖아요!"

"알았소. 기어이 올 것이 오고 마는 군!"

쏟아지는 비는 한성민이 급히 섬돌 위까지 달려간 그 짧은 사이에 옷을 흠뻑 적셨다.

비는 밤새 줄기차게 내렸다. 뇌성이 집을 흔들고 번개가 불을 끈 방안까지 환히 밝혔다가 사라지기도 하였다. 천지가 조용해서 비가 좀 그치는 가 싶다가도 얼마 못 가서 또 쏟아 붓기를 반복했다.

한성민은 이른 새벽에 잠에서 깨어났다.

"여보 오늘은 그냥 쉬시면 좋으련만. 비가 너무 오는데."

강서영은 이맘때면 어김없이 뒷산 석굴로 가는 남편의 오랜 습관에 익숙해져 있었다. 새벽마다 늘 이부자리 바스락이는 소리에 함께 눈을 뜨고 따라 일어나 같은 걱정을 반복했다.

"엄동설한에도 수련하면 몸이 가벼워지오. 내 걱정은 하지 말고 당신은 아이 생각해서라도 방안에서 편안이 있도록 해요. 오래 있지 않을 테니."

한성민은 날씨를 핑계 삼아 게으름을 피울 수는 없었다. 도를 얻고자 하는 자가 편안함만을 생각한다면 그 마음에 이미 마가 침범한 것이라 생각했다. 더욱이 임신한 아내의 위험을 알고 있는 터에 음산한 사기邪氣가 기승을 부리는 이런 날일수록 하늘을 향한 정성을 소홀히 할 수는 없었다.

마루에 나와 보니 빗방울이 생각했던 것보다 훨씬 굵고 세찼다. 우산으로는 어림도 없어서 비닐 우의를 겹쳐 입고 집을 나섰다. 산길을 오르니 우의도 이름뿐 세찬 비는 옷과 몸을 가리지 못하였다. 머리와 얼굴을 타고 내린 빗물이 속옷을 적시고 바지는 아예 물속에 담긴 거나 다름없었다. 석굴까지 아직 한참이나 멀었는데 벌써 윗옷도 다 젖었다.

그러나 그는 개의치 않았다.

아내가 임신한 사실을 안 뒤로 한 번도 빠지지 않고 외웠던 아내만을 위한 기원의 주문을 산길을 오르는 걸음걸음에 맞춰 염불처럼 외기 시작하였다.

"아내의 고통과 환란, 그리고 과오에서 벗어나게 하시고 업을 멸하여 구원해주소서."

하고 수없이 반복했다.

산 중턱에 이르러서는 여름철에 더위를 피해 가끔 앉아 쉬었던 고목나무가 번쩍하고 내리치는 벼락에 큰 가지 하나가 우지끈 부러져 꺾이는 소리에 잠깐 걸음을 멈추었다. 어린 시절부터 정이 들었던 나무라 안타까웠다. 그래도 주문을 멈추지 않았다. 나무 곁을 지나면서는 더욱 큰 소리로 빠르게 주문을 외웠다.

석굴에 들어가서는 산중 높은 곳이라 그런지 비바람이 더 심하게 요동쳤다. 옷은 물 범벅이고 속살도 물을 덮어씌워 놓은 듯하였다.

그런데도 그는 아무렇지도 않게 늘 앉았던 자리에 가서 결가부좌하였다.

그리고 외우던 주문을 멈추고 조용히 명상에 들었다.

명상의 시작은 산을 울리는 뇌성과 나무를 휘어놓는 비바람소리
까지 그 모든 소리를 귓전에서 단절시키며 집중을 거듭하였다.

"소리는 마음이 듣는 것, 마음을 여의면 천지가 뒤집어져도 귀에
서 들리는 소리는 없는 법이다."

하고 거듭거듭 되뇌이며 마음을 하나로 모으는 데 열중하자, 마
침내 고요함에 들 수 있었다. 그리고 그 고요함을 지키며 촛불을 밝
히고 향을 피워 마음을 정갈하게 하였다.

마음이 고요하니 정신이 맑고, 정신이 맑으니 혼백이 하나 되어
정성이 지극해지기 마련, 그 정성을 인당에 모아 집중하여 하늘 기
운과 통하려 하자 희미한 빛이 인당으로 들어와 머릿속을 밝혔다.
여기에서 한 단계 더 깊이 들어가면 황홀한 쾌락의 경계가 나타나
는 법이다. 그는 이 문턱에서 집중을 멈추고 아내를 위해 기원을 시
작하였다.

"아내의 고통, 환란, 과오, 업장소멸, 구원, 소원성취 천제님."

하고 간절한 마음을 실어서 위없이 높은 그곳까지 전파처럼 흘러
가기를 염원하며 외고 또 외웠다. 그러다가 일어나 주문을 외며 삼
천 번을 절하고, 잠시 휴식을 취한 뒤에 세 번을 더 절하고는 수련을
마쳤다.

한성민이 삼천 번을 절한 까닭이 있었다.

삼천은 헤아릴 수 없이 많은 과거, 현재, 미래 세계를 뜻하므로 인
간에게 작용하는 모든 힘, 그것은 눈에 보이지 않는 초월적인 수리
라서 신의 의미가 있어서였다. 마지막으로 세 번 절한 뜻은 세상을

탄생시킨 삼신三神을 향해서였다. 삼신은 태극이자 도이고, 도는 종교적으로 신이며, 신은 유일자로서 육신의 성품과 목숨과 정기 이 세 가지 쓰임으로 나타나 만물을 탄생시켰기 때문이다.

새벽에 그 난리를 치던 뇌성 번개가 아침이 되자 좀 뜸했다.
무섭게 몰아치는 비바람도 좀 잦아들기는 했다. 우산을 들고 집 밖 멀리까지 나와있던 강서영은 산을 내려오는 남편의 모습에 안도했다. 그리도 마음 졸이던 엊저녁을 생각하면 웃음이 절로 나왔다. 그러나 가까이 다가온 남편의 옷이 물에 빠졌다 나온 사람처럼 흠뻑 젖어 있어서 마음이 아팠다.
"당신 고생하셨어요."
"비바람이 심한데 집에 있질 않고!"
"걱정돼서요."
"걱정은… 늘 있는 일인데."
한성민은 말은 그리 해도 상당히 피곤했다.
천둥 비바람소리를 여의고 집중하기 위해 진기眞氣를 최상승으로 끌어 올렸던 데다가 삼천 세 번을 절하느라 기력을 너무 소모했다. 하지만 피곤한 내색을 하지 않았다. 산을 내려오면서부터 다리가 후들거렸으나 일부러 성큼성큼 걸어 집으로 들어갔다. 그리고 대충 씻고는 아침식사를 마치자마자 잠시 쉬었다가 길게 드러누워 곤히 잠들었다.
그가 잠든 뒤였다.

강서영이 전화벨 소리에 깜짝 놀랐다.

마루에서 걸레질을 하고 있는데 안방에서 전화벨이 요란하게 울려서 남편이 깰까 봐 황급히 수화기를 들었다. 그리고 목소리를 죽여서 누구냐고 물었더니 뜻밖에 강철호였다.

"누님, 인사가 늦었어요. 자형은 잘 계시죠?"

제법 살가운 말투였다.

그러나 출감한 지가 언젠데 여태 인사 한 마디 없다가 반가운 척하는 것이 얄미워서 건성으로 대답하고 안부를 묻지도 않았다.

지난 3년간 남편이 감옥에 있는 저를 개과천선시키려고 온갖 노력을 기울였다. 더욱이 수련원을 제가 하던 때보다 두 배 세 배는 더 번창시켜 놓았다. 그런데 소진수 하나 때문에 남편을 의심하여 제 아비 어미를 시켜 윽박지르기나 하고, 출감해서는 찾아오지는 못할망정 곧바로 전화인사조차 하지 않은 배은망덕한 인간을 사촌 동생이라고 생각하고 싶지도 않았다.

거기다가 이 사범 저 사범을 불러 수련원 운영은 어떻게 했는지 잔뜩 의심해서 추궁한 것은 그렇다 쳐도, 남편이나 자신이나 일상 생활비 말고는 월급이란 명목으로 한 푼 쓸 생각조차 하지 않았다. 그랬는데 생활비 얼마나 가져갔는지, 또 돈이 어디로 얼마나 새나 갔는지 눈에 불을 켜고 따지더라고 여러 사범들이 일러주었다. 특히 경리를 맡은 여직원은 혼줄이 날 정도로 추궁을 받았다 하였다.

"누님, 실은 거기 가려고 전화했어요. 자형한테 인사드리려고요. 진작 그러려고 했는데 출옥하고 보니까 갑자기 여기저기 만나자는 사람도 많고 할 일이 산더미 같아서 차일피일 했어요. 죄송합니다.

큰아버지 큰어머니도 거기 계시다면서요?"

강철호는 속 보이는 거짓말을 꺼림없이 능숙하게 해댔다. 차라리 미안하다는 한 마디면 되었을 텐데 늘어놓는 구구한 변명에 정나미가 떨어지고 보기도 싫었다. 우리도 곧 서울 갈 거니까 굳이 올 필요 없이 서울 가서 보자 하는데도 다음 말이 가관이었다. 천연덕스럽게 그러면 도리가 아니지요. 존경하는 자형에게 은혜는 못 갚을망정 인사는 드려야 한다며 일방적으로 전화를 끊었다.

한성민은 점심 때가 거의 돼서야 잠에서 깨어나 강철호가 온다는 말을 듣고는 무덤덤하게 고개만 끄덕였다. 사실 강철호가 출옥하기 전에 서둘러 시골에 온 것도 아내를 위해서이기도 하지만 자신이 없는 데서 수련원 운영 내막을 마음껏 조사해 보라는 의도도 깔려 있었다. 의심이 많은 사람과 대화하면 묻는 말에 촉각을 곤두세우기 마련이고, 대답이 마음에 들지 않으면 의심이 더욱 깊어져 자칫 본의 아닌 다툼도 있을 수 있기 때문에 스스로 판단하게 내버려 두었던 것이다.

"당신이 지난 날 철호를 예전처럼 생각하지 말라 하셨을 때는 솔직히 섭섭한 마음도 없지 않았어요. 하지만 정말 그래야 할 것 같아요."

"내가 그리 말한 것은 동생이 없는 당신이 오누이로서 처남한테 쏟은 정과 믿음이 무너졌을 때 애태우고 원망할까 봐 걱정해서였소. 앞으로 혹 배신감을 느낀다거나 섭섭한 일이 있다 하더라도 미워하거나 싫어하고 성내지 않았으면 좋겠소. 그저 그러려니 하면 담담하게 받아들여질 것이오."

하고 그는 아쉬운 표정을 지었다. 그리고 비도 좀 그쳤으니 처가댁으로 가서 정원을 산책하다가 거기서 점심식사를 하자며 강철호의 모습을 더 떠올리지 않으려 하였다.

마당으로 나와 보니 그리 세차게 퍼붓던 비도 그치고 바람도 잦아들어서 사방이 말끔했다. 그러나 하늘은 잠시 숨을 고르는지 푸르기는 하지만 구름이 저 먼 곳에서부터 야금야금 검게 물들여 오는 게 심상치가 않았다.

"태풍이 아직 제 본색을 숨기고 있군!"

"네?"

"어서 갑시다. 소나기가 올 것 같군! 한바탕 쏟아지고 나서 좀 잠잠해졌다가 태풍이 또 몰려올 거요. 어제보다 더 하겠는 걸."

천문을 관찰하듯 하늘을 우러러 그리 말한 그는 한숨을 내쉬며 집을 나섰다. 이것이 하늘의 재앙이요 땅의 변고이기는 하지만 개벽의 징조인 것 같아 잠깐 마음이 산란했다.

그런데 처가댁이 불과 반 킬로미터 밖에 있는데 먹구름이 어찌나 빨랐던지 가는 길에 소나기를 만났다. 굵은 빗방울이 몇 방울 떨어지는가 싶더니 어느새 쏴 쏴 동이로 퍼붓듯 쏟아졌다. 빠르게 가야 했으나 임신한 아내가 걱정돼 윗옷을 벗어 머리를 덮어주고 자신은 소나기를 고스란히 맞았다.

"원, 한 서방이 감기 들겠다. 우산을 챙겨오지 않고서는!"

별장 현관문을 들어서자 그의 장모가 혀를 끌끌 차며 맞이했다.

그새 물에 들어갔다가 나온 사람처럼 흠뻑 젖은 옷을 벗고 마른 옷으로 갈아입은 그는 선희를 데리고 다시 오겠다며 곧장 되돌아섰다. 그리고 우산을 받쳐 들고 현관을 막 나서는데 뜻밖에 선희가 마당 정원 사이 길로 들어서고 있었다. 소나기 소리를 듣고 오빠와 올케 언니가 비를 맞았을 성 싶어서 부랴부랴 새옷을 챙겨들고 달려왔다 하였다. 장모는 기왕 비도 오고 하니 오늘은 모두 함께 하루를 보내자며 반겼다.

저녁이 돼갈 무렵, 지난 새벽에 버금가는 비바람이 몰아치고 있었다. 택시를 타고 온 강철호가 언제나 그랬듯 당당한 모습으로 현관문을 열고 들어섰다. 수염을 길러 곱게 다듬은 강철호의 모습이 몰라보게 변해서 얼른 알아보기 어려웠다. 게다가 얼굴이 더 흰해지고 살도 좀 올라서 점잖은 무게감까지 더 했다. 오랜 세월 함께 해서 동작과 표정, 목소리가 익숙해져 있지 않았다면 타인으로 오해할 뻔했다. 하지만 변해버린 얼굴만큼이나 강철호가 어색하게 느껴진 건 비단 한성민 만이 아니었다. 강서영도 마찬가지고 두 어른도 타인을 대하듯 하였다.

"큰아버지, 큰어머니 절 받으십시오."
강철호가 나란히 앉은 두 어른께 그간 안녕하셨느냐 하고는 넙죽이 절하는데도 고개만 끄덕이고는 눈길을 주지 않았다. 그런데 강철호가 놀랍게도 한성민을 향해서도 무릎을 꿇고 절했다. 그리고 사뭇 공손하게 앉아서 일견 예의가 바르고 몸가짐도 겸손하게 하였다.

"자형, 수련원을 다시 부흥시키고 관리까지 잘 해주셔서 고맙습니다. 이 은혜 평생 잊지 않겠습니다."

하고 결연한 표정을 지으며 머리를 깊이 숙여보였다.

강철호의 행동이 뜻밖이기는 하지만 사실 이때만큼은 진심이었다. 사촌자형인데다가 올곧은 그의 성품을 모르는 바가 아니었다. 그러나 감옥에 있는 동안 누구도 믿어서는 안 된다는 일종의 신념처럼 굳어진 의심증이 그에게도 예외를 두지 않았다. 그만큼 수련원을 번창시켰으면 수익도 만만치 않았을 텐데, 아무리 도인이라해도 견물생심이라 자기 마음대로 쓸 수 있는 돈을 보고 욕심내지않을 인간이 세상 어디에도 없을 것이라고 단정했다. 사실 따지고보면 한성민 부부가 수익금 전액을 챙긴다 해도 자기로서는 할 말이 없다는 것도 잘 알고 있었다. 그러나 그런 마음도 잠시, 또 달리생각을 뒤집어 판단해보았다. 자신의 건물에서 자신이 닦아놓은 기반 위에서 그가 수련원을 재건한 것에 지나지 않았다. 기업적 측면에서 적당한 월급과 수고비 정도면 몰라도 수익금 전부를 가져간다는 것은 말이 안 된다고 생각했다. 그리고 그도 인간이므로 자신의 공로를 자평해서 수익금 전부는 아니라도 거의 챙겼을 가능성도 염두에 두는 등 갖은 의심을 다했었다.

그러나 머리를 굴리고 굴렸던 별의별 의심은 보기 좋게 빗나갔다.

한성민은 놀랍게도 자신이 출감해서 돌아오면 수련생 교육과 운영을 어떻게 해야 하는지 사범들에게 자세히 숙지시켜 놓았었다.

그리고 가장 의심했던 금전출납 장부에서 단돈 십 원도 헛되게 지출되지 않았음을 확인했다. 심지어는 월급이란 명목으로 가져간 돈도 한 푼 없었다. 게다가 상당한 수익금을 예금해 놓았음을 알고는 감동하고 부끄러웠다.

감옥에 있을 때 그가 마음을 써주고 베풀어준 여러 가지 배려가 주마등처럼 떠오르고 고마움이 울컥 치솟았다. 그러고 나니 그에게 인사하지 못한 것이 여간 켕기지가 않아서 마음이 급했다. 한시라도 늦을까 봐 비행기를 타고 공항에서는 택시를 대절해 허둥지둥 달려왔다. 그리고 의심해서 인사가 늦었던 미안한 속내는 적당히 둘러대 얼버무리고 진심으로 고마워했다. 그 모양을 지켜보던 두 어른은 이렇듯 새사람이 돼 진심을 보이는 조카가 흐뭇해서 그간 괘씸해서 꽁해 있던 마음을 조금은 풀었다.

그러나 한성민은 별로 좋은 얼굴을 하지 않았다. 시종 무덤덤한 표정으로 있다가 한 마디 불쑥 했다.

"자네 얼굴이 많이 변했군?"

"얼굴이 변해요? 하긴 3년이나 감옥에서 썩었으니까 좀 변할 만도 하지요"

속으로 뜨끔해진 강철호의 표정이 어색하게 굳었다. 엉겁결에 더듬더듬 얼버무리기는 하였으나 자신의 성형을 단번에 알아차린 그가 얄밉기도 하고 무섭기도 하였다.

"하긴, 그간 고생이 많았네. 마음고생이 심하면 얼굴도 바뀌기 마련이지, 그래도 자네 모습이 예전보다 더 반듯하고 젊잖아 보여서 보기가 좋군!"

한성민은 정곡을 찔렀던 첫마디와는 달리 모른 체하고 부드럽게 위로해 주었다.

"그리 보아주셔서 감사합니다. 자형!"

그러면 그렇지 성형한 얼굴을 수염으로 가려서 위장했는데 그가 알아볼 리가 없지 하고 생각한 강철호가 좀 신명을 내서 꾸벅 고개까지 숙여 보였다. 그러나 한성민의 그 다음 말에서 그만 벌컥 성이 나고 말았다.

"내가 자네한테 언젠가 이런 말을 한 적이 있지, 아마도."

하고 운을 뗀 그가 남의 말을 하듯 시선을 멀리하여 조용조용 말했다.

"……!"

"믿음이 있는 말은 꾸밈이 없어서 아름답지 않고, 꾸밈이 있는 아름다운 말은 믿음이 없으며, 착한 사람은 변명하지 않고, 변명하는 사람은 착하지 않다 하고 말이네. 자네 이 말을 잊지 않기 바라네. 질박하게 순수하면 꾸밈이 없고, 다듬어서 아름답게 꾸민 것은 처음은 듣기에는 좋아도 나중에 신뢰를 잃게 되지. 그리고 의심이 없으면 변명하지 않는다네. 대개 올곧고 생각이 깊은 사람은 어눌해서 바보 같고, 음흉하고 얕은 사람은 겉으로는 의를 내세우고 예의가 바른 법이지. 늘 명심하고 잘 처신하면 복이 되고 아님 화가 될걸세!"

"씨발! 아는 체하지 않으면 어디가 덧나나!"

강철호가 속으로 내뱉은 욕설이었다. 오랜만에 만나서 남의 가슴을 후벼 파기는! 하고 배알이 뒤틀리기도 하였다.

"철호야, 이곳이 참 좋지? 온 김에 여기서 며칠 푹 쉬었다 가렴."

강서영이 심상치가 않은 강철호의 표정을 읽고 속에도 없는 말을 재빨리 해 화제를 돌리려 하였다.

"아니에요. 누님, 곧 가야 해요. 서울에 바쁜 일이 많아서."

강철호는 저녁식사는 하고 가려 했는데 영 기분이 잡쳐서 더 앉아 있기 싫었다. 3년 만에 시골까지 찾아온 처남한데 속이야 어떻든 좋은 말로 반겨 주어야지 기껏 한다는 말이 남의 속이나 뒤집어 놓다니! 예전의 정나미가 한순간에 다 날아간 기분이라 바쁜 몸짓으로 일어섰다. 여기까지 와서 하룻밤도 안자고 갈 거냐고 큰어머니가 한사코 만류했는데도 급한 일 때문이라며 뿌리쳤다.

"당신 철호 마음을 너무 상하게 한 것 같아요. 예전보다 겸손하고 예의가 바르던데 왜 그런 말을 하셨어요? 기분이 많이 안 좋은가 봐요. 하긴 애도 그렇지! 자형한테 듣기 싫은 소리 좀 들었다고 금방 삐쳐서 가다니!"

강철호가 택시를 불러 폭우 속으로 휑 하니 사라지고 나서 그녀가 남편을 보고 원망조로 말하다가 문득 그 정도에 토라진 동생이 더 섭섭하고 속이 상했다.

"처남이 예의가 바르다고 했소? 겉으로 예를 차리는 사람은 마음 속 깊이 야박함이 있소. 그런 예는 관습이 아니라 규범이오. 굳이 규범을 지키려 하는 것은 그 마음 속에 음흉함을 드러낸 것이라 할 수 있어요. 내 오늘 처남을 보니 그런 속내를 느꼈소. 그래서 충고를 준 것이오만, 어쩌면 내가 처남한테 남긴 마지막 충고일지도 모르겠소!"

"저는 생각보다 겸손하고 예의가 발라서 얄밉기보다 감옥에서 많이 변했다고 생각했는데 그게 아니었군요?"

"많이 변했지요. 얼굴도 뜯어고치고. 바르게 변한 것이 아니라서."

"예? 얼굴을 뜯어고쳐요? 철호가 성형을 했어요?"

"그렇소. 수염으로 위장했지만 성형한 얼굴이었소. 당신 생각에 왜 성형을 했을 것 같소?"

"예전에 얼굴이 너무 알려진 흉악범이라서 성형하지 않았을까요? 수련원 운영하려면 아무래도."

"그러면 다행이오만 출옥한 지 얼마나 됐다고 성형할 시간이 있었을까?"

"어머 정말 그러네요? 아무도 모르게 언제 어느 병원에 가서 수술했을까요?"

"하여간 성형한 원인이 무언가 다른 목적을 위해서라는 생각을 떨쳐버릴 수가 없소. 정말 그렇다면 보통일이 아닐 텐데…!"

"교도소矯導所라는 말은 사람을 교화시켜서 바르게 인도한다는 뜻인데 그렇지도 않은가 봐요. 철호가 또 일을 저지르면 어쩌지요?"

"교도소란 게 그냥 죄의 대가를 치르는 곳이겠지. 암튼 제발 딴 생각하지 말고 우리가 잘 키워 놓은 수련원 일에나 열중했으면 좋으련만"

한성민은 무언가 짚이지는 않지만 아무래도 강철호가 누군가와 손을 잡고 큰일을 저지를 것 같은 생각을 지울 수가 없었다. 특사로 4년이나 앞당겨 풀려난 것도 믿기지 않고 출옥한 지 며칠이 지나지도 않았는데 성형까지 한 것을 보면 틀림없이 누군가의 비호를 받으면서 어떤 대단한 음모를 꾸미고 있는 것 같아서 불안했다.

"교도소라는 곳 그 안에 있다 보면 잘못을 뉘우칠 텐데 왜 그럴까요?"

강서영은 다른 생각보다 강철호가 밉기는 해도 오래 정을 쌓아온 사촌지간이라 과거에 저지른 범죄를 뉘우치지 않은 것 같아서 속이 상했다.

"썩은 과일이 있으면 멀쩡한 과일이 썩듯 오염된 틈바구니에 있다 보면 그리 되기가 십상이지요."

"정말 걱정이네요. 앞으로 어떻게 될지…"

"글쎄, 위대한 도인인 양 행세해서 교주처럼 군림할 수도 있겠지. 하지만 무언가 종잡을 수 없는 느낌이 들었소."

"교주라뇨, 사이비 교주요? 설마 철호가요!"

"요즘 그런 사람들이 어디 한둘이오. 누구나 떠받들리다 보면 군림하려 들고, 군림하면 그 때문에 욕망이 더 커져서 악행을 저지르기 마련이지. 그런 부류는 교묘한 수법으로 악행을 저질러도 밖으로 잘 드러나지 않도록 단속도 잘 해서 법망을 잘 피하지요."

"만약 철호가 그리 되면 당신이 바탕을 만들어 준 꼴이 되겠군요."

"아직은 속단하기 이르오. 사범들을 잘 가르쳐 놓았으니까."

말은 그리 해도 그는 마음이 썩 놓이지가 않았다.

솔직담백하고 패기가 만만했던 예전의 강철호라면 그나마 계도할 여지가 있었으나 지금은 그럴 틈새조차 발견하기 어려웠다. 거기다가 제 잘못을 숨기고 변명하면서도 거짓을 표가 나지 않게 잘 위장하는 간교함, 그러면서도 겸손하고 예의 바른 언행을 태연히 연출하는 음흉함도 엿보였다.

그러기에 그는 마음이 무거웠다.

강철호와 같은 무리들이 곡식을 갉아먹는 메뚜기 떼처럼 천하를 횡행할 터이니 나라가 어찌 될지 암담했다. 기다리는 때가 오기만을 학수고대하면서 널리 홍익의 법도를 펼칠 계획을 세워는 놓았다. 그러나 비온 뒤의 죽순처럼 자라는 그들 무리들 때문에 차질을 빚지는 않을지 저어돼 시름이 깊었다. 하지만 시름만큼이나 그리움도 간절했다. 폭우를 쏟아내는 태풍으로 아수라장이 된 이 땅 저 너머에서 지금쯤 봄소식을 가슴에 안고 부지런히 오고 있을 그이, 그이가 오는 날 천하는 광명해지리라! 그리 생각하고 우러나오는 심중의 소리를 시로 지어 읊었다.

그 임은 언제 오시려나?
지금 푸른 옷을 입고
오실 차비를 하고 계시나
임이 오시기 전에
임에게 드릴 추수 준비 하오리다.
아, 그러나

논밭은 넓고 잡초는 무성한데
거두실 알곡 얼마나 되려는가?
쭉정이 안타까워 가슴이 아픈데
청산에 해만 거푸 저무네.

한성민은 고향에서 꼬박 한 달을 쉬었다가 아내와 선희를 데리고 상경했다. 노부부는 별장에 우두커니 있기 싫다며 먼저 상경해서 그들이 기거할 방을 준비해 놓았다. 장인은 아내가 어릴 때부터 줄곧 쓰던 방이 있는데도 2층 넓은 서재를 비워놓았다. 그리고 아래층에 선희가 기거할 방을 특별히 단장하고 그리 많지 않은 서재의 책까지 옮겨놓아 글을 쓰고 독서도 할 수 있도록 배려해 놓았다.

한성민은 처가댁에서 하룻밤을 지내고 다음 날 아침 일찍 '홍익진리회' 법인 사무실에 처음으로 출근했다. 사무실은 이사장실과 회의실, 그리고 교육할 넓은 강당까지 예상했던 대로 잘 갖추어져 있었다. 소재도 고급스러운 데다 박희경이 잘 안다며 소개한 실내 장식가의 상당한 정성이 어우러져 분위기도 좋았다. 모든 것이 아낌없이 재산을 내놓은 장인 덕분이었다.

"선생님, 저희들 빠짐없이 다 모였습니다. 그리고 발기인은 이백 명 정도 서명을 받았는데 개업식은 강당에서 하기로 의견을 모았습니다."

사무실을 한 바퀴 둘러본 그는 모두 모인 회의실에서 주성수로부터 보고를 받았다.

"수고들 했다. 준비를 잘 해놓아서 흐뭇하지만 자네들이 고생하는 동안 나는 시골에서 한가하게 지냈으니 참 미안하다. 아무튼 새 시대를 이끌어 갈 이 나라의 진정한 일꾼들이니 이 법인이 자네들 것이라 생각하고 성심을 다해주기 바란다."

하고 인사를 겸해 말하고 첫 회의를 주재하는 자리라 법인 운영을 위한 각자 의견을 내보라 하였다. 그랬더니 배영기가 이미 의견을 모은 바가 있다며 의견을 내놓았다.

"저희들은 민족의 장래를 위한 선생님의 뜻에 동참하기 위해 이 자리에 모였습니다. 언젠가 저희가 사모님으로부터 선생님 말씀을 들은 적이 있습니다. 선생님께서 말씀하기를, 인간 세상을 정글에 비유하셨다지요."

"응, 아내와 무위에 대해 이야기하는 중에 그런 말을 한 적이 있네."

"가만히 생각해 보니까 인간 세상이 정글이나 다름이 없더군요. 인간들의 삶을 속속들이 살펴보면 하루도 긴장하지 않고는 살 수 없는 먹이사슬 싸움이 오히려 정글보다 더 치열하다는 생각이 들었습니다."

"그러기에 우리는 자신을 잘 다스리고 타인을 이롭게 하는 데에 힘써서 진정한 평화가 이 땅에 깃들게 해야 하지 않겠나. 홍익진리회를 결성한 것도 그 때문이고."

"바로 그겁니다. 선생님! 그런데 선생님께서 또 이런 말씀도 하셨다지요. 웅변가나 부처의 목소리를 사자후라 하는 뜻은 진리로써 불의를 겁내게 하는 것이라고요."

"인간은 온갖 짐승, 온갖 버러지, 온갖 곤충, 즉 태에서 난 것, 알에서 난 것, 변화해서 난 것, 습기에서 난 그 모든 중생의 습성을 다 지닌 불가사의한 존재이지. 하지만 중생의 습성을 지녔기 때문에 정글의 먹이사슬처럼 아귀다툼이 있는 것이라네. 정글의 온갖 중생이 사자의 목소리에 기겁을 하듯 인간의 중생심을 겁내게 하는 것이 무엇이겠나? 바로 진리를 설파하고 실행하는 것이지. 그래서 오늘날 인간 세상에 붓다와 같은 사자후가 절실하지 않겠나."

"바로 그 점입니다. 선생님께서 하시고자 하시는 뜻이 바로 사자후가 아니겠습니까?"

"내 어찌 붓다의 사자후에 비유하리오만, 도를 얻고자 하는 자로서 마땅히 뜻을 바르게 세우고 바르게 행하고자 한다네."

"하지만 선생님, 인간 세상의 사자후는 외롭습니다. 욕하고 비웃고 깔아뭉개려 들겠지요. 그래도 선생님께서는 끝까지 사자의 목소리를 닫지 말아주십시오. 저희들이 있지 않습니까?"

배영기가 말을 마치자 비장한 표정으로 빛나는 안광을 쏟아냈다.

"예 선생님, 배 변호사 말처럼 저희는 학생운동을 하던 때처럼 사명감을 가지고 선생님의 뜻을 받들어 헌신할 마음의 준비가 돼 있습니다."

이번에는 주성수가 각오를 드러냈다. 그러자 김민수와 박희경이 전장에 나가는 투사처럼 결연한 의지를 내보였다.

"아, 정글에 울려 퍼지는 외로운 사자의 포효가 들리는 것 같네. 우리 선생님 중생들의 시기, 질투, 비웃음, 모함을 어떻게 이겨 내실까? 하지만 선생님 염려놓으십시오. 이 진경숙이 앞장서서 선생님을 지켜드리겠습니다."

진경숙이 벌떡 일어서더니 마치 독백하는 연극배우처럼 한껏 감정을 넣어 대사를 읊듯 하였다. 비장한 분위기를 단번에 웃음으로 바꾸어 놓은 진경숙의 재치가 돋보여 모두들 박수를 치며 좋아하였다.

"야, 진경숙! 차라리 코미디언이나 되지 아깝다, 아까워!"

박희경이 희죽이며 놀렸다.

"야, 박희경! 인류 평화를 위한 대장정에 나서는 이때 내 말을 코미디언의 말장난으로 듣다니."

진경숙이 사뭇 진지한 표정을 지었다. 하지만 그 모양이 더 우스워 한성민도 미소를 지었다.

"자, 자 이제 그만 하고 본론으로 들어가자."

주성수가 웃음을 못 참아 하면서 분위기를 차분하게 돌려놓았다. 그리고 무언가 작심한 말이 있는지 안색을 굳히고 차근차근 말했다.

"아시다시피 요즘 세상엔 자금이 없이는 아무 것도 할 수가 없습니다. 물론 현재 법인 자금은 상당합니다만 지출만 하다보면 자금이 언제 바닥이 날지 모릅니다. 그래서 드리는 말씀인데 큰일을 위해서는 수익사업이 필요하다고 생각합니다."

"수익사업?"

한성민은 그런 문제는 전혀 염두에 두지 않았던 터라 뜻밖이라 생각하고 반문했다.

"선생님께서 강철호 원장의 수련원을 성공적으로 이끌었듯이 같은 방법으로 수련원을 운영을 했으면 합니다. 하지만 그들과 차별해서 최소한의 운영비만 제외하고 수익금을 모두 독거노인, 소년소녀가장, 의료혜택을 제대로 받지 못하는 불우이웃을 돕는 데 쓰기로 의견을 모았습니다."

주성수가 의견을 겸해서 보고했다.

"좋은 생각이다. 나의 뜻도 그렇다."

"그리만 하면 빠르게 전국에 지부를 확장할 수 있을 것이라 생각입니다. 각 지부를 순회하면서 역사와 정신 등 뜻하는 바를 교육하면서 지역 의료계의 지원을 받아 가난한 이들에게 무료로 진료를 받게 한다면 상당한 호응이 예상됩니다."

"그 생각도 참 잘 했다! 그럼 김 기자가 잡지 발행에 대해서 말해 보게."

"잡지를 무가지로 발행하면 많은 독자를 확보할 수 있을 것 같습니다. 전국 지부에 회원들만 예상한 대로 확보해도 발행부수는 충분하다고 봅니다. 10만 명을 목표로 하면 상당한 광고수익이 예상됩니다."

김민수가 자신만만하게 보고했다.

"수익금은 최소한의 운영비만 제외하고 모두 이웃을 돕는 데 쓰도록 하는 것이 좋겠다. 그리고 한 가지 잊지 말아야 할 금과옥조 같은 말이 있다."

"……?"

"선행에는 흔적을 남기지 말아야 한다네. 그리고 착함은 말로써 티를 내지 않아야 하고, 착함으로 계산이 바르면 이리저리 타산을 따질 필요가 없고, 닫기를 잘 하면 빗장 문이 없어도 열지 못한다 하는 말이 있다네. 부디 소리 소문 없이 이웃을 돕고, 도왔다고 생색을 내지 않기 바란다. 그리고 바르게 하는 일에는 굳이 계산을 따지지 말고, 금전을 잘 관리해서 낭비하는 일이 없도록만 해주면 되네."

"예, 명심하겠습니다. 그리고 선생님, 사람들은 자신의 운명에 관한 이야기를 가장 듣고 싶어하므로 회원에 한해서 명리를 무료로 강의해 주고 스스로 운명을 극복할 수 있는 지혜를 제공해 준다면 수련원의 인기가 가히 폭발적일 것 같습니다."

"명리라. 생각들 잘 해서 오해받지 않도록 하는 것이 좋겠다. 아무튼 자네들 생각 참 좋다! 수익도 수익이지만 의미가 있다고 생각한다. 그럼 주성수 군이 구체적으로 계획을 세워주게. 그런데 명리를 가르칠 선생이 없지가 않은가?"

"그 점은 염려하시지 않으셔도 됩니다. 영리 목적이 아니라 순수한 학문으로 공부한 사람들 몇 명을 알고 있습니다. 이미 부탁도 해놓았고요. 혹시 선생님이 직접 강의해 주시면 더없이 좋겠습니다. 그러면 저부터 입문하겠습니다."

김민수가 충분한 대비책을 세워두었는지 자신이 있어 했다. 말끝에 그가 강의했으면 하는 티를 보여서 본말이 뒤바뀐 느낌을 주었다. 게다가 진경숙이 기다렸다는 듯이 자신도 배우겠다며 애교스럽게 말해서 또 한 번 한바탕 폭소를 터뜨리게 하였다.

한성민은 다소 무겁던 분위기가 진경숙의 어리광스러운 애교로 굳었던 표정들이 부드러워지자 그 기회를 틈타 회의를 마쳤다. 그리고 자질구레한 업무로 하루를 보낸 뒤 주성수를 불러 모두 함께 가서 저녁식사를 하라 이르고 자신은 강철호를 만나보고 집으로 바로 가겠다 하였다.

한성민이 강철호를 만나기로 한 것은 순전히 사촌처남이란 인연 때문이었다. 하는 행동으로 봐서는 나 몰라라 해야겠지만 그래도 옛정도 남아 있고 처남매부로 맺어진 터라 매몰차게 끊을 수는 없었다. 게다가 자신이 키워놓은 수련원이라 변질되지 않게 잘 운영되고 있는지 궁금하기도 하고 어려움이 있으면 필요한 조언이라도 해주고 싶었다.

그러나 그의 순수한 마음은 강철호의 수련원에 가서 실망으로 되돌아왔다. 건물 안으로 들어가자 그를 본 수련생들이 우러러 몰려와 반가워해서 기쁘게 그들과 인사를 나누고 사무실로 올라갔을 때였다. 문 앞에 한 건장한 젊은 사내가 떡 버티고 서 있다가 농부 같은 그의 행색을 아래위로 거만하게 노려보았다.

"아저씨, 무슨 일로 왔어요?"

"네, 원장님 만나러 왔습니다."

"원장? 여기는 그런 사람 없으니까 그만 가보세요."

사내가 냉정하게 말하며 한쪽 어깨를 슬쩍 밀쳤다. 그는 왼쪽 어깨가 뒤로 좀 젖혀졌으나 개의치 않았다.

"여기 원장이 강철호 씨가 아닌가요?"

"원장이 아니고 대선사님이세요. 대선사님! 그리고 선사님 함자를 함부로 부르면 안 돼요. 아저씨, 아시겠어요? 그런데 약속은 하고 왔어요?"

사내는 대선사라는 말을 힘주어 강조하며 대거리 하듯 눈을 아래 위로 치켜뜨면서 같잖은 표정을 지었다.

"아닙니다."

"그럼 다음에 약속하고 오세요. 혹시 기치료 하려고 왔으면 1층에 가서 신청을 하세요. 지금 사람이 많이 밀려 있으니까 순서가 되면 연락을 드릴 테니 그때 오시고요."

사내는 말하고 다시는 쳐다보지 않았다.

그때 어깨가 떡 벌어진 또 한 사내가 문을 벌컥 열고 나와서는 대선사님이 중요한 손님 만나서 환담중인데 밖에서 시끄럽게 웬 소란이냐며 여태 떠들던 사내를 노려보았다. 그러자 사내가 굽신대며 이 아저씨가 대선사를 만나겠다며 뿌득뿌득 우긴다고 일러 바쳤다.

한성민은 어이가 없어서 더 말하지 않고 돌아섰다. 자신이 누구라고 신분을 밝히면 사내들의 태도가 달라졌겠지만 그러고 싶지가 않았다.

예상했던 대로 강철호가 교주처럼 군림하고 있어서 이런저런 이야기를 해줘봤자 반 귀로도 안 들을 것 같았다. 그리고 예감도 여전히 좋지가 않았다. 꼭 무슨 일을 저지를 게 뻔해 보이는데 그것이 왠지 자신과 무관하지 않은 느낌이 들어서 꺼림칙했다.

마각을 드러낸 포식자들

한성민이 수련원을 다녀간 그 시간 강철호는 자신을 감옥에서 꺼내준 조선족 출신 미국정보원 지수영과 은밀한 밀담을 나누고 있었다. 사실 지수영은 여태 소식이 없다가 오늘 갑자기 나타났다. 미국에서 강철호를 귀국시킨 다음 날, 이른바 세계평화를 위한다는 그들 단체의 본부가 있는 몰타Molta에 가서 며칠 머물며 모종의 임무를 띠고 이틀 전에 귀국했다.

그리고 강철호가 그동안 무슨 일을 어떻게 했는지 국내에서 활동하고 있는 다른 요원으로부터 이야기를 듣고 찾아왔던 것이다. 그런데 지수영이 임무 수행을 위해 몰타에 간 사실을 알고 있는 강철호는 그가 하루속히 오기를 학수고대하고 있던 터였다.

미국에서 교육을 받고 귀국하면서 지수영이 그들 단체의 지원금이라며 거금을 쥐어주었는데 놀랍게도 조건없이 수련원을 확장하는 데 아낌없이 쓰라는 말을 들었다. 그리고 많은 회원을 확보해서 세계평화를 위한 교육을 잘 시키라는 당부도 잊지 않았다. 감옥에서 구제해 준 데다가 뜻밖에도 의로운 일에 쓰라며 자금까지 넉넉하게 준 지수영은 실로 감복하지 않을 수 없는 은인이었다.

수련원을 운영하는 등 일상적인 생활은 표면적인 일이었다. 그 내막에 삶의 의지는 지수영의 은혜를 갚는 데에 있었다. 은혜를 갚기 위해서는 우선 지수영이 임무를 줄 때까지 자신의 능력을 보여줄 겸 빠른 시일 안에 수련원을 확장할 계획이었다. 그 방법은 대단한 능력을 가진 도인처럼 처신해 신비로운 존재로 사람들의 이목을 끄는 것이 가장 효과적이라 판단했다.

그래 생각한 것이 히말라야에서 오래 동안 입산수도하다가 뜻한 바가 있어서 세속으로 돌아온 것처럼 위장했다. 그리고 그런 광고로 수련생의 수를 순식간에 배 이상 늘릴 수 있었다. 거기다가 넉넉한 지원금의 힘으로 어깨들을 보디가드로 고용해 누구나 감히 함부로 접근하지 못하도록 스스로 위엄과 위상을 높였다.

그렇기는 해도 한성민이 잘 닦아놓은 기반 덕이 없었으면 불가능했을 것이다. 특히 그가 가르친 행법은 보통 알려진 단전호흡이나 기공 또는 요가 등등, 전국 곳곳의 수련원에서는 상상도 할 수 없는 고도의 정신수련법이어서 이미 정평이 나 있었다.

그로 인해 질병의 치료나 정신세계의 현묘한 현상을 경험하고 있는 이들이 많아서 소문이 웬만큼은 나 있는 데다가 보다 고차원적인 수련법을 전수해 준 사범들이 포진하고 있었기에 가능했던 것이다.

어찌 되었건 짧은 시간 안에 눈부신 성장을 한 강철호의 탁월한 경영 능력과 임기응변에 능한 처신에 지수영은 새삼 놀랐다. 사실 지수영이 강철호를 주목하고 선택한 것도 불의에 저항해 공공의 적이라 할 수 있는 사채업자와 감히 권력자의 숨겨진 재산을 털 만큼 담대한 계략과 용맹성 때문이었다. 거기다가 여러 명의 깡패들을 순식간에 해치울 수 있는 무술 능력까지 겸비했으므로 그가 소속된 단체가 해야 할 임무수행에 가장 적합한 인물이라 믿고 선택했던 것이다. 그러기에 거금을 아끼지 않고 써서 모범수로 방면했던 것인데, 지금 와서 보니 백 번 잘했다 싶어 만족했다.

"생각했던 대로 제임스 강은 역시 뛰어난 인물이야. 덕분에 제임스를 추천한 나도 칭찬을 많이 들었고. 하여간 본부에서도 제임스한테 거는 기대가 커."

지수영은 조선족이라 그런지 소파도 없는 강철호의 방에서 맨바닥인데도 별로 불편함이 없이 방석에 앉아 덕담부터 건넸다.

"아닙니다. 형님! 다 형님 덕분이지요."

강철호는 아예 형님이라 부르며 손사래를 쳤다.

이때의 마음은 진심이어서 선후배 또는 대충 나이가 많아서이거나 깡패들끼리 서열을 정해서 형님이라 부르는 흔한 말과는 의미부터 달랐다. 한 마디로 충심에서 우러나오는 복종의 의미가 있었다.

"형님이라 불러주니 고맙군! 나도 진심으로 아우라 생각할 테니 앞으로 형제간의 의리로 목숨을 걸고 우리의 이상을 실현하는 데 최선을 다 하자."

지수영은 흐뭇해서 손을 썩 내밀어 강철호의 손을 굳게 잡았다.

"예, 형님!"

강철호는 불변의 의리를 전한다는 뜻으로 손아귀에 잔뜩 힘을 실어 짧게 대답했다.

그리고 꺾이지 않을 의지의 눈빛을 이글이글 거리며 지수영이 쏘아오는 눈빛과 마주했다. 긴 말이 필요 없는 눈빛만으로 통하는 이심전심이라 확인할 수 있는 교감이 전류처럼 흘러 그들의 가슴에 들어와 박히는 순간이었다.

혀와 입술 같은 운명의 동질성을 깨달았다고나 할까.

그들은 그것을 느끼고 있었다.

"아우!"

이윽고 지수영은 정색을 하고 엄숙한 낯빛으로 낮으면서 무겁게 불렀다.

강철호는 드디어 해야 할 임무가 무엇인지 들을 것이라 짐작하고 바싹 귀를 기울였다. 그리고 그것이 얼마나 막중한 것인지를 단박에 느끼게 하는 비장함이 느껴져 잔뜩 긴장해 대답했다.

"예, 형님!"

"본부의 지시가 궁금하겠지?"

"무엇이건 상관없습니다. 말씀만 하세요!"

"그럼 먼저 묻겠다. 이 지구상에서 극단적으로 대립해 서로 못 잡아먹어서 으르렁대는 민족은 아마 우리나라 남북밖에 없을 거야. 어떻게 생각해?"

지수영은 임무를 직설적으로 명령하지 않고 빙 둘러서 말할 낌새로 좀 느긋하게 말했다. 부정할 수 없는 논리로써 그 임무에 정당성부터 부여할 계산이 깔려 있는 게 분명했다. 말하자면 뚜렷한 명분으로 강철호의 자존심을 살려주고 거리낌없이 당당하게 일할 수 있도록 배려해주는 것이라 해야 할까.

아무튼 그런 속셈임을 금방 알 수 있었다.

그런데 전혀 예상치 못한 남북한의 문제를 꺼낸 지수영의 의도는 무엇일까?

강철호는 뜻밖의 질문에 당황스럽고 의아해 긴장했다. 그리고 별 생각 없이 입에서 나오는 대로 대답했다.

"흥정은 붙이고 싸움은 말리랬다고 화해시키는 것이 제일 좋겠죠."

"화해? 그건 꿈같은 얘기야! 물과 기름 같은데 어느 세월에. 남북은 마치 끝없이 이어지는 레일 같아서 한 배에 타기는 요원해!"

지수영은 피식 웃으며 냉소했다.

"화해는 말이 그렇다는 거지 그렇게 안될 줄은 저도 알아요. 굶는 동포가 불쌍해서 경제 지원을 해봤자 권력층 놈들만 배불리고 그 돈으로 무기나 만드니 계속 지원할 수도 없고, 그렇다고 같은 민족인데 나 몰라라 할 수도 없고… 어떻게 해야 하죠? 저도 잘 모르겠어요."

"맞는 소리야. 남한의 경제 지원으로 인민들이 골고루 배 굶지 않고, 남한 기업이 북한에 많이 진출하고, 그러다 보면 화해할 날은 반드시 오겠지. 하지만 어디 그게 뜻대로 되나. 그렇게 주고 싶어도 받아들이는 북한의 권력층이 문제야. 하여간 이쪽이나 저쪽이나 권력층이 말썽이야. 나라 생각보다 다 제 잇속 챙기기에 급급하니 말이야!"

지수영이 대단한 애국자라도 된 듯 짐짓 분기를 띄우며 탄식했다.

그리고 슬쩍 강철호의 눈치를 살폈다.

아니나 다를까.

다혈질인 강철호의 얼굴색이 금방 붉게 변하더니 대뜸 탱천한 분기를 큰 소리로 터뜨렸다.

"씨발새끼들, 생각 같아서는 한 주먹으로 때려죽이고 싶어요. 군대 안 갔다 온 놈들, 사기꾼, 전과자 뭐 이런 새끼들이 정치 마당을 휘젓고 다니지를 않나, 좀 배운 놈들도 나라야 어찌 되었던 이해관계에 따라 지지고 볶고 싸우지를 않나, 기껏 한다는 짓거리들이란 게 음모와 술수나 부리고, 주둥아리나 잘 까는 새끼들이 판을 치고 있으니 나라가 잘 되겠어요!"

"맞아! 개새끼들이지!"

지수영도 맞장구를 쳐서 언성을 높였다. 그러나 속으로는 강철호의 반항적인 기질을 자극해 격분하도록 유도한 속셈이 맞아떨어진 것에 안도하고 회심의 미소를 띠었다. 그리고 잠시 뜸을 들였다가 드디어 본심을 내비치기 시작했다.

"그래서 말인데 아우! 세계평화를 위해서는 무엇보다도 화약고 같은 우리나라가 통일되어야 해. 어쨌거나 남한은 민주국가고 북한은 공산국가잖아. 그것도 세습왕조국이니까 이 시대에 웃기는 일이지. 하여튼 그놈들 핍박에 죽어가는 불쌍한 북한 인민들을 배불리 먹이고 자유롭게 살 수 있도록 해방시켜 주어야 해."

"그렇지요. 당연히 그래야지요. 하지만 방법이 없잖아요."

강철호는 고개를 크게 끄덕이고는 반문했다.

"있어!"

"있어요?"

"응 있어! 길은 오직 하나, 저쪽을 무력으로 권력자들을 응징하는 것이다."

지수영은 드디어 본색을 드러냈다.

그리고 입을 꾹 다물고 사뭇 위엄스레 강철호를 쏘아보았다.

속내를 꿰뚫어 보듯 하는 지수영의 매서운 눈빛에 강철호는 좀 찔끔했다. 입에 담기 힘든 무서운 발언에 묘한 흥분을 느끼고는 자신도 모르게 주먹을 불끈 쥐어 다음 말을 기다렸다.

"미국이 그렇게 할 수 있어."

"하지만 중국이나 러시아가 그냥 있지 않을 텐데요."

"그건 염려하지 않아도 돼. 본부에서 벌써 손을 써놓았어. 러시아는 이미 북한에 대한 영향력을 중국에 빼앗겨서 속으로 꽁하고 있으니까 관여하지 못하게 할 수 있어. 예전에 육이오 때도 그랬잖아. 스탈린이 거부권을 행사하지 않아서 유엔군이 한국에 파견될 수 있었어. 역사상 전 세계 군이 참전한 나라는 우리나라뿐이야. 그건 무얼 뜻하는 것이겠어? 러시아는 우리 본부에서 침묵을 지키게 할 수 있다는 증거야."

"그래요?"

강철호는 놀랐다.

김일성이 스탈린의 지원으로 1950년 6월 25일 새벽에 남침을 강행했다는 사실은 천하가 다 아는 사실인데 어떻게 유엔군 참전에 소련이 거부권을 행사하지 않았을까? 그리고 그리 하도록 본부에서 영향력을 행사했다니 믿지도 믿지 않을 수도 없어서 혼란스러웠다.

"그건 차차 알게 될 테니까 그리 알고만 있어. 문제는 중국 쪽이야. 절대 가만 잊지 않을 거거든."

"그래요. 새끼들 역사적으로도 우리나라 땅 다 집어삼키고 싶어 환장한 놈들이니까 그냥 있지 않겠지요. 남북이 통일되면 새끼들 강제로 차지하고 있는 우리 땅 다 내놓아야 할 걸요. 더구나 남북통일이 되면 제놈들 코앞에 미군이 주둔할 테니까 그리 될 가능성이 농후하니까 겁나겠지요. 그러니 어떻게 그 자식들 가만히 있게 하겠어요. 죽자 살자 덤빌 텐데."

"뻔하지! 하지만 제 집 앞마당에 불이 났는데 남의 집 쳐다 볼 여가가 있겠어?"

"무슨 뜻이에요?"

"생각해 봐. 만약 말이야, 알다시피 중국이란 나라는 예로부터 지배욕이 강한 종족들이잖아. 그래서 이 민족 저 민족 다 복속시켜서 인구가 무려 15억이나 되지. 그런데 옛 소련처럼 피지배민족들이 독립을 주장하고 한꺼번에 무장봉기하면 어떻게 될까? 그리고 중국놈들은 본래 지역 이기주의가 심한 데다 빈부 격차까지 말할 수 없거든. 그러니까 그들을 격동시켜서 봉기시키는 것은 어려운 일이 아냐. 거기다가 회교반군들을 투입시켜서 게릴라전이라도 벌이면 끝장이지."

"그리만 되면 야, 북한을 도울 여유가 없겠지요. 아, 그래서 제 집 앞마당에 불이 났는데 남의 집 쳐다볼 여가가 있겠느냐고 했군요. 본부에서 그렇게 할 수 있어요?"

"그뿐이 아냐. 안 되면 자금줄을 조여서 경제를 파탄시킬 수도 있어. 경제가 거덜나는데 앞뒤 가릴 여유가 어디 있겠어!"

지수영은 자신 있게 잘라 말했다.

그러고는 잠시 뜸을 들이다가 무언가를 결심했는지 조용히 일러주었다.

"아우, 눈치는 챘겠지만 우리는 세계평화를 위해 수백 년간 대를 이어온 요원으로서 이른바 프리메이슨이다. 우리 단체를 항간에서는 그림자정부라 한다. 오직 세계를 하나로 통합하기 위해서 심혈을 기울이고 있어. 그러니까 긍지와 자부심을 가져야 해!"

"알았습니다."

강철호는 흥분했다.

자신이 프리메이슨 요원이라니 꿈만 같았다.

미국에서 교육을 받을 때는 그저 세계평화를 위한다는 말만 들었는데 오늘 비로소 자신의 신분이 얼마나 대단한지 깨달았다.

그리고 든든한 뒷배를 확인한 이상 두려울 것이 없었다.

"이제 알았겠지?"

"네, 형님!"

"그런데 말야…"

지수영이 말을 하다 말고 조금은 망설이는 표정으로 입을 꾹 달았다.

"형님 뭔데 그러세요? 우리 사이에 못할 말이 뭐 있다고."

"사실은 말야. 우리의 일을 도와줄 어떤 인물이 있는데 자네가 만나 봤으면 해서."

"그게 누군데 그래요? 누구든 만나 봅시다. 형님이 망설이는 걸 보니 꽤나 힘이 있는 사람인가 보죠?"

"응, 차기 대권을 노리는 인물이지, 자네가 만나 봤을 걸 아마."

"제가 만나요? 누군데요?"

"왜 있잖아 문여천 의원이라고 야당이지만 실세지, 자네가 혼도 내준 적도 있고."

"예?!"

강철호가 이만저만 놀라지 않았다. 그 권력자를 잔인하게 폭행하고 엄청난 돈을 빼앗았다가 붙잡혀서 감옥에 갔던 3년 전의 일이 악몽처럼 떠올라 몸서리가 쳐졌다.

"놀랄 것 없네. 그 사람 자네 알아보지 못할 거야. 당시 인권문제 때문에 자네 얼굴이 언론 방송에 보도가 되지 않았어. 그리고 현장 검증 때는 모자를 눌러 써서 지금쯤은 아무도 그 모습마저 기억하지 못할 거야. 더구나 지금의 자네 얼굴은 나도 몰라볼 만큼 그때와는 판이하게 다르니까."

"나 차 암! 하필이면 그 새끼입니까? 야비하고 더럽고 교활한 그 놈의 새끼 실패한 그때를 생각하면 치가 다 떨리는데."

"이용 가치가 있으니까 한 번 만나 봐! 그리고 신임을 얻어 둬. 본래 위정자들이란 게 의심이 많지만 쓸 만한 인재라 생각하면 이용하려 들기 마련이야. 그리고 문여천 의원은 보수든 종북 좌파든 가리지 않는 특색이 있어. 정치 야망을 위해서 이쪽저쪽을 넘나들지."

"새끼 지조도 없는 놈이군!"

"현실정치에 웬 지조! 그런 놈이 몇이나 있겠어."

"그래도 남자로 태어났으면 의리가 있어야지요."

"정치인은 다 제 잇속에 따라 왔다갔다 하는 거야. 순진한 소리 그만 하고, 내 언제 그 의원 소개할 테니까 그리 알고 있어."

"알았소. 그나저나 그 자식 그 많은 돈 아직도 가지고 있겠지요?"

"아서라, 다시는 그 생각은 꿈도 꾸지 마라. 한 번 혼이 나서 경비도 여간 아니겠지만 워낙 권력이 센 사람이라 그전같이 멋모르고 덤볐다가는 신세 망칠 수 있어."

"에이 설마 내가 또 그러겠어요? 그냥 궁금해서 하는 말이에요. 돈 다 어디다 숨겨뒀는지 궁금해서 그래요. 부정한 돈이라 은행에 뒀을 리는 없고 전에 한 번 혼이 나서 집구석 금고에 둘 수도 없을 테고 구들장 밑에 숨겨뒀을까? 아니면 벽을 뜯어내고 숨겨 뒀을까? 일조 원이 넘는 돈이라니 씨팔!"

"쓸데없는 소리 그만 하래도!"

"알았소. 다시는 입에 올리지 않겠소."

"요즘 보니까 문여천 의원을 중심으로 무슨 음모를 꾸미고 있는 것 같아. 우리 정보요원 안테나에 걸렸거든!"

"음모라니 무슨 음모인데요? 또 국가사업 벌여놓고 돈 빼먹을 음모?"

"이번에는 아니야, 대권을 꿈꾸는 사람이니까."

"대권? 소가 웃을 일이군! 그런 사기꾼 새끼 아니 국가관이나 민족관 역사관 제 정체성 하나 똑바르지 못한 그런 놈이 대통령이 돼요! 씨발 그런 새끼 대통령 되면 이민 가서 사는 게 낫지 맨날 그놈 꼴 어떻게 보고 살아요."

"정치란 그런 거야, 어쨌거나 권력서열 2위 자리를 어떻게 차지

했겠어. 그게 현실이야. 국민들의 인기도 보통이 아니잖아. 남이야 뭐라든 그 사람의 능력이야."

"특정 지역이 지지해서 그렇지요. 그리고 진보 쪽과 이삼십 대 젊은이들이 많이 지지하는 모양이던데 정말 큰일입니다. 국가 전체를 생각할 줄 모르고."

"그것도 그 사람 능력이야. 하여간 그런 얘기 그만 하고 그 있잖아 요즘 평의원이면서 한창 뜨고 있는 박 의원 말이야, 문여천 의원보다 오히려 인기가 훨씬 높지."

"박 의원? 아, 봉사 많이 한다는 그 여자!"

"그래, 그 여자! 여왕벌이란 말을 들을 정도로 주변에 많은 의원들이 몰려들고 있어. 국민들의 지지도 제일 높고 지금으로선 아마 가장 유력한 다음 대통령이라 할 수 있을 걸?"

"그런데요?"

"야심가인 문여천 의원이 그 꼴을 못 보지. 대권을 노리는 그자가 박 의원 잘 되는 거 절대로 보고만 있지 않을 거야. 지금 그 여자를 죽일 음모를 꾸미고 있다 하더군. 자네는 우리 계획을 위해서 그 사실을 낱낱이 알아내야 해! 문여천 의원의 평생 아킬레스건이 될 테니까."

"알겠소, 그 놈의 약점을 쥐자 이거죠."

"바로 그거야! 권력자의 발목을 쥐고 뒤에서 흔들 수 있다는 거 재미있잖아."

"듣던 중 반가운 소리요, 내가 책임지고 음모를 파헤치겠소. 문여천 그 자식 소개만 시켜주시오."

"서둘지 말고 수련원 일에나 열중하고 있어. 조만간에 내가 기회를 만들어볼 테니까."

그자가 수련원 말 들으면 혹시 눈치채지 않을까요?"

"눈치 못챌 거야, 지난 3년간 수련원 운영한 그 사람 있잖아. 한성민인가 누군가 자네 자형 말야. 아직은 모두들 그 사람 수련원일 줄 알고 있어. 그리고 그 사람 인기도 대단하더군. 문여천이 정보원을 통해서 수련원을 이미 알고 있을지도 몰라. 그러면 오히려 다행이지. 한성민으로부터 수련원을 물려받았다고 하면 자네가 한 조직원의 장이니까 문 의원이 쉽게 받아들이고 친해질 수 있을 거야."

"그 참, 우리 자형 어리숙해 보여도 우리 자형 보통내기가 아니긴 아닌 모양이야."

강철호는 한성민의 말이 나오자 괜스레 심통이 나서 혼자 중얼댔다.

"무슨 말이야?"

"아니요. 한성민 그자 말이요. 우리 자형인 거 아시죠? 촌놈 같아도 보통이 아니니까 형님도 만만하게 봐서는 안 됩니다. 누가 압니까? 형님과도 얽혀서 우리 일에 방해가 될지."

"나도 사람 보는 눈이 있어! 자네가 감옥에 있을 때 수련원 가서 몇 차례 눈여겨 봤어. 자네 말대로 보통내기가 아니더군."

"내가 모르는 무서운 실력을 숨기고 있을지도 모릅니다. 하여간 앞으로 우리 형님 조심하쇼!"

그날따라 강철호의 머릿속에 한성민이 유학을 같이 한 존경하는 선배이자 사촌처남이기도 한 그가 아주 먼 사람으로 느껴졌다. 그리고 전에 없이 무언지 알 수 없는 두려운 존재로 다가왔다. 그렇게도 가까웠고 존경했던 사람, 게다가 감옥살이 내내 좋은 말로 위로해 주고 바른 삶을 살도록 충고해 준 사람, 거기다가 망해버린 수련원을 전보다 더 크게 확장해서 이익 한 푼 챙기지 않고 고스란히 넘겨준 사람, 인정과 의리, 예를 두루 갖춘 사람. 실로 이 세상에서 보기 드문 그 사람이 왜 갑자기 싫고 두려워졌을까? 강철호 자신도 그 이유를 알지 못했다. 굳이 이유가 있다면 너무 완벽하게 다 갖춘 인물이기 때문이랄까? 아무튼 자신과는 너무도 큰 차이를 보여서 싫다는 게 옳은 답이라면 답이라고도 할 수 있었다.

늑대가 물어뜯어도 초연한 사슴

박영숙은 국회의원이면서도 금 배지를 한 번도 달고 다니지 않았다. 부득이한 경우를 제외하고는 출퇴근도 대중교통을 이용했다. 버스나 지하철을 탈 때는 대중들이 알아볼까봐 모자를 깊숙이 눌러썼다. 오늘도 피곤한 하루를 보내고 낙성대역에서 내린 그녀는 다리를 끌다시피 겨우 집에 도착해 유일한 쉼터인 창가 흔들의자에 푹석 주저앉아 눈을 감았다.

자신을 둘러싼 주변의 이런저런 풍문이 떠올랐으나 아니 땐 굴뚝에 연기 난 것과 같아서 고개를 내저어 잊으려 하였다. 그러나 어떤 풍문은 듣는 이들로 하여금 믿지 않을 수 없을 정도로 사실적이고 구체적이었다.

"참으로 어이없는 그 풍문들을 퍼뜨린 자가 누구일까?"

박영숙은 생각하다 말고 그냥 덮어버리기로 하였다. 지금까지처럼 의연하게 의정활동을 하다보면 잠깐 피어오르다 말겠지. 때지 않은 굴뚝 연기처럼 사라지겠지 하고는 어린 시절부터 꿈이었던 봉사활동을 더 잘할 수 있는 방법만을 생각하기로 하였다.

"아가씨, 김정희 의원님이 오시는 거 보고 얼른 집으로 왔어요."

젊어 남편을 잃은 뒤로 재혼을 포기하고 오랜 세월 집안일을 돌봐주는 남산댁이 현관문을 들어서기 바쁘게 수다스럽게 소리쳤다. 시장에 다녀오는지 반찬거리가 가득한 비닐보자기를 들었다.

"응, 그래요? 그럼 김 의원 저녁식사도 같이 준비하세요."

박영숙이 흔들의자에서 일어나 현관문 밖으로 나갔다. 뒤따라 온 다던 김정희 의원이 보이지 않아서 집앞을 무성하게 가린 은행나무 사이 길에 서서 기다렸다.

관악산 한 자락이 소쿠리처럼 빙 둘러친 그 안쪽 우거진 숲에 잠든 듯 묻혀 있는 장엄한 고택 하나, 1031년 그날 장차 나라를 구할 인물이 고고한 울음을 터트리고 태어날 때 별 하나 어둠을 가르고 찬란한 축복의 빛 쏟아내며 떨어져 이름지어진 곳, 낙성대가 고즈넉이 내려다 보고 있어 괜스레 옷깃이 여미어졌다. 전장에 나갈 장군은 아니지만 나도 저이처럼 나라와 국민을 위한 일에 목숨을 걸 수 있다면 하고 각오를 새롭게 하였다.

낙성대와 달리 자신이 태어날 때는 큰 화석 하나가 떨어져 지붕 한쪽을 무너뜨렸다는데 그것이 무엇을 예언하는 징조인지 모르지만 대학을 졸업할 때까지 수석을 한 번도 놓친 적이 없었다. 대학을 졸업하고 나서 불행히도 부모님이 함께 교통사고로 세상을 등지고 나서 한때 심한 우울증에 걸리기도 하였다. 그러나 곧 정신을 차리고 이웃을 위하겠다는 어린 시절의 꿈을 위해 변호사가 되었다.

그리고 본격적으로 사회 봉사활동을 시작하였다. 봉사활동이래야 특별난 것은 아니었다. 서민들을 위한 무료 법률상담과 전국 각 지역 병의원들을 설득해 의료 혜택을 받지 못하는 서민들의 진료를 주 1회씩 여러 지역을 돌며 지속적으로 할 수 있게 하였다. 물론 그때는 자신도 직접 참여해 간호사 역할을 자임했다. 그리고 여러 서민계층의 집을 일일이 방문했고, 그들의 경제적 어려움은 여러 기업들을 찾아다니며 지원을 받아내기도 하였다. 그런 공덕이 세상에 알려지면서 한 정당으로부터 전국구 제의를 받고 50대 중반에 정계에 발을 디뎠다.

국회의원이 된 뒤로도 봉사활동은 쉬지 않았다. 오히려 국회의원이란 신분이 더 무거운 짐이라 여기고 몸이 부서져라 하고 일했다.

박영숙은 봉사활동 외에는 아무 것도 생각하지 않았다. 어느덧 전국 각지에서 장차 대통령이 될 거란 소문이 나돌기 시작했고 지지율도 항상 일 위였다. 하지만 그녀는 전혀 관심을 두지 않았다.

그렇지만 국민의 여론이 그렇다 보니 자연히 동료 의원들이 하나 둘씩 그녀 주위로 몰려들었다. 소위 친박영숙계라는 새로운 정치 동아리가 생겨났는데 어느 사이 당내 최대 계파 수장이 되어 있었다.

　의원님, 아니 언니 왜 여기 나와 계세요?"

　박영숙이 낙성대를 바라보며 잠시 생각에 잠겼던 사이 김정희 의원이 양 손에 무엇을 잔뜩 들고 바로 눈앞에 서 있었다. 그녀는 박영숙의 대학 후배이자 사법고시 후배이기도 해서 스스럼이 없었다.

　"너 온다기에 마중나와 있었지. 무얼 이렇게 무거운 걸 들고 있니?"

　"이것저것 먹을 거리 좀 샀어요, 언니!"

　"많이도 샀다. 어서 들어가자!"

　"나 차암! 언니 이대로 보고만 있을 거예요?"

　"뭘?"

　"소문 말예요, 소문!"

　"으응 그거… 근거도 없는 소문인데 뭘 어쩌려고 좀 지나면 사실이 밝혀져서 조용해지겠지."

　"언니! 여기 서서 얘기 좀 하다가 가요. 그것 때문에 왔으니까 제발 순진한 소리 그만 하고 내말 좀 들어요 언니. 누가 작정하고 음모를 꾸며서 내는 소문인데 쉽게 가라앉겠어요?"

　김정희가 큰 은행나무 아래서 들었던 비닐보자기를 내려놓고 작정하고 목소리를 높였다.

"누가 음모를 꾸며?"

박영숙이 양 팔짱을 낀 채 은행나무에 등을 기대고 대수롭지 않게 반문했다.

"누구긴 누구겠어요? 문여천 그자지! 언니한테 여론조사에서 지니까 음모를 꾸미는 거겠지요."

"설마!"

"언니, 문여천이 문제가 아니에요. 장기호가 더 큰 문제지요. 확실하지 않지만 장기호가 언니를 매장시키려고 음모를 꾸몄대요. 그리고 문여천과 손을 잡았고요."

"장기호라면 고려일보 회장 장기호?"

"예, 장기호! 그 사람 무서운 안간이랍니다. 그리고 이중인격자이고요."

"그 사람이 무어가 아쉬워서 그런 음모를 꾸며?"

"그 사람 고려일보 사주 김수영의 처남이잖아요. 김수영이 언니한테 정치자금을 대주고 언니는 그 돈으로 사회사업을 하고 있다는 거죠. 김수영이 정치자금을 대주는 이유는 언니가 바로 김수영의 내연녀이기 때문이랍니다. 게다가 두 사람 사이에 낳은 딸이 미국에 있다고 그럴 듯하게 덮어 씌운다지 뭐예요! 아, 글쎄 그 새끼가? 그런 소문을 우선 영향력이 있는 문화계와 연예계에 은밀히 나돌게 했다지 뭡니까? 원만큼 소문이 퍼지면 그때부터 본격적으로 고려일보와 종편을 통해서 그럴싸하게 의문을 제기하는 거죠. 물론 다른 신문사와 종편도 끌어들여서 함께 의문을 제기하겠지요. 그럼 어찌 되겠어요, 언니? 국민들은 무조건 믿기 마련이에요."

"말도 안 되는 소리!"

"언니, 말도 안 되는 소리를 말이 되게 하는 게 언론 방송이고 추악한 정치인들의 이면이란 걸 아셔야 해요. 그들은 자신의 야망을 위해서는 이보다 더한 일도 눈 깜짝하지 않고 저지르고도 남습니다."

"문여천은 그렇다 치고 장기호 그 사람이 무슨 야망이 있어서…?"

"소문에 장기호가 처남인 김수영과 언니를 묶어서 철저하게 매장시킨 뒤에 법조계까지 매수해서 감옥에 보낸다는 시나리오를 짜두고 일을 꾸미기 시작했다는 거예요. 그렇게만 되면 고려일보와 종편을 자신의 것으로 만든다는 것이지요. 그러기 위해서 권력자 문여천을 끌어들인 것이고요. 문여천은 최대의 정적인 언니를 매장시킬 수 있으니까 장기호의 유혹을 뿌리치지 못하겠지요. 그리 생각해 보면 두 사람의 이해관계가 맞아떨어지잖아요?"

"정희야, 네가 들은 소문과 추측이 사실이래도 나는 겁나지 않는다. 그들이 무슨 짓을 하건 나는 하늘을 두고 한 점 부끄럼이 없다. 그러니 너무 마음 쓰지 마라. 그들의 음모는 나중에 부메랑이 되어서 그들에게 되돌아 갈 테니까. 그들에게 매수돼서 억지로 죄를 뒤집어 씌운 판사나 검사, 특검, 그리고 부화뇌동한 정치인 등등 할 것 없이 모두 참혹한 심판을 받게 될 거야."

"아이고 우리 언니! 어쩌면 좋아. 그 새끼들이 어떤 새끼들인데 그런 말을 해요. 그만한 뒷감당쯤 하고도 남을 사악한 인간들이란 걸 알아야 해요. 언니가 국민 여론에 지고 법의 심판에 지면 그것으로 끝이란 걸 왜 모르세요."

"알았다. 그만 하자! 배고픈데 어서 가서 밥이나 먹자."

"한 가지만 더 말할 게요. 언니, 우리 당에서 언니 다음으로 큰 계파를 이끌고 있는 이영무 의원과 진영천 의원 있잖아요? 소문에 두 의원이 부산 모 건설회사로부터 어마어마한 뇌물을 받았다는데, 수사가 시작되자 위험을 느낀 두 의원이 문여천과 은밀히 손을 잡았다는 소문이 있어요. 나중에 언니를 탄핵할 때 문여천에게 협조하기로 했다나요. 두 사람이 협조하지 않으면 절대로 탄핵이 될 수 없을 테니까 문여천 입장에서는 춤을 출 일이지요."

"알았어. 그만 해두자. 나도 두 사람의 야비한 정치활동을 알고 있으니까 걱정하지 마라. 김영삼 전 대통령께서 닭의 목을 비틀어도 새벽은 온다고 말씀하셨듯이 진실은 반드시 이기게 되어 있어. 그리고 설사 국회의원직 박탈당해도 아깝거나 억울하지도 않아. 국회의원에 연연한 적이 없으니까 말이야."

"몰라서 그래요? 나중에 진실이 밝혀진들 그때는 이미 때가 늦어요. 늑대한테 물어뜯긴 사슴과 같아서 숨이나 제대로 쉬겠어요? 국회의원직 그까짓 거 저도 기꺼이 팽개칠 수 있어요. 하지만 손가락질 받으며 살아가야 할 남은 생을 생각해 보세요."

"언제가 되었건 진실은 반드시 밝혀지게 되어 있어. 그나저나 정말 국민들이 그리 쉽게 믿고 탄핵에 동조할까?"

"언니, 그거 몰라요? 돈이면 죽는 사람도 살린다는 거. 돈 때문에 부모 자식 간에 형제간에 부부간에 원수가 되고, 심지어 죽이기까지 하는 세태를 생각해 보세요. 그들이 돈을 뿌리면 돈에 눈이 먼

어리석은 사람들이 그들의 여론몰이에 동참하지 않겠어요? 그 인원이 얼마일지 모르지만요."

"난 가난한 그들을 위해 최선을 다 해왔어."

"누가 그걸 몰라요. 하지만 두고 보세요. 언론 방송까지 의혹을 제기하고 떠들어대는 데도 그들이 언니를 칭송하는지, 게다가 돈까지 받으면… 모르긴 해도 한순간에 등을 돌릴 걸요. 그것이 민심이란 거예요. 언론 방송에 쉽게 매몰되는 민심을 믿어서는 안 됩니다. 정치판도 마찬가지고요. 지금 언니를 따르는 의원들이 많지만 한순간에 등을 돌릴 걸요."

"정치판이 그런 곳이라면 나도 미련이 없어. 대통령 되겠다고 꿈도 꾸어본 적도 없고 지금 하는 대로 그저 국가와 국민을 위해 무엇을 할 것인지 그것만 생각할 테니까."

"언니가 잔 다르크에요?"

"글쎄, 그런 인물이 되겠다는 건 아니지만 나는 나의 이성이, 그리고 양심이 시키는 대로 살아갈 뿐이야. 그러니까 너무 염려하지 마. 너의 뜻은 고맙다만 내 마음이 거짓되지 않는다면 누가 뭐라던 상관없어."

김정희는 박영숙을 설득하려고 단단히 벼르고 왔던 마음을 할 수 없이 접었다. 한숨이 절로 나왔다. 장기호와 문여천이 박영숙을 매장시키기 위해 거금으로 언론 방송과 정치를 논평하는 자들까지 매수하고, 심지어는 진실이 밝혀진 뒤까지 염려해 법조계와 검찰, 경찰까지 매수했다는 소문이 은밀하게 나돌았다. 그런데도 박

영숙은 자신의 일인데도 강 건너 불 보듯이 하는 데야 어쩔 도리
가 없었다.

하지만 생각했다.

불의가 판치는 이 정치판에, 그리고 조석지변으로 변하는 민심이
나중에 정의의 편을 들어줄지 지켜보기로.

한빛신문 사옥 11층 방음이 잘 된 은밀한 대화의 방 여러 개 중에
서 VIP용 넓은 방에 문여천 의원이 크고 화려한 의자에 몸을 깊숙
이 파묻고 앉아 있었다. 수행비서들은 문 밖에서 오가는 사람들을
날카로운 눈으로 지켜보고 있고 경계가 삼엄했다.

"저기 저 쟤들 째려보는 눈 꼬락서니가 영 기분 잡치게 하는군!"

강철호가 긴 복도를 나란히 걷는 지수영이 들으라고 일부러 목소
리를 좀 높였다.

"왜 또 무술 본능이 꿈틀대냐?"

"뭐 그렇다기보다 애들 눈초리가 하도 같잖게 보여서 해본 소리
요."

"쟤들 보스가 누군가, 대한민국 권력 2인자 문여천이 아닌가? 쓸
데없는 소리 하지 마라. 문 의원 만나서도 행여 말 함부로 하지 말
고!"

"알았소. 내가 그렇게 철없는 사람은 아니니까 마음 놓으세요."

"특히 말실수해서는 안 돼! 자네는 강철호가 아니라 한국계 미국
인 제임스 강이란 걸 명심하고!"

두 사람이 몇 마디 나누는 사이 수행비서들이 지키고 선 문 앞에

도착했다. 그들은 이미 지수영을 알고 있었던지 공손히 절까지 하며 친절하게 방안으로 안내했다.

"여! 지 선생! 바쁘실 텐데."

문여천이 의자에서 벌떡 일어서며 지수영을 반갑게 맞이했다. 문여천은 프리메이슨이자 미 정보국 정보요원인 지수영을 잘 알고 있었다. 미국이 국내 여러 가지 정보를 지수영을 통해 입수하고 있던 터라 문여천의 입장에서는 지수영이 굉장히 중요한 인물이었다.

"의원님이 바쁘시죠. 저야 뭐, 아 참! 인사드리게, 제임스 강! 의원님, 제가 말씀드렸던 제임스 강입니다. 저와 같이 일을 하고 있지요."

"오, 제임스 강, 이야기 많이 들었어요. 반갑습니다. 한국계라고요."

문여천이 강철호의 손을 덥석 잡았다. 손아귀 힘이 상당히 강했으나 모른 체하고 마주 힘을 주지 않았다. 3년 전 그날 밤을 생각하면 웃음이 나왔으나 태연을 가장했다.

"예, 의원님, 하지만 우리 말 한 마디도 잊은 적이 없습니다."

"오, 그래요. 그래야지요. 언어를 잊으면 조국도 잊게 되지. 그런 의미에서 제임스 강은 비록 미국인 신분이지만 애국자입니다. 애국자!"

문여천은 무엇이 좋은지 웃음을 지우지 않고 강철호를 극찬했다. 정치꾼들이야 본래 상대방을 치켜 주면서 제 지지자로 만드는 데 이력이 난 사람들이니까 곧이곧대로 믿을 필요는 없다.

"그래서 제가 적극 추천했지요. 미국에서도 제임스 강은 항상 한국을 걱정합니다. 정치인들의 성향을 다 파악하고 있기도 하고요. 의원님의 열렬한 팬이기도 합니다."

지수영이 입에 침도 바르지 않고 능청스럽게 강철호를 치켜세웠다. 그 말을 들은 문여천이 입이 함지박만 해서 다시 한번 강철호의 손을 덥석 잡았다.

"아, 그래요. 제임스 강, 아니 강 동지 우리 함께 나라와 국민을 위해서 일해 봅시다."

"예, 물론입니다. 의원님께서 저를 불러만 주시면 언제든 달려와서 힘이 되어드리겠습니다. 앞으로 대통령이 되시면 역사에 길이 남을 통일 대통령이 될 것이라 믿습니다."

강철호도 속이야 어떻던 아부성 맞장구를 치는 데 주저하지 않았다.

"아 참! 지 선생 말로는 강 동지가 북한 전문가라던데 통일에 도움이 될 만한 의견이 있으면 말해줬으면 좋겠소."

"천천히 말씀 드리지요. 워낙 민감한 문제라 함부로 발설하기도 그렇고 아무튼 때가 되면 자세히 말씀드리겠습니다."

"그럼 그렇게 합시다. 요즘 국내 문제 때문에 골치가 좀 아파서."

"국내 문제라뇨? 의원님이 골치 아프게 생각할 일이 뭐 있겠습니까?"

"여자 하나 때문에… 아, 그 얘기는 별거 아니고, 하여튼 그런 게 있습니다."

강철호는 문여천이 얼버무린 그 여자가 박영숙 의원이란 걸 짐작했다. 무슨 꼬투리를 잡았거나 아니면 얼토당토않은 죄를 뒤집어씌워 정적인 그녀를 짓밟아 놓을지 모르지만 속이 다 뒤틀렸다. 하지만 내색은 할 수 없고 언젠가는 음모를 낱낱이 파헤쳐서 추악한 면모를 세상에 드러나게 할 결심을 몇 번이고 다졌다.

지수영과 강철호는 문여천과 오래 대화할 수 없었다. 문여천이 또 다른 인물들과 바로 이 장소에서 중요한 회합이 있다며 먼저 자리에서 일어서며 미안하다 하였다. 그리고 다음에 꼭 저녁식사에 초대할 테니 그때 많은 대화를 하자고 약속하였다.

지수영과 강철호가 문 밖에 나서자 사오십 대로 보이는 남자와 여자 몇 명이 문 앞 복도에 모여 있었다. 문여천이 회합할 인물들이 틀림이 없었다. 아닌 게 아니라 그들 중 머리를 길게 늘어뜨린 한 중년남자가 지수영을 보자 반갑게 다가와 문여천과 회합이 있어서 왔다 하였다. 지수영은 그 남자에게 별말 하지 않고 눈만 끔벅이고는 곧바로 등을 돌려 복도를 걸어 나갔다.

"아는 사람이오?"

"응, 머리 긴 사람? TV에 자주 나오는 제법 유명한 정치평론가야. 나머지는 문화계, 언론, 방송원로, 기자, 그리고 나머지는 잘은 모르겠지만 시민단체 멤버들 같아. 오늘 틀림없이 중요한 음모가 있을 거야. 혹 박영숙 의원 문제를 다룰 수도 있고."

"조직적이군요."

"문여천이 권력도 권력이지만 돈이 많으니까 버러지처럼 모여드는 거지. 암튼 자네는 이번 일에 끼어들지 마. 오늘 무슨 작당을 했는지 바로 알 수 있을 테니까."

"걔들 중에 정보원이 있는 건가요?"

"긴 머리 그자야. 녹음까지 해올 걸 아마! 큰 미끼 하나 던져 놨으니까!"

"미끼? 대단한 거요?"

"그자의 평생소원인 대학교 전임강사 자리 하나 소개해 줘야지. 물론 문여천이 그렇게 해줄 거야. 내가 부탁해 놓았거든."

"웃기는 세상이군! 문여천을 배신 때리게 해놓고 도움을 받게 하다니. 형님이야말로 계략의 귀재요, 귀재!"

강철호가 탄성을 자아내며 키득키득 웃음을 참지 못했다.

"세상사 다 그런 거 아니겠어? 속이고 속고… 음모에는 음모로 이겨야 하는 거야."

"나는 그런 거 모르겠소. 내 앞길을 가로막는 놈 있으면 그냥 박살을 내고 말지 잔머리 굴리는 건 체질에도 맞지 않아요."

"알았어! 언젠가 자네의 그 용맹한 기질이 역사에 남을 일을 해낼 테니까."

지수영이 의미심장한 말을 남기고 빠른 걸음으로 엘리베이터 앞으로 다가갔다. 이제 막 내려가는 신호등이 켜지고 문이 열리려는 찰나였다. 강철호도 얼른 뒤따랐다. 엘리베이터에는 몇 안 되는 사람들이 무심히 서 있었다. 그런데 그들 중 한 건장한 젊은이가 강철호를 힐끔힐끔 쳐다보았다. 시선을 의식한 강철호가 그 젊은이를 슬쩍 곁눈질해 보고는 얼른 모른 체하고 눈길을 돌렸다. 뜻밖에 감방에서 두목 노릇을 하던 김강태라는 녀석이었다. 자신에게 덤볐다가 혼이 나고 나서 죽을 때까지 모시겠다며 충성을 맹세한 녀석은 3년간 마치 황제를 모시는 시종처럼 복종해서 가끔 생각나는 인물 중의 하나였다. 하지만 아직은 녀석을 만날 시기가 아니라서 모른 척하였다.

강철호와 지수영을 내보낸 문여천은 밖에서 대기하고 있던 사람들을 불러들였다. 모두 언론 방송에서 내로라 하는 인물들을 위시해 누구다 하면 다 알아주는 몇몇 국회의원과 시민단체 대표들이었다. 모두들 숨을 죽이고 문여천을 바라보는 시선에 긴장감이 잔뜩 어려 있었다.

"박영숙 의원에 대해 여러분들의 의견을 들어봅시다. 내가 듣기로 박 의원이 서민들을 위한답시고 여러 기업체들로부터 기부금을 많이 거둬들였다던데?"

문여천이 헛기침을 한 번 한 뒤에 침중한 어조로 입을 열었다.

"아무리 서민을 위한다지만 대형병원으로부터도 지원을 받은 것도 수상하지 않습니까? 세상에 대가 없는 무료지원은 있을 수 없으니까 뭔가 있겠지요. 털면 먼지 하나라도 나오기 마련이니까 그쪽으로 몰고 가시죠! 사생아가 있다는 건 동원한 인원들이 자연스럽게 여론몰이를 하도록 유도하면 됩니다. 뒤탈도 없을 테니까 걱정할 필요도 없고."

좌파 성향이 짙은 한 시민단체의 대표가 구체적인 안을 내놓았다.

"하지만 대가성이 없는데도 무턱대고 기업체로부터 돈을 받았다고 하면 저쪽에 반격의 빌미를 줄 수 있으니까 신중해야 합니다. 듣기로 박영숙 의원은 전혀 사심이 없는 인물이라 하던데!"

방송계의 한 대표가 조심스럽게 자신의 의중을 내보였다. 하지만 그 말을 들은 문여천이 신경질적인 반응을 표출했다.

"이봐요, 털어 먼지 안 나는 인간 봤어요? 먼지가 없으면 먼지를 만들면 되지!"

"의원님 말씀이 맞습니다. 박 의원 지원한 몇몇 기업체 선정해서 이익 될 만한 거 한두 개 내주고 대가성이 있었다고 진술하게 하면 꼼짝 못하겠지요. 그리고 그 진술을 명분으로 언론 방송 여러분들이 집중적으로 보도하고 동원한 인원들이 박 의원을 성토하게 하면 아마 의원직도 내놓아야 할 걸요! 거기다가 특검으로 옭아매서 구속시켜 버리면 아무리 국민의 지지를 많이 받는 박 의원이라 하더라도 그것으로 끝납니다."

"문여천을 추종하는 한 의원이 무슨 대단한 계책이라도 내놓기라도 한 듯 말을 마치자 의기양양해서 동의를 구하는 눈빛을 번뜩이며 좌중을 돌아보았다. 그러자 여기저기서 문여천이 들으란 듯이 맞습니다! 동감입니다! 그렇게 결론을 내립시다!"

하고 이구동성으로 목소리를 높여 동의했다.

"그럼 그렇게 하기로 결론을 내고 여러분들은 좀 더 구체적인 논의를 하고 천천히 나오세요. 나는 어른이 불러서 가봐야 하니까."

문여천이 만족했는지 굳게 다문 입가에 미소를 머금고 일어섰다. 그리고 각 단체 대표들과 일일이 악수를 나누고는 성큼 성큼 걸어 밖으로 나갔다. 남은 사람들은 미리 준비하고 있었던지 누가 먼저 랄 것도 없이 구체적인 계획안을 앞다투어 내놓았다. 문여천의 비서인 한 젊은이가 그들의 의견을 빠짐없이 기록하였다. 긴 머리 정치평론가는 남의 이야기를 듣는 참관인처럼 묵묵히 듣고만 있었다. 하지만 그의 주머니 속엔 그들 모두의 숨소리 하나 놓치지 않는 고성능 녹음기가 쉴 사이 없이 돌아가고 있다는 걸 아무도 눈치채지 못하였다.

늦은 여름, 막바지 더위가 기승을 부리고 있었다. 매미들도 제철이 다 가기 전에 맘껏 떠들어대고 싶은지 밤잠을 설치게 하였다. 그런데 가뜩이나 시끄러워 죽겠는데 언론과 방송도 눈과 귀를 혼란에 빠뜨렸다.

아침신문에 뜬금없이 박영숙 의원이 가난한 서민을 돕는다며 기업들로부터 거액을 기부받아 착복했다는 시민단체의 기자회견 내용이 대서특필되었다. 연이어 약속이라도 한 듯 여러 방송에서도 같은 말을 되풀이하는 뉴스가 시간마다 보도되기 시작했다.

오후가 되자 방송들은 앞다투어 평론가까지 동원했다. 그들은 거의 한 목소리로 박영숙 의원이 마치 원수나 되는 것처럼 비난하는데 열을 올렸다. 그전까지만 해도 입에 침이 마르도록 박 의원을 장차 유력한 대통령 후보라며 칭송하던 그 사람들이었다. 사실 여부와 관계없이 시민단체의 기자회견 내용만을 가지고 횟감을 치듯 무지막지하게 논평을 가해 누가 들어도 사실처럼 느껴지게 하였다. 다음 날부터는 신문도 마찬가지였다. 박 의원이 여러 기업으로부터 기부 명목으로 돈을 착취하는 수법까지 그럴싸하게 꾸며 대서특필

하였다.

그런데 시민단체의 기자회견 내용을 자세히 살펴보면 의혹 제기에 불과했다. 하지만 곧 검찰에 고발할 것이라고 대놓고 의혹 제기를 사실화하려 하였다. 그런데 날이 갈수록 점입가경이었다. 지역 단체 또는 자발적 시민모임이란 이름으로 박영숙 의원을 제명해야 한다며 성명을 발표하는가 하면 촛불시위까지 하는 단체가 생겨나기 시작했다.

아닌 게 아니라 언론 방송의 힘은 대단했다. 박영숙으로부터 오랫동안 도움을 받았던 사람들마저 등을 돌리는가 하면 방송 인터뷰에 등장해 그런 사람인 줄 몰랐다느니 가면을 쓴 위선자라느니 심지어는 그런 여자를 대통령 감으로 지지한 것이 부끄럽다며 노골적으로 욕설까지 서슴없이 해대는 이들도 있었다.

박영숙은 아침저녁으로 돌변하는 민심은 그렇다 치고 자신을 추종하던 동료의원들마저 하나둘 등을 돌리는가 하면 비판을 쏟아내는 자들도 적지 않아서 분했다. 자신의 계보라 자처하던 인물들이었다. 그런데 어떻게 하루아침에 손바닥 뒤집듯 안면을 싹 바꿀 만큼 변절할 수 있는지 분기가 극도에 달했다.

"거 봐요 언니! 내가 뭐랬어요? 미리 대비해야 한다고. 문여천 그자가 일을 저지를 것이라 했잖아요. 그자가 아니면 이렇게 조직적이고 광범위하게 누가 언니를 옭아 매겠어요?"

그나마 김정희 의원만은 변하지 않았다. 흥분해서 얼굴이 벌겋게 달아올랐다.

"문여천보다 우리 당 의원들이 더 더러워!"

"다 그놈이 그놈들이지요. 제 이익이 되지 않는다 싶으면 매정하기가 얼음보다 차가운 자들이 정치꾼들이에요. 하지만 개중에는 끝까지 의리를 지키는 의원들도 적지 않아요. 그들이 현 정국 타개를 위해 노력하고 있으니까 기다려 보세요. 아마 곧 언니를 찾아올 거예요."

"아니 그럴 필요가 없다고 전해! 나도 생각이 있으니까."

"언니 생각이 뭔지 모르지만 문여천의 거대 조직과 맞서려면 우리도 세가 필요해요."

"아니 필요 없어, 물론 문여천의 거대 조직과 맞선다는 건 게 쉽지가 않겠지. 언론 방송 시민단체 그리고 전국의 당원조직에다 일반 시민들까지 이용하는 저들을 맞설 수 있는 건 오직 진실 하나뿐이야."

"자발적으로 참여한 시민들로 가장한 당원조직이 벌써 우리 당사 앞에 촛불을 들고 모여들기 시작했어요. 저들의 시위가 민심으로 퍼져 나가면 법조계에서도 어쩔 수 없이 저들 편을 들게 될 거예요. 그리되면 언니 의원직 제명에만 그치지 않고 구속까지 하려들 거예요."

"괜찮아, 반드시 진실이 이긴다는 신념이 있으니까 너무 걱정하지 마. 내가 알아서 할 테니까!"

박영숙은 그동안 봉사활동을 하면서 기록해 둔 일기장과 장부를 꺼냈다. 특히 장부에는 기업체로부터 자금을 지원받은 날짜와 금액, 그리고 언제 누구에게 전달했거나 혹은 경비로 섰는지 영수증까지 꼼꼼하게 첨부해 기록해 놓았다. 거기다가 자금을 지원한 기업체 대표들의 음성녹음까지 보관하고 있었다. 그 녹음 내용은 몇 년 몇월 며칠 어떤 사유로 자금을 지원한다는 내용이 담겨있었다.

물론 박영숙은 녹음을 하기 전에 대화내용을 녹음할 것이란 사실을 상대방에게 알려주기까지 하였다.

박영숙은 변호사 개업을 하고 봉사활동을 시작할 때부터 이런 사건을 대비해 준비를 게을리 하지 않았다. 그랬기에 발등에 불 떨어지듯 화급한 상황인데도 태연할 수 있었다. 오히려 이번 기회가 언론 방송 보도에 쉽게 넘어가는 민심을 확인하는 계기가 되었다. 특히 정치인들의 음모와 술수, 그리고 제 이익을 위해 가차없이 변절하는 정치인들의 추악한 면모를 확인할 수 있었다.

그런데 분노가 치밀기는 했으나 달리 생각하면 앞으로의 의정활동에 많은 도움이 된 것 같아서 그들이 오히려 선생처럼 생각되었다.

"역시 우리 언니네! 이 정도 증거자료면 모함한 자들을 전부 잡아 넣을 수 있겠어요 언니. 저놈의 새끼들이 설마 언니가 이런 자료를 가지고 있으리라고는 꿈도 못 꾸겠지요. 어때요 바로 기자회견 준비할까요?"

김정희가 감격해서 눈물을 줄줄 흘리며 흥분을 감추지 않았다.

"아니야 내버려 둬! 저들이 어디까지 날뛰는지 두고 보자고! 그리고 이참에 언론방송을 비롯해 시민단체, 법조계, 정치계의 치부가 어디까지 드러날지 지켜보고 싶어."

"그것도 좋은 생각이에요. 대한민국에 최고의 양심이니 지성이니 하는 것들이 모인 단체나 법조계, 그리고 제철 만난 매미처럼 떼거리로 떠들어 대며 생지랄 발광하는 버러지 같은 군상들이 진실이 밝혀진 뒤에 뭐라 할지 궁금해요."

"그래도 나를 욕하기보다 진실을 말하는 언론계의 칼럼리스트나 논평가들이 있고 적지 않은 의원들이 있어서 큰 힘이 돼! 아직 우리 사회가 병든 정글 같지 않아서 다행이야! 살아 있는 양심이 있다는 것만으로 희망이 있어."

박영숙은 비판을 쏟아내는 사람들만 있는 것이 아니라 진실부터 밝히는 것이 순서라며 현 정국을 당당하게 비판하는 일부 언론 방송계 인사와 의원들의 올곧은 소리가 큰 힘이었다. 그들이 있는 한 나중에 진실을 밝힐 때 음모에 앞장선 자들이 진실을 왜곡한 궤변을 늘어놓을 때 앞장서서 막아줄 것이라 믿었다.

푹푹 찌는 늦더위가 기승을 부리는 토요일 오후 다섯 시가 좀 지나서였다. 여의도 한민족당 당사 앞에 어디서 왔는지 알 수 없는 여러 대의 버스가 줄지어 들이닥쳐 넓은 도로가에 차례로 늘어섰다. 그런데 어느 사이 방송차량들이 속속 모습을 드러내고 카메라를 멘 기자들 여럿이 한민족당 빌딩 정문 앞에 약속이나 한 듯 우르르 모여들었다. 무슨 작전을 방불케 하는 질서 있는 그들의 움직임을 무심코 바라보던 한성민이 고개를 갸웃하였다.

"무슨 행사가 있나?"

강서영도 길을 가다 말고 멈춰 선 남편 곁에 서서 사람들의 움직임을 미심쩍은 눈으로 바라보았다. 대형버스에서 젊은 남녀들이 하나씩 내리고 연이어 나이가 꽤 들어 보이는 사람들도 차례로 버스 밖으로 나왔다. 그런데 그들은 밖으로 나오자마자 초에 불을 붙이기 시작했다. 그러자 어디서 왔는지 남녀군중이 한민족당 빌딩 앞으로 꾸역꾸역 몰려들었다, 그리고 그들 역시 촛불을 밝혔는데 군중 앞에 선 젊은이들은 "박영숙을 제명하라", "박영숙을 구속하라"는 피켓을 들고 있었다. 잠시 후에는 피켓 내용대로 구호를 외치기 시작했다. 그런 사이 경찰들이 달려와 당사 앞을 가로막아 섰다.

"저 사람들 돈 받고 데모하러 왔을 걸요. 드디어 그자가 전국조직을 동원한 모양이에요."

강서영이 보다 말고 아는 체하고는 남편의 팔을 끌어 그만 가자고 하였다.

"애, 서영이 아니니?"

강서영이 남편의 팔짱을 끼고 막 첫발을 내딛는데 누군가 뒤에서 부르는 소리가 들려 멈칫 하고 돌아보았다. 뜻밖에 대학교 선배이자 한민족당 국회의원인 김정희가 반갑게 달려왔다.

"어머, 언니!"

"여긴 웬일이니? 설마 촛불 들려고 온 건 아니겠지?"

"촛불! 내가 왜? 볼일이 있어서 여기 왔다가 집으로 가는 길이에요."

"그럼 그렇지! 그런데 어머, 내 정신 좀 봐. 너의 남편이 있는 것도 모르고, 안녕하세요?"

김정희가 한성민을 보고는 깜짝 놀란 시늉으로 반갑게 인사했다. 한성민은 결혼 피로연 때 잠시 보았던 김정희를 알아보았다. 그때는 그녀가 국회의원 신분이 아니라 변호사이기는 해도 꾸밈이 없는 평범한 주부로 보였는데 오늘 보니 매우 세련되고 지체 높은 귀부인으로 느껴졌다.

"서영아, 우리 여기서 이럴 게 아니라 저녁 먹으러 가자! 너도 아는 선배 박영숙 언니가 저녁상 차려놓고 기다리고 있어. 잠시만 기다려!"

김정희는 강서영의 의사도 물어보지 않았다. 더구나 한성민의 의사가 중요한데도 개의치 않고 박영숙에게 전화하더니 다짜고짜 강서영과 남편 한성민이 함께 갈 테니 그리 알라 하고는 전화를 끊었다.

"아니 언니, 일방적으로 그러면 어째!"

강서영이 항의하듯 말하고는 난감한 표정으로 남편을 바라보았다.

"야, 서영아, 존경하는 우리 선배님이 사지에 빠졌는데 가서 위로해 드려야 하지 않겠니? 저기 촛불 든 사람들 봐. 모두가 선배를 욕하고 있어. 세상에 아무리 악독한 인간이라도 그렇지 어떻게 밑도 끝도 없는 누명을 씌워서 저렇게 촛불을 들게 만들고 언론 방송까지 동원해서 사람을 사지로 몰아넣는지 생각할수록 억울하고 분해서 못 참겠어!"

김정희가 울분을 못 참아 눈물까지 글썽이었다. 강서영은 그 모양을 보며 차마 함께 못 가겠다는 말이 나오지 않았다. 한성민도 무언의 동의를 하는지 아내를 향해 싫어하는 눈빛을 보이지 않았다.
게다가 김정희가 남편에게 정중하게 함께 가줄 것을 청하자 도무
지 거절할 자신이 없었다.

　엉겁결에 박영숙의 집에 따라온 한성민은 세 여자의 수다스러운
인사치레와 서로의 근황을 묻고 답하느라 한참 시간을 보내는 동
안 은행나무 숲이 고와서 집 밖에 나와 있었다. 숲을 거닐자니 싱
싱한 황금빛 잎사귀에서 영원히 사라지지 않는 도의 향기가 느껴
져 길도 없는 숲속을 먼 곳까지 걸었다. 그리고 돌아와 보니 아내가
식사하자며 바삐 걸어와 남편에게 매달리듯 팔짱을 끼고 집안으로
들었다.
　저녁식사를 하고 난 뒤에는 거실에 앉아 모두 무거운 표정으로
차를 마시다가 박영숙이 먼저 말을 꺼냈다.
　"서영이 부부처럼 서로 사랑하면서 일생을 보내면 얼마나 좋을
까? 오늘 행복해하는 두 사람을 보니 내 마음도 한결 가벼워졌어
요. 먹잇감을 무지막지하게 뜯어먹는 짐승들이 활개치는 정글의 한
모퉁이에 평화가 깃든 숲속 같은 느낌이랄까. 나는 두 사람으로부
터 그런 분위기가 느껴져서 기분이 매우 좋아."
　"고마워요 선배님, 그리 말씀하시니 혹시 저희들이 눈살 찌푸리
게 하지는 않았는지 모르겠습니다."
　남편과 바싹 붙어 앉았던 강서영이 조금 사이를 두고 고쳐 앉으
며 얼굴을 붉혔다.
　"아니야, 후배님! 두 사람의 사랑이 자연스러워서 보기가 좋아.

자연스럽지 못하면 닭살 돋지만 두 사람은 전혀 그렇게 안 보이거든. 아마 전생에도 부부였나 봐요. 한 선생님은 그런 생각 안 들어요?"

김정희가 두 사람을 입에 침이 마르도록 부러워하고는. 한성민을 빤히 바라보았다.

"아이 선배도 차암! 그리 물으면 이이가 대답을 어떻게 해요! 그런 이야기 그만 두고 영숙 선배님 이야기나 해요."

한성민이 무어라 대답할 말을 생각하지 못해 우물쭈물하자 강서영이 재빨리 말을 가로채 화제를 돌려 놓았다.

"웃자고 한 이야기야. 기왕 서영이 말이 나온 김에 내 생각을 말하면 이래. 언니는 이런 날이 올까봐서 준비를 철저히 해둔 이상 저들의 음모를 백일하에 밝혀야 한다고 생각해요. 저들이 모함한 사실을 증명할 수 있는 증거가 명백하니까 이참에 저들 모두를 먼저 고발해서 법의 심판을 받게 해야 합니다. 그래야 언니 명예도 회복할 수 있고 명예가 회복되어야 다음 대권에서 반드시 승리할 수 있을 거예요."

김정희가 작심한 듯 단호하게 제 생각을 밝혔다.

"우리 한 선생님은 어떻게 생각하세요?"

묵묵히 듣고만 있던 박영숙이 한성민에게 물었다.

"제가 무얼 알겠습니까. 더군다나 정치에 대해서는 문외한이라 무어라 말씀 드릴 것이 없습니다. 죄송합니다."

"그래도 우리끼리 있으니까 기탄없이 생각을 말씀해 주시면 많은 참고가 될 거예요. 부탁합니다. 남자들의 생각은 또 다를 수 있을 테니까 꼭 듣고 싶군요."

박영숙이 진지한 표정으로 재차 부탁했다. 강서영은 장차 대권을 꿈꾸는 선배가 초라한 행색의 남편에게 예를 갖추고 정중하게 의견을 청하는 모습이 감동스러웠다. 그런데도 겸손한 남편이 끝까지 사양하면 어쩌나 하고 내심 걱정이 많았다. 하지만 한성민은 박영숙의 청을 두 번 거절하지 않았다.

"제가 무얼 알겠습니까만, 굳이 물으시니 이런 말씀을 드리고 싶습니다. 거친 바람은 해가 떠오르기 전에 그치고, 폭우는 종일 내리지 못한다는 말이 있습니다. 하늘은 본래 맑고 고요한 것이라서 일진광풍과 폭우가 오래 가지 못합니다. 하늘이 맑고 고요함을 잃지 않기 때문이지요. 하늘이 이미 이와 같은데 하물며 사람의 일이겠습니까?"

"오, 그 한 말씀으로 저를 깨우쳐 주셨군요. 제가 부끄러울 것 없이 깨끗한데 무얼 두려워하겠습니까? 일일이 대응하지 않아도 결국 저들이 지쳐 그만두겠지요."

"한 선생님 말씀 듣고 보니 그렇군요. 일일이 대응하면 지금은 저들이 생 발광을 할 테니까 억울해도 그냥 두는 것도 한 방법이겠네요. 근거 없는 말을 지어낸 거니까 맞장구를 치지 않으면 저들 스스로 진실이 두려워서라도 그만 둘 거예요. 본래 잘 못한 놈을 잘못했다고 나무라면 잘못이 없다고 악을 쓰고 덤비는 게 세상인심이라 가만히 있는 것만 못할 수도 있겠어요."

김정희가 좀 전까지 못 참아 토하던 울분을 차분히 가라앉히고 어조가 긍정적으로 변했다.

"외람되지만 한 가지만 더 말씀드리겠습니다."

한성민이 내친 김에 계속해서 말하려 하자 박영숙이 의자를 당겨 앉으며 진지한 표정으로 귀를 기울였다. 김정희도 강서영도 사람의 마음을 끌어들이는 한성민의 조리있는 조용조용한 어조에 매료돼 침묵으로 다음 말을 기다렸다.

"의원님께서는 원하시건 원하지 않으시건 현재 가장 유력한 대통령 후보이십니다. 나중에 천하를 끌어안아야 할 때가 오겠지요."

"글쎄요 솔직히 그럴 뜻은 있어도 목매이게 갈구하지는 않습니다. 내가 과연 그 일을 감당할 수 있을지도 걱정이고."

"이번 사건을 보면서 음모를 주도한 모 씨는 결코 지도자가 되어서도 안 되고 될 수도 없어 보입니다. 하지만 개인의 운세가 좋다면 어쩔 수 없지요. 그러나 나라의 불행이라 하겠지요. 그렇기 때문에 의원님께서 더더욱 준비를 게을리 하셔서는 안 됩니다. 이건 의원님 개인의 문제가 아니라 나라 전체의 문제이자 역사의 문제이니까요."

"제가 그럴 만한 그릇이 될까요?"

"제가 드리고자 하는 말씀입니다. 만 가지 일은 마음을 어떻게 갖느냐에 달렸습니다, 그리고 그 마음을 끝까지 유지하느냐가 중요하지요."

"맞는 말씀입니다. 모두들 초심을 잃어서 문제지요."

"물건이 되지 말고 물건을 싸는 보자기가 되라는 어느 성인의 말이 생각납니다. 보자기는 귀한 물건이건 천한 물건이건 싸서 안전하게 보관해 주기 때문입니다. 또 천하를 생각하는 사람은 천하를 싣고 가는 짐수레가 되라는 말이 있습니다. 일국의 리더는 신분을 가리지 않고, 착하고 악함을 가리지 않고 한 보자기에 담습니다. 보자기처럼 백성을 감싸고, 스스로 수레가 되어 아무리 힘들어도 백성들의 온갖 좋은 일도 궂은 일도 가리지 않고 빠짐없이 싣고 가야 한다는 뜻이지요. 이런 마음만 있으시면 자연히 행동이 뒤따르기 마련이고 진심을 알아본 만인은 불평불만 없이 따를 것이며 사악한 인간들마저 그 마음에 감복해 감히 악행을 저지르지 못할 것이라 생각합니다."

"실로 듣기 힘든 가르침이군요. 감사합니다."

박영숙이 고개를 숙여 답례했다.

"만 가지 일이 마음에 달렸지만 비우지 않은 마음으로 행하면 가식이 따르기 마련이며 국민들은 쉽게 알아차립니다. 그러므로 뜻은 세우되 욕심은 버려야 합니다. 피리는 속이 비었기 때문에 소리가 아름답습니다. 그런데 피리소리는 피리 부는 사람의 것이지만 듣고 즐기는 사람은 자신이 아니라 타인입니다."

한성민이 말을 마치고는 더 할 말이 없는지 입을 꾹 다물었다. 다른 이들도 한동안 침묵하기는 마찬가지였다. 매미들도 침묵이 필요했는지 여태 숨이 넘어가도록 목매게 소리치던 울음을 뚝 그쳤다. 박영숙은 다시 한번 한성민과 강서영을 번갈아 물끄러미 바라보다가 조용히 일어나 창문 쪽으로 걸어갔다. 그리고 창밖 은행나무 숲을 바라보며 무언지 모를 깊은 생각에 잠기었다.

인간들의 추악한 이면

박영숙은 폭풍은 아침을 넘기기 어렵고 폭우는 하루를 넘기지 못한다는 한성민의 말에 크게 깨달은 바가 있었다. 다음 날 즉시 대변인격인 김정희에게 기자회견을 국회에서 하게 하였다. 회견내용도 한성민의 말을 인용했다. 그리고 오늘 이후로 음모를 그치지 않고 모함을 계속하면 하늘도 땅도 사람도 용서하지 않을 것이란 말을 끝으로 회견을 간단하게 끝냈다. 다만 기자들의 집요한 질문에 사견임을 전제하고, 사람으로 태어난 자 천벌을 두려워해야 하지 않느냐. 우리 박영숙 의원님은 천벌을 두려워하기 때문에 사람으로서 해야 할 도리를 잊지 않으신다. 그리고 매우 관대해서 웬만한 음모와 모함을 다 용서하지만 천벌도 두려워하지 않는 악한 사람은 반드시 응징할 것이다. 그러니 이쯤에서 이번의 음모와 모함을 멈춰주기 바란다는 말과 함께 음모자는 음모자의 먹잇감이 된다는 의미심장한 말을 남겼다.

교활한 인간들의 먹이사슬을 장자는 이렇게 비유하였다. 익은 포도가 주렁주렁 매달린 포도나무 밭에 큰 나무가 하나 서 있는데 나뭇가지에 신나게 노래하느라 정신없는 매미 한 마리가 있었다. 그런데 매미 밑에는 굶주린 사마귀 한 마리가 매미를 어떻게 잡아먹을까 하고 노리고 있어서 매미의 생명이 위태로웠다, 하지만 놀랍게도 굶주린 까마귀 한 마리가 날아오더니 포도나무에 앉아 사마귀를 잡아먹을 기회를 노렸다.

그러나 이게 웬 일인가! 이번에는 사냥을 나온 사냥꾼이 마침 포도밭에 들어와 날짐승을 찾고 있는데 까마귀가 앉는 것을 보고는 즉시 화살을 겨누었다. 그렇지만 누가 알았으랴, 포도밭 주인이 사냥꾼이 포도를 훔치는 도둑인 줄 알고 칼을 들고 사냥꾼을 향해 살금살금 다가갔다는 이야기다.

장자가 짐승들의 먹이사슬 고리를 예를 들어 음모를 꾸며서 타인을 해치려는 교활한 인간들에게 교훈을 던져준 이야기다. 그런데 문여천과 그 일당들이 벌인 행위가 어쩌나 그리도 장자가 말한 짐승들의 세계와 같던지 아연실색해 마지않는 인물 둘이 있었다. 지수영과 강철호였다. 문여천을 추종하는 인물들 중에서 대학 강단에 세워주겠다는 조건을 내걸고 포섭한 머리카락이 긴 정치평론가로부터 박영숙 죽이기 대책회의 내용이 고스란히 담긴 USB를 받은 그들은 어설프기 짝이 없는 발언들과 내린 결론이 한심하기까지 해서 실소를 금하지 못했다.

"형님, 새끼들 좀 배웠다는 것들 하는 짓이란 게 고작 이 정도밖에 안된답니까? 시정의 잡배보다 대가리가 안 돌아가는 모양이요. 나 차암! 눈에 훤한 짓들인데 성공할까요?"

강철호가 고개를 갸웃했다.

"모르는 소리! 권력이 조직적으로 움직이면 설사 음모라고 눈치를 챈다 해도 언론 방송이 대세를 장악해 버리면 여론은 그대로 따르게 되어 있어. 거기다가 법조계까지 호응해 주면 꼼짝없이 당할 수밖에 없지 않겠어."

"오늘 김정희 의원이 기자회견에서 한 말이 심상치가 않던데요. 완벽한 대비가 되어 있다는 뉘앙스가 풍깁디다. 잘못 건드렸다가는 오히려 이쪽이 당할 수 있다는 느낌이 들던데요."

"맞아, 역시 박영숙 의원 보통 여자가 아니야, 깜이야 깜! 대통령 깜!"

지수영이 엄지손가락을 치켜세웠다.

"그럼 장래를 위해서 미리 그쪽하고도 선을 이어놓아야 하겠군요."

"그래야겠지, 내게도 생각이 있어."

"그래요?"

"응, 여기 USB 있잖아 적당한 내용 담아서 슬쩍 건네주는 거지."

"양다리 걸치게?"

"처음부터 계획한 일이야. 비단 박 의원 뿐이 아니고 그날 대책회의에 참여한 놈들한테도 보낼 거야. 그럼 놈들이 벌벌 떨고 잠도 못 자겠지. 그런 뒤에 문여천한테도 보내고. 그러면 이번 사건은 순식간에 수그러들고 우리들 뜻대로 정국을 이끌어 나갈 수 있어."

"문여천이 펄펄 뛸 텐데요."

"아니지, 오히려 고마워하겠지. 대책회의 참석자 중에서 누군가 배신자가 있어서 나에게 전달한 것으로 꾸미면 돼. 하긴 그게 사실이기는 하지만 어쨌든 이일이 들통나는 날에 문여천은 끝이니까 어떡하든 사건을 덮으려고 나에게 매달릴 거야. 그리고 회의에 참석한 힘 좀 쓴다는 자들도 숨을 죽이고 우리한테 무조건 협조할 거야. 우리는 그때 행동하면 돼."

"박영숙 의원이 가만있을까요?"

"우리가 보낸 정보는 종이쪽지니까 근거가 없잖아! 그리고 회견 내용을 보면 이쯤에서 그치면 더 이상 대응하지 않겠다고 김정희 의원이 밝히기도 했잖아. 그것 보면 박 의원이 인물은 인물이야. 아주 마음이 넓고 너그럽고, 그리고 통이 커! 나 같았으면 먼저 검찰에 고발부터 해놓고 죽을 각오로 덤빌 텐데 말이야, 그러질 않잖아. 폭풍은 하루아침을 넘기기 어렵고 폭우는 하루를 넘기지 못한다는 짧은 말로 음모임을 지적한 걸 보면 구질구질하지도 않고 그래서 믿음을 주기에 충분해. 그리고 천벌을 두려워하라는 짤막한 한 마디로 자신의 결백을 명확하게 나타냈어. 그 말에 아무리 문여천이라도 함부로 나서지는 못할 거야. 모함하는 입장에서 찔리지 않겠어."

"그런데 형님, 이번에 하는 꼴들 보니까 나라가 어떻게 될지 걱정입니다요. 명색이 대한민국 권력을 움켜쥔 놈이라 언론, 방송, 문화계, 교육계, 법조계까지 저렇게 썩어 빠졌는데 새끼들 통일되면 빨갱이들한테 포섭당하지 말라는 법도 없고 어쩌지요?"

"맞는 말이야. 그러니까 이번에는 자네가 당당하게 놈들 혼 좀 내줘! 그래야 나중에 우리 말 고분고분 잘 들을 테니까."

"줘 패요?"

"그래야 놈들 입도 뻥긋 못하겠지. 하지만 패지는 말고 겁만 줘."

"알았소!"

강철호는 오랜만에 제 세상을 만난 기분이었다. 안 그래도 좀이 쑤시던 차에 혼을 내 줄 상대가 생겼다니 더없이 기분이 좋았다. 예전처럼 변장할 필요도 없고 때에 따라서는 주먹을 날려도 뒤탈이 없을 테니 물 만난 고기 같은 기분이었다. USB 내용을 프린트할 때도 어깨춤이라도 출 듯 콧노래를 흥얼댔다. 그 모양을 지켜보는 지수영의 입가에 야릇한 미소가 퍼져나갔다.

강철호는 한번 결정하면 주저하지 않는 성미대로 즉시 문여천의 대책회의에 참석한 인물들 개개인에게 각자의 발언 내용만을 프린트 한 메모 쪽지를 우편으로 보냈다. 물론 머리가 긴 정치평론가에게도 메모를 보냈다. 그는 영리하게 주목할 만한 발언을 하지 않았으나 배신자로 몰리지 않도록 배려해주는 차원이었다. 그러고 나서 한참 뜸을 들였다가 한 사람씩 불러냈다. 장소는 모두 북한산 팔각정 근처 한적한 커피숍이었다. 쪽지를 본 사람들은 기겁을 하고 놀랐다. 청천벽력과도 같았다. 만약 쪽지를 보낸 인물이 사실을 공개하거나 검찰 혹은 박영숙 의원에게 정보를 제공이라도 하는 날에는 그것으로 인생 끝이었다. 대한민국을 발칵 뒤집어 놓을 엄청난 사건이어서 어쩌면 평생을 감옥에서 보내게 될지도 모를 일이었다.

놀라기는 문여천도 마찬가지였다. 놀랐다기보다 기절할 뻔했다.

급하게 서둘러 빠져나갈 궁리에 몰두했다. 가장 먼저 떠오른 방법은 역시 모든 필요한 곳에 돈으로 입막음하는 것이 가장 뾰족한 신의 한수라 생각했다. 그리고 아무리 촘촘한 그물망도 빠져나갈 구멍을 만들면 되는 것, 만약 문제가 생기면 우선 그런 일이 절대 없다고 딱 잡아떼고 오히려 발설자를 명예훼손으로 고소 해놓고 여러 연줄을 동원해 법조계에 손을 써두는 방법이었다. 몇 년간 재판을 끌고 가다가 대선에서 승리하면 그만일 테니 이 방법은 최후의 패로 쥐고 있기로 하였다.

그런데 문여천은 당시 대책회의에 참석했던 사람들 모두가 쪽지를 받았다는 연락을 받고는 또 한 번 충격에 빠졌다. 한동안 정신이 멍해서 아무 것도 생각나지 않았다. 누군가가 회의내용을 녹음을 했다는 뜻인데 도대체 배신자가 누군지 의심갈 만한 인물이 생각나지 않았다. 그날 회의에 참석한 인물들이 모두 일곱 명인데 일곱 명 다 쪽지를 받았다니 귀신이 곡할 노릇이었다. 그렇다고 이대로 가만히 있을 수는 없는 일, 일단은 그들과 대책을 숙의하기로 하였다. 하지만 또 녹음될지도 모를 일이라 이번에는 한 사람씩 은밀하게 만나 각자의 의견도 듣고 이리저리 살펴서 의심이 가는 인물이 누군지 탐색도 해볼 생각이었다.

그러나 지수영으로부터 뜻밖의 전화를 받고는 모든 계획을 뒤로 미루었다. 지수영이 회의내용이 모두 녹음된 USB를 누군가로부터 받았다며 급히 만나자는 연락이었다.

"문 의원님, 앞으로는 비서들도 믿지 마세요. 배신자는 가장 가까운 데 있는 법이니까요."

대한호텔 커피숍 구석자리에 문여천과 마주 앉은 지수영이 심각한 표정으로 능청을 떨었다.

"맞는 말이오. 이번에 확실히 알았소. 그런데 USB는 원본이오?"

"아닙니다. 놈이 거액을 요구합디다."

지수영이 짐짓 심각한 표정을 지었다.

"거액! 돈은 얼마든지 좋으니까 원본을 받아낼 수 있소?"

"그건 염려하지 않아도 됩니다. 솔직히 제가 그자를 아니까요."

"알아요? 누구요? 도대체 그 새끼 내가 아는 놈이오?"

문여천이 자리에서 벌떡 일어섰다.

"의원님, 조용히 하고 앉으세요. 그자도 이번 일에 사활을 건 모험을 하는 거니까 밝힐 수 없습니다. 그자의 말인즉 만약 자신의 신분을 밝히면 즉시 USB를 공개하겠답니다."

"개새끼! 그런데 그 자식, 지 선생과 어떤 관계요?"

"저를 형님이라 부릅니다. 오래 전부터 아는 사인데 제가 의원님과 비밀리에 자주 만나는 걸 알고 저한테 접근한 것이지요. 그자 말로는 한 십억 주면 원본을 넘기고 자신은 그 돈으로 조용히 은둔해서 살겠답니다."

"복사해 뒀다가 나중에 협박하지는 않을까요?"

"그 점은 저를 믿어도 좋습니다. 저한테 잘못 걸리면 어떻게 되는지 잘 아는 자니까 입도 뻥긋 못할 겁니다."

"하긴 당신을 겁내지 않으면 간덩이가 부은 놈이겠지요. 그럼 십억 드릴 테니까 확실하게 해주세요."

"알았습니다. 전에 인사드렸던 제임스 강 있잖아요?"

"아 그 한국계 미국인?"

"예, 그 친구 무술 실력도 대단하고 아주 의리 있고 애국자지요. 한 마디로 불의를 보면 절대 못 참는 열혈남아지요."

"아, 그래요?"

"예, 그래서 말인데 제임스 강이 그자를 만나서 원본을 받아오게 할 생각입니다. 한 마디로 겁을 세게 준 다음에 돈을 건네고 원본을 받을까 해서요."

"잘 생각했습니다."

"그리고 의원님한테 물어보지 않고 제임스 강한테 시킨 일이 있습니다."

"그래요?"

"예, 실은 쪽지를 받은 사람들 하나씩 전부 만나보라 하였지요."

"아니 제임스 강이 왜 그들을?"

"생각해 보십시오. 그들이 그 쪽지로 나중에 장난칠 수도 있지 않겠습니까? 그래서 제임스 강한테 시켰지요. 한 사람씩 만나서 자신들이 한 이야기에 대한 책임을 상기시켜서 두 말이 나오지 않게 해두려고요. 저들도 크게 걸릴 테니까 미리 경고해 두는 게 좋을 듯해서!"

"잘 하셨어요. 역시!"

문여천이 엄지손가락을 치켜세웠다. 불안한 기색이 없는 것으로 보아 심리적인 안정을 찾은 것 같았다. 눈썹 하나 까딱하지 않고 거짓말을 능숙하게 한 지수영은 속으로 회심의 미소를 지었다.

그 시각, 강철호는 북한산 팔각정 커피숍에서 대책회의에 참석한 인물들을 하나씩 만나고 있었다. 제일 먼저 머리가 긴 정치평론가를 만나서 USB원본을 받아 쥐었다. 그리고 그에게 내년 신학기부터 모 대학교 강단에 서게 될 것이라는 지수영의 메시지를 전했다. 그리고 이번의 녹음사건을 무덤까지 비밀로 가져가라며 협박 아닌 협박까지 해놓았다. 그러고 나서 곧바로 만난 사람이 고려일보 편집장인데 언론방송계에서 상당한 영향력을 행사하는 인물이었다.

연락을 받고 나온 사람들이 강철호에게 보인 첫 반응은 당신이 어떻게 자신들의 대책회의 발언을 아느냐, 혹시 당신이 우리들 중 누군가를 매수해 배신하게 한 장본인이냐고 조심스럽게 물었다. 그럴 때마다 강철호는 엄숙한 표정으로 위협적으로 대답했다.

"당신이 그런 질문을 할 처지가 아닐 텐데? 당신의 인생이 걸린 일인데 그런 질문부터 하다니. 배신자라 했는가? 박영숙 의원 같은 훌륭한 인물을 모함한 그 입으로 배신이란 말을 하다니요. 당신이야말로 진정한 배신자요. 지식인이고 국가에 영향력을 행사하는 위치에 있으면서 불의한 일에 가담했으니 가장 가증스러운 정의의 배신자가 아니라 할 수 있소? 당신이 배신자라 칭하는 그 사람은 오히려 당신들의 불의를 고발한 정의의 인물이라 할 수 있소. 국가를 위해서 말이요. 안 그래요?"

하고 말하자 그들은 하나같이 옳은 말입니다, 죄송합니다, 용서하십시오 하는 말을 연발했다. 그런 그들의 비굴한 모습을 본 강철호는 심사가 뒤틀려서 몇 대 쥐어박고 싶은 충동을 느꼈으나 지수영의 당부를 생각하고는 꾹 참았다. 그리고 이 말을 끝으로 돌려보냈다.

"이번만은 그냥 넘어간다. 하지만 내가 당신들의 대화녹음 파일을 쥐고 있다는 사실을 잊지 마라!"

과거 사채업자와 문여천 등을 폭행하며 준엄하게 꾸짖고 위협했던 언사 그대로였다. 그들은 당장 눈앞에 떨어진 발등의 불을 피할 수 있다는 안도감에 몇 번이고 허리를 굽실대며 돌아갔다. 하지만 강철호를 저승사자처럼 무섭고 두려운 존재로 가슴에 안은 채여서 뒷모습이 불안하고 발걸음이 무거워 보였다. 문득 한성민이 하는 말이 떠올랐다.

"명예와 자기 자신 중에 어느 것이 더 가까운가? 자기 자신과 금은보화 중에 어느 것이 가치가 있는가? 얻는 것과 잃는 것 중에 어느 것이 더 괴로운가? 무엇이나 많이 가지려고 수작을 부리면 필연코 다 잃는다. 만족할 줄 알면 욕되지 않고 멈출 줄 알면 위태롭지 않으니 자신을 오래 보존할 수 있다."

그들은 문여천의 금전과 권력에 빌붙어 더 많은 것을 얻으려 하다가 결국 처량한 인생의 패배자로 나락에 떨어지게 되었으니 한성민의 말이 하나도 틀리지 않았음을 실감했다. 그러나 그 말도 잠깐 스치고 지나간 바람이었다. 짠하게 무언가를 남겨두지 않고 어디론가 안개처럼 사라졌다.

※ 장기호와 문여천의 거대한 음모는 제대로 실행해 보지도 못하고 우습게 끝났다. 그러나 두 사람의 불타는 야망은 한 번 음모가 실패했다고 해서 포기할 인물들이 아니었다. 첫 음모가 해프닝으로 끝났지만 같은 음모를 주도면밀하게 또 다시 꾸미기 시작했다는 소문이 나돌았다. 후일, 아니 먼 먼 후일까지 어떤 결과가 초래될지 말이 없는 하늘과 함께 우리 모두 지켜보자. 거짓이 승리한다 해도 생명력이 없어서 음식찌꺼기처럼 썩어 없어지고, 생명력이 있는 진실은 지지 않는 우담바라 꽃향기처럼 영원하다 하였으니.

2장

천하에 도가 있으면
말이 똥 수레를 끄는데
천하에 도가 없으면
말이 전쟁터에서 새끼를 낳는다

그림자 정부

프리메이슨 그들은 누구인가?

권력 실세 문여천과 언론, 방송 관계자, 그리고 사회단체까지 손아귀에 쥔 지수영은 만족했다. 다음 정권의 유력한 대권 후보자 박영숙 의원과도 녹음파일을 고리로 연줄을 맺어두었다. 내용 전부가 아니라도 문여천을 충분히 궁지에 몰아넣을 수 있는 충격적인 몇 마디를 쪽지에 적어 김정희 의원에게 직접 전달함으로써 대한민국에 파견된 프리메이슨 요원으로서의 임무를 충실히 수행했다.

이제 다음 단계의 일을 시작할 차례인데 그가 한국에 파견된 최종목표였다. 그야말로 세상을 발칵 뒤집어 놓을 어마어마한 그일의 행동대장은 오직 강철호만이 최적의 인물이라 지금껏 각별히 대우해 주었다.
이 일을 위해 3년 전 그를 감옥에서 꺼내 미국에 데려가서 교육까지 시키고 시민권까지 받게 할 만큼 공을 들였다. 한 마디로 수십만 어쩌면 수백 만 명까지 목숨을 잃을 수도 있는 그 일의 도화선에 불을 붙일 적임자로 강철호를 선택해 정신을 무장시켜 왔던 것이다.

강철호는 벌써부터 자신도 모르게 지수영의 치밀한 세뇌공작에 조금씩 이성을 잃어가다가 어느 사이 꼼짝없이 포로가 되어 버린 지가 오래 되었다. 그것을 모를 리 없는 지수영이 기회를 보다가 어느 날 휴식을 빌미로 강철호를 유인했다. 비밀을 말하기에 가장 좋은 장소는 역시 인적이 거의 없는 강철호의 강원도 산속 별장을 택했다.

"나라꼴이 말이 아니야. 솔직히 내가 조선족이고 미국 시민권자라서 나라 걱정하는 거 좀 이상하게 보일지 모르지만 내 피 속에 흐르는 한민족의 얼은 무엇으로도 지워낼 수 없어. 이 나이 되도록 중국에 살면서 중국인이라 생각한 적이 없었고 미국에서 살면서도 미국인이라 생각한 적이 한 번도 없었어. 나의 조국은 오직 대한민국뿐이었다. 중국 만주에서 독립운동 하시다가 돌아가신 우리 할아버지 민족정신이 내 뼛속 깊이 들어앉아 있는 것 같아."

별장 거실에 강철호와 마주 앉은 지수영이 세상 돌아가는 시시콜콜한 이야기를 하다가 창문 바라보며 짐짓 심통한 표정을 짓더니 독백을 하듯 심경을 토로했다. 그 표정이 어찌나 진지해 보이던지 강철호는 대꾸할 말을 찾지 못해 그냥 멍하니 초점 잃은 시선으로 듣기만 하였다.

"생각해 봐. 문여천 같은 인간이 대권을 노리고 있으니 말이다.

국민들도 그놈의 가면 속을 알지 못하니까 지지율도 이만저만이
아니고 정말 큰일이야!"

지수영이 거듭 탄식했다. 그런데 말하는 중에도 눈동자를 굴려
힐끗힐끗 강철호의 반응을 살피는 꼴이 먹이를 잡을 기회를 노리
는 야수 같았다.

"박영숙 의원이 되지 않을까요? 이번 사건도 있고 여차하면 공개
해 버리면 그만이지요 뭐!"

"모르는 소리. 이번에 언론 방송 동원하는 솜씨 보지 않았어? 법
조계까지 손을 쓸 수 있는 놈이야! 설사 공개한다 해도 모함이라 해
놓고 대선 당일까지 사건을 끌고 나가면 속수무책이야. 그리고 언
론 방송이란 게 그렇잖아. 끊임없이 지지하는 쪽의 사람들을 동원
해 논평을 거듭하게 하면 국민들의 마음도 자연히 그쪽으로 바뀌
게 되어 있어. 그만큼 여론몰이가 무서운 거야."

"언론 방송 그 자식들 약점 우리가 잡고 있지 않소?"

"그들만으로는 안 돼! 손바닥으로 강물 막는 격이지. 그리고 문여
천은 우리가 결정적 순간에 이용해야 할 중요한 인물이라서 함부
로 손을 대서도 안 되고."

"형님, 아직 물어보지 않았소만 우리가 해야 할 일이 도대체 어떤
것이요? 문여천을 이용해야 할 정도면 굉장히 중요한 일인 것 같은
데!"

"언젠가 자네가 알아야 할 일이라 안 그래도 말해줄 참이었다."

지수영이 때는 이때다 싶었던지 굴리던 눈동자를 강철호에게 고
정시켜 엄숙한 빛을 발산했다. 강철호는 그 눈빛을 피하지 않고 정

면으로 쏘아보았다. 도전적인 그의 성품이 적나라하게 나타나는 순간이었다.

"형님 무슨 말이든 해보쇼! 형님 말이라면 불구덩이도 들어갈 준비가 되었소!"

"그리 말해 주어서 고맙다."

지수영은 마주 쏘아오는 강철호의 눈빛을 피해 창 쪽으로 시선을 돌렸다. 그리고 잠시 후 결연한 표정을 짓더니 강철호와 눈빛을 마주쳤다. 그리고 누가 들을 새라 좌우를 살펴보고는 나직이 말했다.

"이보게 아우, 잘 들어 우리 일 성사여부에 따라서 남북이 통일되느냐 아니면 영원한 분단국가로 남느냐 하는 문제가 걸려 있어. 뿐만 아니라 세계평화에도 결정적 영향을 미치게 되고!"

"뭐요? 그 정도로 큰일이요?"

강철호가 엉겁결에 큰소리로 반문했다.

"쉿, 조용히 말해!

"나 원 참! 이 산중에 누가 있다고!"

"밤 말은 쥐고 듣고 낮말은 새가 듣는다잖아!"

지수영이 얼른 강철호의 불같은 기질을 제지하고 다시 한번 좌우를 살폈다.

그리고 조용조용히 말을 이어갔다.

"지금 세계는 한반도를 향해 있다. 언제 어느 때 터질지 모르는 화약고이기 때문이다."

"거야 북한 어린 지도자라 해야 하나? 아니면 폭군이라 해야 하나? 암튼 그자 때문이겠지요!"

"물론 그렇다. 하지만 피의 내림이지, 제 할아비부터!"

"사람을 파리 잡아 죽이듯 하는데도 씨발 하늘님인지, 하나님인지, 귀신인지 가만히 있는 거 보면 종교란 게 우습잖아요. IS는 또 어떻고? 사람을 죽여도 물고기 쓸 듯 칼로 쓸어 죽이는데도 가만히 있으니 그게 무슨 신이요? 그러니까 신이 없다는 말이 맞아요. 그러니까 못된 놈들은 쥐 패고 그래도 말 안 들으면 죽여야 해요. 그게 정의요, 정의! 안 그렇소? 형님?"

문득 한성민을 떠올린 강철호가 배알이 뒤틀리는 어조로 막가는 말을 쏟아냈다. 자신의 폭력과 살인행위를 정당화하려는 심보도 다분했다.

"이 사람 갑자기 웬 하나님은 찾고 그래?"

"형님이 북한 자식들 이야기하는 거 들으니까 화가 나서 하는 말이었소!"

"화가 나도 그렇지 암튼 북한은 화약고의 도화선에 불을 붙일 준비를 끝 낸 지가 오래다. 우리가 아니 미국이 대화를 전제로 주저주저하고 있을 때 저놈들은 원자탄 수십 개를 만들었다. 그리고 포구를 남한을 향해 정조준해놓고 있단 말이지!"

"그뿐이 아니잖아요. 미국 본토까지 핵공격을 할 수 있는 준비를 다 끝냈다 하던데요?"

"그건 말이야, 자식들이 미군을 철수시키려고 수작 벌이는 거야. 어디다 감히 핵공격을 하겠어. 한 발이라도 쏘면 곧바로 격추시키는 거 문제도 아냐! 그 다음은 생각해 봐! 북한 전체가 날아갈 거야! 미국이 어떤 나란데."

"강철호!"

지수영이 말을 하다 말고 갑자기 나직이 강철호를 불렀다.

"예?"

"잘 들어둬! 이건 비밀인데, 사실 말이야, 미국은 북한이 도발하도록 기다리고 있다고 봐야 해. 그래야 전쟁이 나거든."

"그게 무슨 말이에요?"

"전쟁이 나야 돈을 벌거든."

"도대체 무슨 말을 하는 거요? 전쟁이 나야 돈을 번다니? 좀 더 구체적으로 이야기 해주쇼!"

"이라크를 예로 들어 생각해 보면 알 수 있잖아!"

"후세인 죽인 거 말이요?"

"후세인은 어찌 보면 민족주의자지, 암튼 후세인이 핵을 만들지 않았는데도 핵을 만들었다는 명분을 내세워 이라크를 공격했잖아!"

"그건 나도 알아요. 미국이 이라크를 침공한 거!"

"잘 생각해 봐! 전쟁이 나면 미국의 손실이 얼마나 크겠어? 한 번 전쟁이 나면 나라가 망할 정도로 국가 재정이 바닥이 나게 되어 있어. 그런데도 왜 굳이 전쟁을 했을까?"

"글쎄요?"

"생각해 봐! 이라크는 최고의 산유국이야. 전쟁 끝나고 미국이 차지한 게 바로 유전이란 말이야. 어마어마한 석유를 차지한 거지 전쟁 비용을 제하고도 엄청난 이익을 본 거야!"

"이야! 미국 정말 무서운 나라네요!"

"어느 나라 건 국가 이익을 위해서는 못할 일이 없지. 그리고 어느 나라 건 다른 나라로부터 위협을 느끼면 사생결단으로 대응하기 마련이야."

"가만! 형님 듣고 보니 미국이 북한의 지하자원을 욕심내서 전쟁할 명분을 찾고 있다 이거요?"

"그까짓 북한 지하자원이 이라크 석유만 하겠어? 북한과의 전쟁은 다른 각도에서 봐야 해!"

"어떻게요?"

"우선 북한이 핵을 갖는다는 건 미국이 큰 피해를 입을 수 있다는 가능성이 하나야. 무슨 말이냐 하면 북한이 너 죽고 나 죽자 하고 미국 본토에 핵공격을 하면 그 피해가 말할 수 없지 않겠어?"

"하긴 김정은이 그러고도 남을 사람 같네요."

"둘째는 아시아의 거대한 경제권을 생각해 봐! 북한을 저대로 두면 중국과 러시아가 다 가져가겠지. 미국의 이익이 사라진단 말이지."

"결국은 돈이네요. 뭐!"

"미국에 이익이 하나도 없는데 어떻게 우리나라를 보호하겠어. 한국이 통일되면 미국의 무기가 바로 중국과 러시아 코앞에 폭탄을 갖다 놓는 것과 같지 않겠어?"

"그러니까 특히 중국이 북한을 끝까지 보호하겠네요. 러시아도 북한 편들기도 마찬가지고…"

"당연하지! 암튼 말이야, 거두절미하고 북한이 문제야! 오늘이든 내일이든 김정은이 명령만 하면 즉시 핵이나 미사일 버튼을 누르게 될 것이다. 그럼 어찌 되겠는가? 선제공격한 원자탄을 막을 힘이 우리에게는 없다. 따라서 우리 대한민국은 그날로 국민들의 시체가 산을 이루고 피는 강을 이룰 것이다. 누가 살아남겠는가?"

"몰살당하겠지요!"

"수백만 명 아니 그 이상 죽을 수도 있어. 사실 우리 국민들은 지금 뭣 모르고 평화롭게 일상생활을 하고 있지만 미국을 비롯한 세계 각국은 우리나라가 언제 어느 때든 그럴 수 있다는 가정 하에 대책을 세우고 있어."

지수영은 강철호를 설득할 지론을 펼치기에 앞서 먼저 위기의식을 고취시킨 다음 공포심을 조장해 놓았다.

"그럼 저들도 뒈질 텐데요? 미국이 북한에 핵공격을 하지 않겠어요?"

"그때는 이미 때가 늦은 뒤겠지. 쟤들이 언제든 남한에 선제공격을 할 준비를 다 해두고 기회만 노리고 있다는 걸 알아야 해! 우리가 먼저 공격을 당하고 난 뒤니까 사후약방문이나 마찬가지 아니겠어?"

"듣고 보니 보통일이 아니군요!"

강철호는 비로소 위기감을 느끼기 시작했다.

"그렇다마다! 지금 미국을 비롯해 세계 모든 나라가 비핵화 운운하면서 북한을 압박하고 있지만 말뿐이야. 중국이 있는 한 북한은 끄떡없어. 중국은 저들 대신 북한이 미국을 협박해 주기를 오히려 바라고 있어. 중국이 못하는 걸 북한이 대신해 주니까 속으로 쾌재를 부르며 즐기고 있을 걸!"

"결국 북한이 핵보유국이 될 텐데 중국이나 러시아에서 허용해 줄까요?"

"글쎄! 하지만 어쩌면 중국이나 러시아가 모른 체할 수도 있을 거야. 왜냐하면 저 깡패 같은 북한이 계속해서 미국을 괴롭히기를 바랄 테니까."

"그럼 일본이나 우리도 핵무장할 명분이 서잖아요. 대만도 그렇고 특히 대만 핵무장은 중국한테 치명적일 수 있는데 설마?"

"중국이나 러시아가 일본 핵무장을 가장 싫어하겠지. 북한이나 대만은 군사력 면에서 중국의 상대가 되지 않으니까 크게 신경쓰지 않을 것 같아. 더욱이 북한은 중국이 석유 공급만 중단시켜도 지리멸렬할 테니까 핵이 있다 해도 위협이 안 된다고 생각하겠지."

"그럼 미국이 일본하고 한국에 핵을 재배치하면 되잖아요?"

"그럼 되지! 하지만 만약 그 전에 북한이 우리한테 핵공격을 먼저 해버리면 어떻게 되겠어?"

"그 말도 일리가 있네요!"

"일리 정도가 아니야. 북한이 어떤 나라야? 김씨 가문이 곧 국가인 절대군주제의 나라야. 한 사람이 신과 같은 존재지! 그러니 신의 명령을 누가 감히 불복하겠어? 불복하면 그 즉시 처형되니까 신보다 더 무섭지!"

"그럼 어쩌지요? 듣고 보니 되게 걱정되네요!"

드디어 강철호가 심각한 낯빛을 띄었다. 무언가 결심하려 할 때 종종 나타나는 강철호의 극단적 성품의 일면을 보여주는 낯빛이었다. 그것을 놓칠 리가 없는 지수영이 자리를 고쳐 앉으며 나직이 그러나 무거운 울림으로 말했다.

"우리가 먼저 선제공격해야 해!"

"예?"

"우리가 먼저 미사일과 포로 평양을 초토화시키고 미국이 뒤를 받치게 하면 돼! 북한이 핵공격을 할 틈을 주지 말고 선제공격하는 거지!"

"그럼 전쟁이잖아요! 3차 세계대전이 일어날 텐데?"

"아니지. 우리가 먼저 공격해 버리면 북한은 어쩔 수 없이 항복하게 되어 있어. 북한은 일인체제이기 때문에 우리 특공대가 침투해서 중요간부들만 회유하거나 제압하면 그것으로 통일이 될 수 있어. 중국이나 러시아가 북한을 돕기 전에 북한을 초토화시키는 데 불과 몇 시간이면 가능해! 이후에 중국이 나선다 해도 미국이 견제하면 돼. 중국이 쉽사리 군사행동을 못 할 거야!"

"미국이 허락할까요?"

"그건 염려하지 않아도 돼. 방법이 있으니까! 사실 미국이 선제공격해서 핵을 파괴하고 싶어도 명분이 없어서 못 할 뿐이야. 명분은 우리가 제공하면 돼!"

"어떻게요? 우리도 명분이 있어야 되잖아요?"

"방법이 있어. 오늘 내가 하고자 하는 이야기가 바로 그거야!"

지수영이 먹이를 노리는 살쾡이처럼 눈을 번뜩이며 힘주어 말했다. 강철호도 긴장해서 귀를 기울였다.

"아까도 말했듯이 무력으로 북한 권력자들을 제압해야 해! 그러기 위해서는 나로호 있지? 우주 발사체 말이야! 그걸 파괴하면 돼! 우리 발사체 기술이 위성을 쏘아 올릴 수 있게 되었어. 북한은 그걸 무서워 해! 그 기술로 미사일을 위성까지 쏘아 올렸다가 북한 중심부에 떨어뜨릴 수 있거든 감쪽같지! 우리가 쏜 것이 인공위성인 줄 알지 미사일인 줄 모를 테니까 선제공격에 안성맞춤이야. 그러니까 북한이 무서워하는 나로호를 북한 무기로 폭파시키면 돼. 그러면 북한이 선전포고한 것이나 마찬가지니까 선제공격해도 중국이나 러시아가 개입할 명분이 없지 않겠어? 전 세계가 북한을 비난하고 나설 테니까 말이야!"

"나로호를 폭파하면 거기서 근무하는 사람들 다 죽잖아요?"

강철호는 깜짝 놀랐다. 설마하니 정신이 있고서 하는 말인지 귀가 의심스러웠다.

그러나 지수영은 눈썹 하나 까딱하지 않고 말을 계속했다.

"물론이다! 그러나 통일을 위한 일인데 그만한 희생은 각오해야지! 안 그래?"

"그, 그렇기는 하지만 사람의 목숨이 달린 일인데…"

"모르는 소리 마라! 만약 북한이 먼저 원자탄을 쏘았다고 가정해 봐! 몇 십 명의 목숨이 아니라 수백만 명이 처참하게 죽을 수 있어!"

"그렇기는 하지만… 그런데 북한무기는 어디서 구해요?"

"그건 염려하지 않아도 돼! 문여천이만 협조해 주면 돼!"

"예? 문여천 의원이요?"

강철호는 황당해서 말이 나오지 않았다. 문여천이 아무리 약점을 잡혀서 시키는 대로 한다지만 북한무기를 들여오는데 협조한다는 건 매국행위여서 설마 그런 위험까지 감수할까 싶어 의아했다.

"걱정하지 마! 문 의원은 아무것도 모르고 도와주는 거니까."

지수영은 강철호의 속내를 꿰뚫어 보고 태연히 말했다.

"어떻게요?"

"방법이 있어 잘 들어봐"

지수영이 더욱 목소리를 낮춰 계획을 털어놓았다.

"잘 들어 둬. 문여천 의원을 꼬드겨서 함께 낚시를 나가는 거야. 공해상까지… 그럼 한국 어선으로 위장한 중국 어선이 완전히 분해한 북한 박격포를 싣고 와서 우리 배에 옮겨 실어주면 돼. 문여천을 왜 데리고 나가느냐 하면 해경이 문 의원이 탄 낚싯배를 수색하지 않고 오히려 보호해 줄 테니까 우리는 안심하고 박격포를 싣고 들여올 수 있거든!"

"아무리 그래도 경비대가 모를까요?"

"낚시하는 동안 문 의원이 탄 배를 근접 경호하지는 않을 거야! 멀리서 가끔 지켜만 볼 뿐이지. 박격포를 실을 때는 문 의원이 전혀 눈치 못 채게 배 한쪽에 앉아서 술판을 벌일 생각이야."

"만약 문여천이 낚시하지 않겠다고 하면 어쩌지요?"

"거절 못하지! 지은 죄가 있잖아! 박영숙 의원 모함사건! 내가 그 비밀을 쥐고 있으니까 하자는 대로 할 수밖에 없어!"

지수영은 자신만만했다.

문여천을 이용한 지수영의 계획은 얼마 지나지 않아서 실행에 옮겨졌다.

문여천은 한가하게 낚시나 즐길 형편이 아닌데도 박영숙 의원 사건에 발목이 잡힌 탓에 지수영의 꼬드김을 물리치지 못하고 따라나설 수밖에 없었다. 그리고 고의건 아니건 또 한 번 엄청난 사건에 휘말려들고 말았다. 만약 이 사실이 발각이라도 되는 날에는 그야말로 간첩 누명까지 뒤집어 쓰고 인생의 마지막 막을 내려야 할 처지였다.

그러나 다행히 그런 일은 벌어지지 않았고 지수영이 뜻한 대로 분해한 북한 박격포를 무사히 들여올 수 있었다.

하지만 이 일 역시 문여천의 대권을 향한 야망을 단박에 무너뜨릴 수 있는 치명적인 아킬레스건이었다. 한 마디로 문여천의 생살여탈권까지 틀어쥔 지수영은 설사 모든 계획이 수포로 돌아간다 해도 살아남을 수 있다는 자신감까지 얻었다.

그리고 강철호를 설득하는 데도 자신만만했다,

지수영이 강철호를 회유할 수 있었던 결정적인 말은 강철호의 영웅심을 한껏 부추기는 데 있었다.

"전쟁을 해야 통일이 되지 않겠어? 우리의 소원은 통일 말이야! 어때 아우? 아우가 그 일을 해낸다면 아우는 남북을 통일시키기 위해 온몸을 내던진 의사로서 그야말로 역사에 길이 남을 민족의 영웅이 될 거야!"

강철호의 허황한 영웅심에다가 의기를 불타게 하는 애국자의 긍지를 심어준 말이었다.

아니나 다를까?

지수영의 그럴싸한 부추김에 강철호의 눈빛이 즉각 빛나며 단호한 어조로 대답했다.

"남북통일을 위한 일이라면 이 한 목숨 바칠 각오가 돼 있어요!"

"역시 내가 생각한 강철호야! 게다가 우리의 임무이기도 해!"

"임무요?"

"그래 임무!"

"임무라면 더더욱 해야 하겠지요. 본부에서 뒤만 확실히 밀어준다면!"

"뒤? 이봐 아우! 우리가 누군지 알잖아. 프리메이슨이야! 프리메이슨이 누군가? 미국, 아니 전 세계를 움직이는 공공연한 비밀조직이 아닌가! 이 거대한 그리고 무서운 조직이 뒤를 받치는데 무슨 걱정이야 안 그래?"

"그 그건 그래요!"

"그렇게 믿었으면 됐어! 지금부터 본격적으로 차근차근 준비해 나가자! 우리 민족의 통일과 영원한 발전을 위하여!"

지수영은 마치 전장에 나가는 전사처럼 굳은 각오의 빛을 띤 얼굴로 근엄하게 외쳤다.

"북쪽 애들은 우리가 무력으로 통일하려는 거 까맣게 모르겠군요?"

"알 리가 없지! 제놈들의 무력통일 염원을 우리가 역이용해 선수치는 거지! 그 일의 단초를 우리가 해내는 거야. 실로 생각만 해도 가슴이 뛰고! 조국의 통일을 위한다는 생각에 요즘 밤잠도 설쳐!"

지수영이 마치 애국투사라도 되는 양 거만을 떨었다.

"알겠소. 그럼 노력해 봅시다!"

강철호도 같은 마음으로 흔쾌히 대답했다.

"좋아! 이번 일에 절대로 아우 혼자한테만 맡기지는 않아. 물론 나도 돕겠지만 우리 요원들이 도와줄 거니까 아우는 마지막으로 포 방아쇠만 당기면 돼! 구체적인 계획과 준비는 내가 알아서 다 해 놓겠어. 그리고 뒷마무리도 깔끔하게 할 테니까 마음의 준비나 잘 하고 있어! 감쪽같을 테니까 염려는 붙들어 매도 좋다!"

지수영은 확신에 차서 강철호가 더 말 못하게 못을 박았다.

"알았소! 형님만 믿지요."

"아암! 나를 믿지 않고 누굴 믿겠나! 암튼 그날은 역사에 길이 남을 우리 생애 최고의 날이 될 거야. 결행할 시기와 작전 등은 나중에 이야기하자!"

지수영은 뜻대로 된 것에 만족하고 처음으로 굳은 얼굴을 펴고 부드럽게 말했다. 그리고 함께 일어난 강철호를 힘껏 포옹했다. 격려와 신뢰, 그리고 변심하지 않기를 바라는 비장한 마음을 지수영은 그렇게 행동으로 표현했다.

강철호는 마음을 정리했다.

분명 보람된 일이란 생각은 들지만 목숨을 걸어야 할 위험한 일이기도 해서 심란한 기분이 없지가 않았다. 그러나 천성적으로 타고난 모험심과 위기에 더 맹렬하기 타오르는 용기가 끓어올랐다.

남북통일이란 거대한 역사의 중심에 선다는 자부심도 충만했다. 그리고 어차피 프리메이슨이 되어 거부할 수 없는 운명에 처한 이상 비굴하게 몸을 사리고 싶지도 않았다.

그런데 실로 운명의 장난이라 해야 할까?

강철호는 지수영의 계략에 넘어간 일개 하수인에 지나지 않았다. 그림자정부의 정식 프리메이슨 요원이라기보다 그들이 필요에 의해서 일시적으로 이용하는 한갓 소모품이라고도 할 수 있었다. 그러기에 강철호가 임무에 실패하면 쓸모없는 헌신짝처럼 버려질 게 뻔했다. 그들 검은 그림자들은 비밀을 지키기 위해서는 수단과 방법을 가리지 않는 사람들이었다. 쥐도 새도 모르게 살해할 수도 있는 무서운 집단인 것쯤은 강철호도 웬만큼은 알고는 있었다. 그런데도 자신이 프리메이슨이란, 누구도 갖기 힘든 신분만을 생각했다. 그리고 마치 독립투사처럼 오직 역사에 남을 큰일을 한다는 자부심에 온몸에 힘이 뻗쳐올랐다.

※ 그림자정부는 유태인들에 의해 조직된 나라가 없는 국가이다. 그래서 그림자정부라 불린다. 그 조직의 핵심 또한 유태인들이며 그들은 오직 돈 만을 생각하고 돈의 힘으로 세계정복을 꿈꾼다.

그들의 본래 직업은 기하학에 뛰어난 석공石工.mason들이었다. 성전을 짓는 기술자로서 제정일치시대부터 직업의 특성상 여러 나라의 왕과 귀족들의 환대를 받으며 밀착할 수 있었다.

그리고 그 기회를 십분 활용한 그들 기술자들은 요즘 같으면 건설현장의 인부들과 같은 모든 나라의 석공들을 하나의 조직으로 묶어 막

강한 세력을 구축했다.

거기다가 성전을 지어 벌어들인 거금의 위력을 무기삼아 귀족들과 결탁한 다음, 자기들 입맛에 따라 왕을 바꿔치기할 정도의 막강한 권력을 뒤에서 은밀하게 휘두르기도 했다.

영국, 스페인, 독일, 프랑스, 덴마크 등 소위 유럽의 거의 모든 나라 국왕들이 그들의 조종을 받기도 했다.

그리고 지금의 유럽의 여러 나라 내지 미국 등 소위 선진국이라 하는 서구 유럽의 모든 국가들은 그들의 조종을 받고 있다는 말도 있다. 정치 전면에서 국가를 통치하는 자들과 정부 요직에 있는 자들, 그리고 경제와 미디어를 장악하고 있는 자들 상당수가 그들의 후예들로서 프리메이슨이라 할 수도 있다는 것이다.

그런데 또 하나의 무서운 사실은, 그들 후예들 중에서 로스차일드라는 유태인이 있다.

로스차일드는 중세 유럽의 역사를 은밀하게 황금으로 쥐락펴락한 인물이었다. 오늘날 세계 경제를 떡 주무르듯 하는 악명 높은 로스차일드 가문의 시조인데, 그로부터 물려받은 후손들의 자산은 얼마인지 아무도 모른다.

지구상 한 국가에 수십 억 달러가 그들 가문의 재산이 있는 것으로 알려져 있으나 그 수십억 달러를 한 묶음으로 묶어 헤아려서 수십 억 개는 될 정도라 한다. 그야말로 천문학적이어서 우리의 돈으로 얼마나 헤아려야 할지 상상조차 하기 어렵다.

그러므로 세계 경제는 그들의 손아귀에 있다 해도 과언은 아닐 것이다. 웬만한 국가의 중앙은행이 그들의 것이나 다름이 없으니 세계의 모든 국가 중에 채무국이 아닌 나라가 없을 정도다. 채권국은 단 한 곳도 없다는 것 자체가 그 사실을 증명한다.

여하간 그들은 금권으로 세계를 식민지화하려는 계획을 초지일관 대를 이어 차근차근 실행해 왔으며, 지금은 그들의 그 오랜 꿈을 완성하려 하고 있다는 것이다.

그런데 그들의 꿈의 완성을 위한 도화선에 붙일 불을 바로 한반도에서부터 지펴서 세계로 확대할 속셈으로 오랫동안 준비해왔다.

강대국의 이해가 첨예하게 얽히는 한반도에 전쟁의 빌미를 제공하면 3차 세계대전이 일어날 게 불을 보듯 뻔하다.

전쟁으로 인해 인류가 웬만큼 정리되기 마련이고, 경제가 파탄지경에 이를 테니 통제하기가 용이해서 손쉽게 세계를 식민지화할 수 있을 테니 말이다.

전쟁이란 본래 나라의 살림을 다 기울여야 하는 것인데, 세계의 경제권을 쥐고 있는 그들은 오히려 전쟁을 벌임으로써 더 많은 이익을 챙긴다.

그러나 천지의 도를 모르고 오직 욕망의 성취만을 최고의 이상으로 꼽는 그들의 야욕이 과연 성공할 수 있을까?

천하에 도가 있으면 말이 똥 수레를 끄는데, 천하에 도가 없으면 말이 전쟁터에서 새끼를 낳는다. 죄로 말하면 욕심보다 더 큰 것이 없고, 만족할 줄 모르면 (앞으로 닥칠) 화보다 더 큰 것이 없다는 말이 있다.

그럼에도 그 욕망 때문에 인간을 전쟁터에 내몰아 목숨을 잃게 하고 평화를 깨뜨리려는 저들의 음모가 과연 성공할 수 있을까?

하여간 그들은 전쟁의 불씨를 지필 수 있는 적합한 인물을 찾던 중 불의를 응징한답시고 강도로 돌변한 강철호를 선택했다. 그런데 그들은 처음부터 강철호를 회유하지는 않았다. 인내하며 무려 3년을 감옥에서 세상의 빛을 목숨처럼 그리워할 때까지 내버려 두었다. 그런 다음에야 치밀하게 공작을 꾸며 출옥시켜 주고는 세계 평화를 명분으로 내걸고 거금까지 쥐어줌으로써 꼼짝없이 충성하게 했던 것이다.

정재계는 물론 과학과 미디어계, 심지어는 바티칸을 위시한 종교계에까지, 아니 인간이 할 수 있는 모든 영역에 손을 뻗쳐 그림자처럼 소리 소문 없이 음흉하고 교묘하게 영향력을 행사하는 그들이었다.

그러나 그들은 이것을 모르고 있었다.

천지의 도가 인류를 유린하도록 내버려 두지 않는다는 사실을 간과하고 있는 것이다.

지금까지는 황당한 신의 이름으로, 혹은 무력과 금전의 힘으로, 혹은 간교한 술책으로 선량한 인간을 유린하는 자들이 지배하는 세상이었다. 그러나 무던히도 참아온 천도를 시행하는 이가 있어 갖은 만행을 저질러 온 그들 사악한 무리들까지 펄펄 끓는 가마솥에 삶기는 짐승처럼 비통한 고통의 벌을 내릴 때에 이르렀음을 하늘은 예시해 주고 있었다.

그런 사실을 한성민만은 일찍부터 직시하고 때를 기다리는 중이었다. 그래서 온몸을 내던져 천도가 내리는 재앙에서 벗어날 수 있는 길을 알려주기 위해 홍익의 법도를 실현할 계획을 세웠던 것이다.

그러나 강철호까지 설마하니 그들의 하수인이 돼 있을 줄은 얼마 동안 꿈도 꾸지 못했다. 더구나 강철호를 만나러 갔던 그날, 비밀스런 방에서 지수영과 무서운 음모를 꾸미고 있었다는 사실은 상상조차 하지 않았다. 그저 실망만 하고 돌아오면서 그나마 남아 있던 연민까지 접어두기로 작심했을 뿐이었다.

강철호와 맺어진 인연이 깊어 계도의 마음을 버릴 수야 없지만 욕망의 한계를 넘어도 한참 넘었으므로 포기하는 것이 옳다고 판단할 수밖에 없었다.

한 인간의 내면에 먹이에 달라붙은 버러지 같은 욕망이란 괴물이 우글우글 허기져 있을 때는 함부로 도로써 제도하려 했다가는 먹이를 빼앗는 주인을 물어뜯는 도사견처럼 무자비하게 돌변하기 마련이다.

훌륭한 사람은 도를 말하면 부지런히 실천하고, 중간쯤 훌륭한 사람은 도를 믿으나 곧 잊어버리고, 하급에 속하는 사람은 도라는 말을 듣자마자 비웃고 욕한다 했으니 말이다. 모두가 제 업인 만큼 차라리 거리를 두고 지켜볼 수밖에 달리 도리가 없었다.

어둠 속에서 빛나는 마귀의 눈

그 푸르던 초목이 스산한 바람에 시들시들 늙어가는 일요일이었다.

한성민은 오랜만에 일상생활에서 벗어나 혼자 관악산을 올랐다.

홍익진리회 법인 업무체계를 갖추느라 세속의 일에 깊이 관여했던 번거로운 마음을 잠시라도 한적한 곳에서 훌훌 벗어버릴 생각이었다. 산 정상으로 오르는 길목에서 숲만 무성하고 길이 없이 가파르기만 한 골짜기 쪽으로 발길을 돌렸다.

돌과 낙엽이 걸음을 더디게 하는 험한 비탈을 타고 한참을 내려가다 보니 물도 없는 계곡에 못미처서 키를 훌쩍 넘는 진달래가 무리지어 있는 곳을 발견했다. 그 속을 보니 무상한 세월을 객이 쉬어가기를 기다리기라도 한 듯 외로운 바위 하나가 두어 사람 앉을 만한 펑퍼짐한 자리를 비워놓고 있었다. 고마운 마음으로 거기에 가서 잠시 앉았다가 가부좌를 틀어 가만히 명상에 젖어들었다. 그리고 바람소리조차 들리지 않는 무심에 이를 때까지 연이어 일어나는 생각과 생각을 하나씩 지워나갔다.

얼마나 그리했을까?

이윽고는 생각이 없어지고 텅 빈 마음자리에 무엇이라 의식할 수 없는 의식이 새로운 세계를 받아들이고 있었다.

그런데 이게 웬 일인가?

평소에 무의식중에 의식하고 있었던 것은 아닐까?

처참하게 죽이고 죽어가는 자연계의 먹이사슬이 한꺼번에 눈앞에 선명하게 나타났다.

메뚜기를 한 입에 날름 삼키는 개구리, 그 개구리가 잠시 후에는 두 다리를 버둥대며 찢어진 뱀 아가리로 들어가고, 배부른 뱀은 똬리를 틀고 있다가 꿩이 쪼아 먹고, 꿩은 날아오르기 무섭게 그만 매가 낚아채고… 하지만 그 모든 것들은 사자의 한 포효에 납작이 엎드렸다.

그런데 문득 그것들이 빼앗고 빼앗기고 짓밟고 짓밟히고 죽이고 죽는 인간세상의 먹이사슬로 변했다. 그리고 마지막에는 힌두의 저 파괴의 여신 칼리Kali처럼 피가 철철 흐르는 혓바닥을 내밀어 인간들을 닥치는 대로 집어삼키는 악마의 형상이 여럿 나타났다.

한성민은 자신도 모르게 오싹 끼치는 소름에 몸을 떨어야 했다.

악마들은 언젠가 명상 중에 보았던 검은 그림자들이었다.

지상의 제왕이시여! 하고 부르는 자들, 그리고 거만하게 앉아 일일이 보고 받고 지시하는 자, 그들 모두 늑대와 여우, 하이에나 같은 포식자들이 한 몸뚱이를 한 것 같았다. 그리고 귀신불보다 음산하게 발산하는 눈빛을 새까만 어둠 곳곳에 싸늘하게 쏟아냈다.

"아, 어둠의 자식들!"

한성민은 생각 없는 의식계로부터 불연한 탄식이 솟아올랐다.

그리고 연이어 끊어진 생각의 밑바닥을 흐르던 의식계에서 홀연히 보았던 비참한 현상과 추악함을 떠올리고는 울컥 눈시울을 적셨다.

인간의 사악함에 땅이 편안하지 않을 테니 장차 무섭게 쪼개지고 갈라질 것이다. 신은 신령함을 그쳐서 조화의 균형을 깨뜨려 만물을 쓰러버릴 터, 무엇으로 이 환란을 막을 것인가? 그러나 사람의 운명은 과거와 현재에 지은 업의 과보이다.

그리고 그 시행사는 천지의 도인 것을, 살아남을 자는 살아남을 것이고 죽을 자는 죽을 것이니 그냥 무위로 버려두면 되지 않을까?

하지만 그는 고개를 내저었다.

천지의 도는 악한 업을 시행할 때 반드시 살아 숨 쉬는 자연계와 사람을 통해서 망나니처럼 칼을 휘두르는 법이니 그 도력이 문제일 뿐, 사람의 힘으로 웬만큼은 환란을 제어할 수도 있을 듯했다. 그런데 문득 생각에도 없던 아내 모습이 떠오르며 이내 실망했다.

언젠가 강철호의 수련장에서 기원하고 명상하여 아내의 업을 시행할 마의 실체를 찾던 그날 새벽이었다. 임신한 아내의 불룩이 솟은 배를 걷어차는 검은 환영을 발견하고도 제압하지 못한 것이 못내 한스러웠다. 그것은 마기魔氣를 가진 인간임이 분명했다.

그러나 그가 누구인지 정체마저 알 수가 없었으니 아직도 만족할 만큼 경지에 이르지 못한 부족한 도력이 한탄스러웠다.

누굴까?

한성민은 생각이 난 김에 또 한 번 의식의 눈으로 검은 환영을 골똘히 반추해 보았다. 하지만 흔들리는 마음 때문에 검은 환영이 파도에 깨지는 물속의 그림자처럼 어른거려서 종잡아지지가 않았다.

할 수 없었다.

보다 깊은 삼매에 들기로 단단히 마음먹고 고르지 못한 바위 위에 가부좌를 고쳐 틀고 앉았다. 그러고는 검은 환영이 누구인지 화두를 걸어놓고, 우선 몸 안과 밖을 관찰하여 마음부터 편안히 하였다. 그리고 그때를 기다렸다가 외부로부터 생각을 불러일으키는 바람소리, 새소리… 온갖 소리를 지워나갔다. 이윽고 고막이 찢어지는 느낌과 함께 일체 소리가 뚝 끊어졌다. 광명한 빛의 세상이 황홀하게 나타나고 즉시 인연을 찾아가려고 발광하는 업의 기운이 사라졌다. 그러기를 잠시 어느 순간에 가서 세속의 의식마저 완전하게 사라졌다.

하지만 검은 환영의 화두는 끝까지 의식계에 붙들어 놓고 있어서 완전 무아에 들지는 못했다. 무성한 잎사귀가 지고 난 나뭇가지에 낙엽 하나 매달린 느낌이랄까? 그렇다 해도 홀로 남은 검은 환영을 놓치지 않으려 하였다.

검은 환영은 점점 사람의 형상을 나타냈다. 알맞은 키에 깎아놓은 듯 아름다운 체격… 그러나 검은 보자기에 싸인 것처럼 눈, 코, 귀, 입의 검은 모습은 벗겨지지 않아서 얼굴을 알 수가 없었다.

하지만 느낌!

느낌이 있었다.

누구인지 짐작이 가는 느낌이 온몸에 찬물을 끼얹듯이 쏴하게 퍼져 오싹 소름을 끼치게 하였다. 그런데 머리끝을 싸늘하게 세우는 그 느낌의 주인공을 떠올리고는 소스라치게 놀랐다.

강철호, 바로 그자가 아닌가!

한성민은 머리를 쇠망치로 내려치듯 격한 충격으로 명상을 멈추었다. 도무지 그럴 수는 없기에 신음을 토했다.

"어찌하여 하필이면 강철호가 아내의 업을 시행하는 마기魔氣의 주범이란 말인가? 있을 수 없는 어이없는 망상이라고 속으로 외치며 강하게 머리를 흔들어 부정했다.

그러나 인연은 늘 가까이에서 부지불식간에 들이닥치는 법, 마냥 부정만 할 것도 아니어서 한동안 눈앞이 캄캄했다. 그러다가 좀 더 생각해 보니 희망이 없는 것은 아니었다.

사실을 몰랐다면 모를까 안 이상 그리 걱정할 필요는 없을 것 같았다. 이미 마기魔氣가 제 영혼을 장막처럼 둘러싸고 있는 강철호의 본색을 보았으므로 지금부터 아내 곁에 접근하지 못하게 도력으로 경계하고 막아내면 그만이라 생각했다.

천하에 도가 있으면 귀신도 신령한 힘을 부릴 수 없다.

귀신이 신령하지 못할 뿐 아니라 신령함으로 사람을 해치지 못한다 하였으니 하물며 사람이랴 싶었다.

그리 마음을 고쳐먹고 나니 그제야 마음이 좀 가벼워졌다. 어차피 마기魔氣의 실체를 찾아내어 그와 싸워서 아내의 업이 시행되지 않게 하려 했던 만큼 늦게나마 알 수 있어서 오히려 다행이란 생각도 들어서 참담한 마음의 끈을 놓고 조금은 홀가분한 기분으로 감았던 눈을 떴다. 그리고 가부좌를 풀고 진달래 숲을 벗어나 잡목이 즐비한 길이 없는 가파른 비탈을 힘들게 올랐다. 능선에 올라서니 하산하는 등산객들이 줄을 이어 그들 사이에 발을 들여놓아 왔던 길을 되짚어 내려갔다. 봄이면 벚꽃이 하늘을 가리는 길을 지나 바로 산을 벗어나기가 아쉬웠다. 그래 걸음을 시름시름 내딛다가 마침 한 큰 소나무 밑에 빈 의자가 누굴 기다리는 듯해 가서 앉았다. 그런데 한여름의 찬란함을 뒤로 하고 처량히 시들어가는 낙엽을 바라보는데 낯익은 목소리가 들려 돌아보니 주성수가 선희와 나란히 걸어오며 반갑게 부르는 소리였다.

"선생님!"
"너희들 왔구나!"
다정하게 함께 온 그들의 모습을 본 그는 기뻤다. 선희가 옛 상처를 잊고 주성수의 구애를 받아들인 것 같아서 내심 흐뭇해하며 기쁘게 맞이했다.
"오빠, 집에 가시는 길이에요?"
선희가 좀 부끄러운지 상기된 표정으로 다가왔다.
그렇다고 대답하자 주성수가 무언가 어렵사리 꺼낼 말이 있는지 얼른 입을 열지 못하고 주저주저 하는 눈치였다.
"자네, 할 말이 있는 것 같은데?"
숫기가 없는 주성수라 마지못해서라도 입을 열 것이라 생각하고 다잡아 물은 말이었다. 그랬더니 주성수가 큰 결심이라도 한 듯, 안광을 빛내고는 먼저 허리부터 굽혀서 절한 뒤에 용기 있게 대답했다.
"저, 선생님! 선희 씨와 결혼하고 싶습니다. 허락해 주십시오!"
"……!"
듣던 중 반갑기 이를 데 없는 말이었다.
그래 말없이 주성수를 눈웃음으로 쳐다보는데, 선희가 놀라서 만류하려 하였다.

오붓한 방안에서 혹은 그럴싸한 호텔 조용한 커피숍에서 오빠와 올케가 함께 있는 자리에서 결혼 허락을 받기를 원했던 터라 몹시 당황스러워서 그랬다.

그러나 그는 선희의 만류가 어설퍼서 진심이 아니란 걸 알아차리고는 얼른 대답했다.

"허락하고말고! 그 말을 오래 기다렸다."

"감사합니다. 선생님!"

주성수가 감격해 다시 한번 허리를 굽혔다가 보란 듯이 선희를 돌아보았다.

"두 사람의 마음을 일찍부터 알고 있었다. 둘 다 순수하게 좋아하고 사랑하는데 무엇을 망설이느냐? 가능한 한 빨리 식을 올렸으면 좋겠다."

하고 결혼을 기정사실화하기까지 하였다.

그리고 이담부터는 둘이서 주위 눈치를 보지 않고 서로 사귀게 하고 지금부터라도 결혼식을 서둘렀으면 하고 바라는 속내까지 보였다. 그러나 선희는 기쁘면서도 마음 한 자락은 어두웠다. 주성수의 청혼을 받아들인다는 답을 확실하게 준 적은 없지만 자연스럽게 그럴 뜻으로 순응을 했다. 그러나 막상 오빠로부터 결혼 허락을 받고 보니 지금은 기억에도 희미한 예전에 순결을 잃었던 사실을 주성수에게 말하지 못한 미안함이 되살아나 마음이 어두웠다.

그런데 주성수가 뜻밖에도 마치 그런 사실을 알고나 있다는 듯 이렇게 말했다.

"선생님, 앞으로 선희 씨의 고통까지 사랑하겠습니다. 사랑하면 똥도 더럽지 않다는 말씀 늘 가슴에 새기고 있었습니다. 저의 마음이 그렇습니다. 과거가 어쨌건 현재와 미래의 선희 씨 그 모든 것을 사랑하겠습니다! 지켜봐 주십시오."

선희는 그제야 마음을 놓았다. 잔잔한 감동이 밀려들어 눈시울이 이슬처럼 젖었다. 그리고 늘 짙게 드리워 괴롭혔던 마지막 한 꺼풀 어둔 그림자를 지워낼 수 있었다.

"고맙네, 잘 부탁한다. 둘 다 나이도 꽤 찼으니 가능하면 해를 넘기지 않았으면 좋겠다. 언제 시간 내서 선희를 데리고 함께 시골에 가서 자네 부모님께 인사를 드리고 와야 하겠지? 그리고 간 김에 결혼날짜도 의논해 보고!"

쇠뿔도 단김에 빼랬다고 말이 나온 김에 차일피일 미룰 것 없이 내일이라도 당장 둘을 혼인시키고 싶었다. 그래서 주성수를 재촉하는 뜻을 피력하고 그만 하산하려 했다. 그런데 들뜬 주성수가 선희더러 다음에 또 등산하기로 하고 그만 집으로 돌아가는 것이 어떠냐고 물었다. 선희도 왠지 할 일이 많을 것 같아서 주저없이 그러자고 하였다.

그리고 주성수는 얼마나 마음이 급했던지 버스정류소 앞에 이르러서는 갑자기 혼자서 시골을 다녀오겠다 하였다. 그리고 아무래도 부모님을 모시고 와서 스승님 부부와 한자리에 앉아 인사를 나누게 하는 것이 예의상 순서라 생각한다며 선희의 동의를 구하지도 않고 급히 택시를 타고 떠났다.

"성수 군이 어지간히 마음이 급했던 모양이군! 나도 그런데 오죽하겠어? 선희야 우리도 택시를 탈까?"

반듯하게 예의를 지킬 생각을 한 주성수를 대견해 하며 멀리서 오는 빈 택시를 손짓으로 불러 세웠다.

"오빠도 차암! 언니한테 빨리 일러바치고 싶어서 그러죠?"

선희가 택시에 오르자마자 어리광스럽게 대들 듯 했다. 기쁨에 겨워서 그리하는 선희의 마음을 읽은 그는 껄껄 웃으며 그렇다고 대답했다.

집에 가니 아내가 더 기뻐하며 어쩔 줄 몰라했다. 혼수 준비를 최고로 할 테니 자신에게 맡기라 하였다. 그리고 결혼날짜를 빨리 잡자며 더 서둘렀다. 그러고는 눈에 띄게 불룩이 솟은 배를 부여안고 힘들게 일어나 백지와 볼펜을 찾아들었다.

"언니 뭐 하게요?"

"혼수감 적어보려고요!"

"언니도 정말 못 말려!"

선희가 어이없어 말을 못했다. 하지만 그녀는 못 들은 체했다. 양 입가에 웃음까지 머금고 부지런히 혼수품목을 적어나갔다.

그러면서 생각하고 있었다.

남편이 말하기를, 천지의 도는 음양 화합이 먼저이고, 다음은 생산해 무위의 덕으로 기르고 다스리며 거두어 가는 것이다. 이에 사람이 혼인하고 자식을 낳아 기르고 훈육하는 것은 천지의 도를 존중하고 덕을 귀하게 여기는 것과 같다. 그리고 모태에서 얻어진 자식은 도가 베푼 덕이며, 어머니는 그것을 알기에 육신이 멸할 때까지 지키려 한다 하였다.

이제 시누이 선희도 자연스럽게 천도를 따르고자 혼인하려 하므로 혼수감을 준비해 주는 것도 덕의 하나라 생각했다. 그리고 문득 천도에 순응하고 그 덕으로 무럭무럭 자라고 있는 배 속의 아이가 한없이 소중했다. 아직 혼백이 나누어지지 않은 순박한 도의 씨앗을 품었으니 하늘 꽃이 나풀나풀 내려와 축복해 주는 것 같았다.

정글의 낙원을 위하여

한성민은 을씨년스러운 바람이 낙엽을 휘몰아가는 거리를 산책하듯 걸었다.

잎이 넓은 낙엽은 회오리에 하늘로 치솟는데, 소복이 쌓인 황금빛 은행잎은 발끝에 채여 걸음걸음 시를 읊듯 하였다.

연 사흘째 같은 길을 걸을 때마다 언제나 새로운 감회를 불러 일으켜서 거리가 먼데도 차를 타지 않고 일부러 빙 둘러서 이 길을 걸어갔다가 돌아올 때도 이 길을 되짚었다.

주성수를 비롯한 여러 제자들이 작성한 홍익진리회의 구제적인 활동계획안을 검토해 보니, 소년소녀가장, 불우노인, 노숙자 등에게 옷과 양식을 공급해준다는 원론적인 내용이었다.

전형적인 책상물림의 말이라 못마땅했으나 나무라기보다 차라리 직접 나서서 그들의 실태를 눈으로 확인하기 위해 하루에도 몇 차례씩 가고 오며 은행잎을 밟고 걸었다.

그리고 오늘은 낙엽을 부대에 쓸어 담는 미화원들의 빗질이 부지런해서 내일은 못 밟을 듯해서 시름시름 발을 내디뎌 사무실로 돌아가는 길이었다.

그러나 눈부신 은행잎이 시상을 불러 일으키는 것도 잠시였다.

어느 사이 숲속의 그늘진 큰 나무 아래 겨우 목숨을 유지하다가 시들어가는 풀잎 같은 사람들의 모습이 눈에 선하게 밟혔다.

거대하고 화려한 건물 뒤 언저리에 낙엽처럼 드러누운 노숙자며, 쾌쾌한 지하방에서 안간힘을 다해 버텨내는 독거노인, 어린아이들… 그리고 지하철 안에서, 지하도에서, 혹은 번잡한 거리에서, 팔다리가 한쪽 또는 다 없거나 앞 못 보는 사람들… 그들을 어찌 해야 할까?

그들의 희망이라고는 기약할 수 없는 후일이 안타까웠다. 하지만 그들을 다 구제할 능력은 부족하고. 그런 생각에 젖어 터덜터덜 걷다가 문득 한 생각이 떠올랐다.

대한민국 국민이면 너나 할 것 없이 일생에 단 한 번 능력만큼 그것도 아주 적은 돈을 십시일반으로 내게 하면 어떨까?

하는 생각이었다.

5천만 국민이 일생에 단 한 번 천 원만 기부하면 5백억 원이 될 터이고, 여기에 사업가, 교회, 절, 기타 종교단체 그리고 국가는 국가대로 한강에 물 한 바가지 퍼내듯 자기 재산에 흔적이 없을 정도의 기부금만 내주기만 하면 족히 5천억 원은 될 듯했다. 그럼 그 돈으로 소외된 그들을 위한 재단을 더 넉넉하게 하면 널리 구제할 수 있을 것 같았다.

그러나 그는 곧 피식 웃고 말았다.

꿈같은 환상이었다.

그런 모금운동을 벌인다 해도 정말 내 민족, 내 형제, 그리고 내 조국의 번영을 위한 일이라 생각하고 선뜻 동참해 줄 이가 과연 몇이나 될까 싶었다. 그 옛날 새마을운동을 할 때처럼 범국가적인 차원에서 온 국민을 한뜻으로 뭉치게 하면 또 모를까 개인이 그리 했다가는 오히려 비웃음을 당하거나 시기, 질투, 내지 모함, 비판, 비난 등등이 벌떼처럼 쏟아질 게 불을 보듯 뻔했다.

그래서 부질없는 생각을 지운 그는 전국에 지부를 가능한 한 많이 개설하되 그동안 숨기고 한 번도 내보이지 않았던 한 가지 수익사업을 병행할 결심을 굳혔다.

정신수련원 운영에서 얻은 수익금만으로는 뜻밖에 많은 소외계층을 구제하기란 어림도 없는 만큼 그 일만은 만만치 않을 수익금이 예상되므로 유일한 대안이라 확신했다.

사실 그는 누구도 예상 못하는 비장의 의술을 한 가지 창안한 것이 있었다.

진단은 병원의 기계도 능가할 만했다.

거기다가 치료는 현대의학의 상상을 초월하는 것이었다. 이른바 난치병이라 결론을 내린 수많은 병들을 웬만한 중병은 거의 다 고칠 수 있을 뿐더러, 너무 흔해서 난치병이 아니라 생각하면서도 못

고치는 따위는 병이라 생각하지 않을 만한 신비의 의술이었다.

한성민은 그 의술을 창안해 낸 동기가 있었다.

하루와 사계절을 변화시키는 지구의 자전과 공전에 비례해 생로병사가 진행된다는 사실을 깨닫고 나서였다. 연구 끝에 죽음에 이르기까지 인체의 변화규율과 질병을 정확하게 진단해 내는 법을 창안해 냈다.

그리고 치료는 불경에서 깨우치고 명상에서 그 법을 알아내 완성하였다.

그것은 우주에 수미須彌라는 상상의 산이 있고, 천체가 그 산을 중심으로 운동한다는 기록에서 얻은 깨달음이었다.

즉 소우주인 인간의 수미산 산맥은 척추이고 꼭대기는 머리 가운데 백회라는 결론을 내리고 창안해 낸 치료법이었다. 다행인 것은 이 치료법은 의료법에 저촉되지 않는 역사상 최초의 민간요법이라 할 수 있었다. 다만 치료법이 워낙 기이해서 사람들이 쉽게 이해하지 못할 것이 염려스러웠다. 그러나 꿩 잡는 것이 매라 하였으니 그리 걱정할 필요는 없을 거라는 생각에 이르자 무겁고 느리던 발걸음이 가볍고 빨라졌다.

한성민이 홍익진리회 법인을 개설한 지 석 달이 지나자 법인의 취지에 동조해 가입한 회원이 천명을 넘어섰다. 물론 정신수련원 회원은 불과 이백여 명뿐이지만 대부분 인터넷을 통해 동참한 회원들인데 앞으로 급속도로 불어날 것 같았다. 이 상태로만 진행되면 목표한 십만 명 회원 확보는 시간문제일 듯했다.

그리만 되면 각 지역마다 지부를 쉽게 둘 수 있어서 뜻을 펼치는 데 어려움이 없을 것이라 확신했다. 그래서 그는 사범직을 지원하는 젊은이들에게 수행법과 의술을 가르치느라 하루하루를 정신없이 보냈다. 거기다가 역학도 가르치고 한민족의 찬란했던 역사와 문화, 그리고 정신을 일깨우는 강연도 수시로 열어 외래문명에 잠식돼 가는 한민족정신을 부활시키는 데도 심혈을 기울였다.

한성민의 노력은 입소문을 통해서 순식간에 널리 퍼져나가 회원수도 급증하고 수강신청이 계속해서 밀려들었다. 상황으로 봐서는 새 시대를 준비하려는 그의 염원은 대단히 희망적이었다. 의술과 여타 강의는 그가 직접 하되 법인 관리는 주성수가 도맡아 하게 하고, 수련법은 박희경과 진경숙이 지도했다.

그리고 회원수가 늘어나면서 무가지 잡지 발행이 뜻밖에 10만 부를 넘어섰다. 처음부터 예상했던 김민수는 여태 다니던 신문사를 그만 두고 아예 편집장으로 눌러앉아 동분서주했다. 배영기와 새로 들어온 젊은 봉사자들도 각자 맡은 일에 헌신적으로 일해서 법인은 열기가 넘쳤다.

그러던 어느 날 그는 때가 이르렀다 판단하고 주요 간부들을 회의실에 불러 모았다.

"자네들의 노력이 큰 성과를 거두고 있다. 그래서 말인데 지금부터 본격적으로 지부를 개설해 나가는 것이 어떻겠나? 몇몇 사범들은 수련과 의술을 웬만큼 익혔으니 나가서 잘할 것이라 믿는다."

"저도 공감합니다. 선생님 의술은 정말 놀랐습니다. 선생님께서 시범으로 환자를 치료하시는 걸 보고 세상에 이럴 수가 있나 싶었습니다. 그런데 이러다가는 의사들의 시샘이 따르지 않을까 염려됩니다."

김민수가 먼저 신중하게 의견을 내놓았다. 그러자 배영기가 법률가답게 충분히 검토했다며 대답했다.

"김 기자의 우려를 충분히 이해합니다. 하지만 법률적으로 아무런 문제가 없습니다. 만약 시비라도 건다면 당당하게 맞서 싸우면 된다고 생각합니다. 자기들이 배우지 않은 선생님만의 독특한 의술로 불치병을 치료하는데 시비 거리가 될 이유가 없지요. 그래 봤자 자신들의 무지를 폭로하는 것밖에 되지 않습니다. 그리고 우리 십만 회원들이 가만있지도 않을 뿐더러, 만에 하나 시비를 걸어온다면 더 좋습니다. 선생님께서 창안하신 민간의술을 국민들에게 아니 전 세계에 알릴 수 있는 계기가 되므로 오히려 잘된 일일 수도 있습니다."

"배 변호사님이 문제가 없다니 안심이 됩니다. 그런데 또 한 가지 문제가 있습니다. 지금 당장은 아니지만 우리 법인의 지부 개설 목적은 우리 민족의 역사와 문화, 정신을 일깨우는 데에도 있지만 소외계층 구제에도 있습니다. 문제는 어떤 방식으로 구제활동을 할 것인가입니다. 지금까지 예로 봐서 돈이나 양식, 옷 따위를 지원하는 일은 한도 없고 끝도 없습니다. 그리고 구걸에 익숙한 사람들을 구걸을 더 편하게 해주는 꼴밖에 되지 않으므로 진정한 구제는 자활의 길을 열어주는 것이라 생각합니다."

김민수가 잡지 발행을 하면서 많은 생각을 했던 티가 역력한 말이었다.

사실 해마다 연말이나 특정한 날, 혹은 몇몇 불행한 사람의 생활상을 보도를 통해서 알리고 모금하는 등 구호활동을 많이들 하지만 운 좋게 선택된 사람들에게만 한정되는 데다가 그것도 한두 번 반짝하는 것에 지나지 않았다. 그런 구호는 잠시 잠깐 배불리 먹이고 잘 입혀줄 뿐이어서 며칠 못 가서 그들의 소외된 삶은 계속되기 마련이었다.

"좋은 말이다. 편집장의 의견을 어떻게 생각하지?"

한성민은 깜박 잊었던 것을 기억해 낸 것처럼 정신을 번쩍 차리고 즉시 물었다.

그러나 모두들 얼른 대답할 말을 찾지 못해 난감했다. 미처 생각하지 못했던 사안이라 김민수의 느닷없는 문제 제기가 옳기는 하지만 사전에 자기들과 의논이라도 하고 말했으면 좋았을 텐데 회의석상에서 느닷없이 불쑥 말한 것이 서운했다.

그러나 진경숙만은 그렇지 않은지 생각에 잠기는 듯하더니, 예의 옹골찬 기백으로 자신 있게 의견을 내놓았다.

"그야 대책이 없잖아요? 우리가 돈 많이 벌어서 숙사를 짓고 그들을 이주시켜서 정상적인 사회활동을 할 수 있도록 계도하고 일거리를 만들어 주는 길밖에요. 물론 말이야 쉽다고 생각할지 모르지만 어차피 고생을 각오한 이상 그리 되도록 최선을 다하면 안될 게 없다고 생각해요. 비근한 예로 상이군인들한테 정부가 군대양말 제조할 공장 지어주고 납품받아서 그 수익금으로 생활 터전을 마련해 주고 있으니까 우리도 그렇게 하면 되지 않을까요?"

듣고 보니 옳은 말이기는 했다.

하지만 말이 쉽지 상이군경들처럼 정부가 도와주면 모를까, 그리 호락호락한 일이 아니어서 모두들 얼른 찬성하는 말을 하지 못했다.

보다 못한 진경숙이 무슨 남자들이 생각이 그리 없느냐는 듯 답답해하며 자신만만하게 제 의견을 피력했다.

"복지부 사람들한테 매달리면 안될 게 뭐 있겠어요? 정부가 안 하는 일 우리가 한다는데 왜 안 도와주겠어요? 그리고 공무원들 선뜻 나서줄지 의심들 하시겠지만, 김 기자님 있잖아요, 복지부동하는 공무원들 언론에 보도되는 거 되게 무서워하지 않겠어요? 우리 잡지 벌써 10만 부에요. 영향력이 작지 않은 언론입니다. 그러니까 말 안 들으면 우리 잡지를 통해서 계속해서 보도하는 거예요. 그렇게 여론화하면 안 도와주고는 못 배길 걸요!"

"일리가 있는 말이다. 우리가 취지를 잘 설명하면 모른 체할 수야 없겠지. 그럼 그렇게 가닥을 잡고 구체안을 마련해 보게들!"

한성민은 진경숙의 말이 옳다 싶어 단안을 내렸다. 그리고 다른 의견이 있으면 주저하지 말고 말해보라 하였다. 그러자 아까부터 좀 심각한 표정을 짓고 줄곧 침묵만 지키고 있던 주성수가 말할 때가 되었다 싶어 즉시 입을 열었다.

"말씀대로 추진을 해보겠습니다. 그런데 한 가지 드릴 말씀이 있습니다."

"말해 보게!"

"다름이 아니라 강철호 원장님 수련원에 다니는 사람들이 우리 쪽으로 몰려오고 있습니다. 거의가 전에 선생님한테 배웠던 사람들인데 덩달아 따라오는 사람들도 적지 않고… 그런데 더 큰 문제는 강 원장님을 비난해서 자칫하면 그쪽과 큰 싸움이 나지 않을까 심히 우려됩니다."

"그래? 그 참!"

한성민은 처음 듣는 말이라 내심 깜짝 놀랐다.

물론 강연할 때 눈에 익은 사람들을 보기는 했으나 그저 강연을 들으러 왔으려니 하고 대수롭지 않게 생각했었다. 하지만 일이 그쯤 되면 심상한 일이 아니었다. 강철호의 지금의 성질로 봐서는 그냥 넘어갈 것 같지가 않아서 곤혹스러웠다.

그런데 아니나 다를까 박희경이 심각한 우려감을 나타냈다.

"사실 저도 걱정입니다. 거기 다니다가 딴 데로 옮기는 사람들을 깡패들이 협박한다는 말을 들었습니다."

"협박? 어찌 그럴 수가!" 예상보다 도를 넘은 강철호의 행각에 크게 놀란 그는 어이없어 말문을 열지 못했다.

"선생님, 그런 일로 걱정하실 필요가 없다고 생각합니다. 우리가 억지로 끌고 오는 것도 아니고 자기들이 좋아서 찾아오는데 못 오게 막을 수는 없지 않습니까? 그리고 선생님이 고생고생 하셔서 그만큼 일궈놓은 수련원인데 고맙게 생각해서라도 사이비한 짓 안 해야지 자기들 잘못은 생각 안하고 누굴 원망합니까? 아닌 말로 별별 수단 다 부려서 남의 수련생 빼오는 세상인데 제 발로 찾아오는 사람을 왜 막습니까?"

진경숙이 자못 화가 난 표정으로 거침없이 제 생각을 쏟아냈다.

어쨌거나 자신도 사범으로서 지도를 했던 사람들인데 강철호가 예전의 버릇을 못 고치고 많은 여자들과 놀아난다는 소문을 간간 히 들은 바가 있었다. 그리고 수련생 지도는 예전의 사범들에게만 맡기고 무슨 일을 보러 다니는지 고급 외제차를 타고 수시로 밖으 로 나돈다는 소문도 듣고 있었다. 그래서 치를 떨고 있던 참인데 기 왕 말이 나온 김에 그런 소문을 다 폭로했다.

그리고 심중에 담아두었던 말을 계속했다.

"저희들은 선생님의 뜻에 감동해 새 시대를 열어야 한다는 사명 감으로 일하고 있습니다. 죄송합니다만, 선생님의 오랜 지기이자 처남일지라도 시대의 패륜아들이 우리의 일을 방해한다면 당당하 게 맞서서 싸워야 한다고 생각합니다. 물론 저희들이 그런 부류들 의 뿌리를 뽑을 수는 없겠지만 적어도 그들에게 유린당하지는 않 아야 하지 않겠습니까?"

하고 의기가 충천해서 웅변가처럼 감동을 자아냈다.

진경숙의 울분에 가까운 말을 듣는 동안 주성수를 비롯해 모두들 결연한 의지의 빛을 얼굴에 나타냈다. 자칫하면 회의가 아니라 강 철호 성토장이 될 것 같은 일촉즉발의 분위기가 감돌았다.

그는 분기가 탱천한 그들의 심중이 예사롭지가 않아서 일부러 차 분하게 뜻을 피력했다.

"자네들의 패기와 정의감을 충분히 이해한다. 그렇지만 이 말을 명심했으면 한다. 앞으로 무엇을 하고자 할 때는 (상대방의) 굽은 것을 필히 먼저 펴주고, (상대방을) 약하게 하고자 할 때는 필히 (상대방을) 강하게 해주어야 한다. 그리고 (상대방의 것을) 빼앗으려면 먼저 (상대방에게) 주어라는 말이 있다. 그러므로 하는 대로 내버려두고 오히려 도와주는 것이 이기는 것이다."

"……!"

"또 이런 말도 있다."

"부드러운 것이 강한 것을 이기고, 약한 것이 강한 것을 이긴다. 천하에 가장 부드러운 것이 천하에 가장 견고한 것을 부린다. 그러므로 저쪽에서 강하게 나오면 이쪽에서는 부드럽게 대하는 것이 좋다."

"선생님, 시정의 잡배 같은 인간들에게도 통할 수 있을까요?"

진경숙이 용감하게 반문했다.

"시정의 잡배건 아니건 이치가 그렇다. 천하에 물보다 부드럽고 약한 것이 없지만 (천하에 가장) 견고하고 강한 것을 (물만이) 능히 이긴다. 최상의 선은 물처럼 부드럽다. 물은 만물을 이익이 되게 할 뿐 결코 다투지 않는다. 세상에서 가장 유약하고 부드러운 것이 물인 것 같지만, 물보다 강한 것은 없다. 가장 강하다는 다이몬드마저 자르고 파괴시키는 것이 물이다. 부드러움으로 굳셈을 이기고 유약함으로 강함을 이기는 이치가 거기에 있다. 모쪼록 만물을 길러주고 다투지 않는 물의 이치를 명심하기 바란다."

"……!"

"그리고 불의에 맞서 정의가 싸우면 당장은 정의가 패하기 마련이다."

"……?"

"왜 그런가?"

"……?"

"불의는 교묘하고 사악한 수단을 부리고 정의는 그리 못하기 때문이다. 그러므로 그대로 버려두게. 이롭지 못한 것은 언젠가는 자멸하기 마련이니 나중에 정의가 불의를 이기게 된다네. 자네들은 그저 본분을 지키는 데만 힘쓰기 바란다.

"……!"

"그리고 잘 세운 것은 뽑히지 않고 잘 끌어안은 것은 빼앗기지 않는다 하였다. 설사 우리의 일이 그들로 인해 망가질 지경에 이른다 해도 뜻을 바로 세우고 만 가지 일을 하면 걱정할 필요가 없다."

"선생님의 말씀은 이치 그 자체입니다. 그러나 이치대로 되지 않는 것 또한 이 세상의 이치입니다. 물질문명이 최고조로 달한 지금, 무기 없는 전쟁이 치열합니다. 더 많은 것을 움켜쥐기 위해 정의와 불의를 가리지 않습니다. 그런데 요는 승자가 정의가 되고 패자는 불의가 된다는 사실입니다. 승자만이 천하에 얼굴을 내밀고, 패자는 오욕汚辱에 통분하며 질곡桎梏에서 한 생을 보내야 합니다. 그러므로 물처럼 숙이는 것만이 능사는 아니라 생각합니다. 전쟁에서 살기 위해 만부득이 상대방을 죽여야 하듯이, 때에 따라서는 불의를 용납하지 않아야 정의를 지킬 수 있다고 생각합니다."

배영기가 반박이라도 하듯 조리 있게 제 생각을 피력했다.

"말세에 이르렀으니 불의는 더욱 극성을 부릴 걸세. 참으로 오랜 세월 불의가 세상을 지배했지. 그러나 이제는 때가 이르렀네. 새 시대가 바로 눈앞에 오고 있으니. 오욕을 참고 불의를 귀하게 여겨서 본으로 삼고 의로움을 잘 지키게. 천하의 이치는 가득 차서 극에 달하면 반드시 소멸하고 가장 작은 것이 차오르는 법, 머잖아서 정의가 제자리를 찾을 걸세."

"그러나 당하는 고통을 어떻게 참습니까?"

배영기가 반문했다.

"한나라의 개국공신인 명장 한신은 젊어서 무뢰배의 가랑이 밑을 기어가고, 후에 대원군이 된 이하응이 죽은 듯이 허리를 굽힌 까닭이 무엇인가? 때를 기다리기 위해서가 아니던가! 반대로 정의의 깃발을 든 조선 중엽의 조광조가 왜 참형을 당하고, 갑신정변을 일으킨 김옥균이 왜 3일천하로 운명의 막을 내렸는가? 정의를 물같이 행하지 않고 창성한 불의에 과격하게 맞대응했기 때문이다. 불의가 천하를 횡행할 때는 모름지기 몸을 낮추고 때를 기다려야 한다. 큰일을 목전에 둔 우리가 어찌 옛 사람의 예를 교훈삼지 않겠나!"

한성민은 독백하듯 말끝을 맺고는 그만 회의를 파한다 하였다. 그리고 곧바로 일어서 자기 방으로 돌아갔다.

한성민이 회의장을 떠날 때까지 모두들 제 자리에 한동안 앉아 있었다. 무언가 해야 할 말은 많은 것 같은데 뾰족이 끄집어 낼만한 생각이 떠오르지 않아서 서로의 얼굴만 멀거니 쳐다보았다. 보다 못한 진경숙이 심각한 얼굴이 오빠들답지 않다며 일하러 가자! 하고 귀여움이 섞인 씩씩한 어투로 말해 모두들 막막한 생각을 털어내고 웃음지으며 일어섰다.

　한성민은 자기 방으로 돌아와 깊은 생각에 잠겼다.

　사람이 한 번 욕망이란 괴물에 납치당하면 얼마나 악해지는 것일까?

　먹어도, 먹어도 허기를 못 견뎌 하는 괴물의 발광에 또 얼마나 많은 사람들이 희생의 제물이 될까? 하는 생각에 가슴이 미어지게 곤혹스러웠다.

　이미 끊을 수 없는 사슬에 묶여 사투를 벌이는 짐승처럼 철저하게 욕망의 포로가 된 강철호는 상대가 누구이건 의리와 인정 따위는 애시당초에 기대하기 어려울 것이라 단정지었다. 그리고 불식간에 밀려드는 한 가지 불안한 그림자에 신음이 저절로 터져 나왔다.

　관악산 진달래 숲속 바위에서 느낌으로 다가왔던 마기魔氣의 실체가 강철호와 뚜렷이 하나로 겹쳐지던 순간을 떨쳐낼 수가 없었다. 어쩌면 수련생들이 몰려오는 작금의 사태가 아내의 업을 시행하려드는 마기魔氣한테 빌미를 제공하는 불길한 징조일지도 모를 일이었다.

　그래서 그동안 부인하고 싶었던 강철호의 마기魔氣를 화두삼아 명상에서 사실을 확인해 볼 결심도 해보았다. 하지만 우선은 수련생 문제부터 해명해 주는 것이 먼저다 싶어 수화기를 들었다. 그러나 강철호는 지수영과 강원도 별장에 가 있었다. 그들은 매우 중요한 이야기를 할 때는 가장 안전한 장소로 별장을 택했다. 오늘도 그래서 이곳으로 왔는데 전화 추적을 우려해 별장에서는 휴대폰을 꺼놓았는데 공교롭게도 이제 막 도착한 터라 엉겁결에 그의 전화를 받고 말았다.

"자넨가?"

"아니 형님! 어쩐 일이십니까? 전화를 다 주시고 그간 안녕하셨어요? 그리고 누님도요?"

한성민의 목소리에 화들짝 놀란 강철호가 속이야 어떻든 반가운 척은 했다.

"다 무고하다. 그래 자넨 잘 지내고 있겠지?"

"저야 뭐 늘 그렇지요. 형님이 더 잘 아실 텐데요 뭐!"

아니나 다를까?

통명스럽게 전해오는 강철호의 어투에서 비비 꼬인 속악이 금방 느껴졌다. 수련생들 문제로 어지간히 심사가 뒤틀려서 그럴 것이라 이해했다. 그래도 내색하지 않고 솔직하게 말했다.

"자네 수련생들 때문에 속이 많이 상했나보군! 나도 오늘에서야 알았다만, 내 마음이 편치가 않았다. 여하간 본의가 아니었으니 이해해 줬으면 좋겠다. 그리고 이담부터는 가능한 돌려보낼 테니 그들을 잘 다독여 주었으면 좋겠다."

"그만두십시오. 형님이 좋아서 가는 사람들인데 누가 말립니까? 우리는 우리대로 새로운 수련생들이 많이 오고 있으니까 그까짓 몇 명 떠나는 거 관심 없습니다. 그러니까 염려 놓으시고 형님 일이나 잘 하세요!"

말끝마다 독기가 어린 비아냥거림이었다. 그나마 속사포처럼 빠르게 제 할 말만 쏟아내고는 전화를 뚝 끊어버렸다.

그 다음의 행동은 보나마나 뻔했다. 씹, 좆 찾으면서 혼자 길길이 뛰는 모습이 눈에 선했다.

아니나 다를까?

한성민이 예상했던 대로 강철호가 수화기를 놓자마자 욕설부터 퍼부었다.

"씨팔! 누굴 약 올리나? 진작 돌려보냈으면 될 걸 실컷 받아놓고 이제 와서 이러니저러니 변명하고 있어! 위선자 새끼!"

"누군데 그래?"

지수영이 거만하게 반문했다. 세상에 어느 놈이건 작살을 내줄 수 있다는 교만이 역력한 어투였다.

"그 언젠가 말했잖소? 한성민이라고 우리 사촌처남! 자형 말예요. 씨발! 우리 원생들 다 빼가지 뭐요! 자기가 키워놓은 사람들이니까 찾아올 게 뻔한데, 애시당초에 못 오게 했어야지 실컷 받아놓고 어쩌고저쩌고 변명하잖아요."

"아, 도를 닦는다는 그 민족주의자라는 사람 말이야? 나도 한 번 봤는데 생긴 건 별 볼일 없던데."

"말도 마시오! 보기는 그래도 보통내기가 아니에요!"

"하여간 민족주의자란 것들이 문제야! 세계평화를 망치거든. 수백 종류나 되는 민족들이 저들끼리만 뭉치면 언제 평화가 오겠어? 민족이 다르다고 인간 청소를 하는 종족들 봐, 한심하지! 그러니까 속히 세계를 한 정부 아래 통일시켜야 하는데 그런 민족주의자들이 가장 골칫거리야! 다 쓸어버려야지!"

지수영이 말하는 꼴이 잔인한 조폭보다 더 냉혹하고 서슬이 시퍼런 칼날 같았다.

이때 소진수가 저만치 떨어져서 듣고 있다가 뚜벅뚜벅 걸어와서 한 마디 했다.

"대선사님, 손 좀 봐줄까요?"

"뭐야? 이 자식 누굴 함부로! 근데 너 왜 여태 밖에 나가지 않고 있었어? 응? 우리가 하는 말 한 마디도 듣지 말랬잖아!"

강철호가 소진수를 잡아먹을 듯이 눈을 부릅뜨고 소리쳤다.

"이제 막 왔어요. 금방 나갈 게요."

소진수가 머쓱해서 어물어물 대답하고 뒤돌아섰다.

"야, 야, 진수야! 짜식 삐지기는. 밖에 있는 애들 다 들어오라고 해!"

믿고 아끼는 소진수에게 성낸 것이 좀 미안했던지 목소리를 한껏 낮추어서 부드럽게 명령했다. 애들이란 강철호가 감옥에 있을 때 충성을 맹세한 조폭들인데 두목노릇을 하던 김강태를 비롯한 여섯 명이 강철호 경호원 노릇을 하고 있었다. 예전에 습격을 받아 곤욕을 치렀던 터라 별장에 올 때는 항상 그들을 데리고 왔다. 그리고 그들로 하여금 집을 빙 둘러 지키게 해 어느 누구든 그림자 하나 접근하지 못하게 했는데 오늘도 철통같이 경비를 세워두었다.

"대선사님, 무슨 일이 있습니까?"

이윽고 소진수를 필두로 건장한 사내들이 속속 들어섰다.

그들 중에서 근육질의 몸매를 자랑하는 눈이 부리부리하고 창대 같은 수염이 덥수룩한 김강태가 경호대장이라 강철호 앞에 먼저 와서 허리를 넙죽이 숙였다.

"대선사님, 무슨 일이 있습니까?"

"야, 김강태! 우리 수련생들 홍익진리횐지 지랄인지 거기로 빠져나가는 거 알아 몰라?"

"예, 알고 있습니다."

"알고 있었어. 이런 새끼들 밥 처먹고 뭐했어? 단속을 잘 해야 될 게 아냐 응!"

"그게 저… 거기는 대선사님 자형이 계시는 곳이라서 어떻게 할 수가 없었습니다."

"하긴… 그건 그렇겠지! 그래도 자식아, 머리를 좀 굴려봐!"

"그럼 누구 가릴 것 없이 손 좀 봐줄까요? 아예 문을 닫게 해버리겠습니다."

"뭐야, 이 새끼!"

순간 강철호의 주먹이 김태수 턱을 향해 번개같이 날았다.

영문도 모르고 눈 한 번 깜짝이지 못하고 턱을 강타당한 김태수는 비명도 못 지르고 그 강건한 몸을 비틀비틀 뒤로 몇 발짝 물러났다. 그리고 자세를 다시 곧추세워 강철호 앞으로 성큼성큼 걸어가서 무슨 일인지 벌을 달게 받겠다는 듯 부동자세를 취했다.

"야, 이 새끼야!"

"예, 대선사님!"

"자식아, 아무데나 주먹 쓰다가 말썽나면 어쩌려고 그래 응? 그리고 니들 그 양반 호락호락하게 보지 마. 큰코다쳐! 니들 보기에 그 양반 한 주먹 깜도 안 될 것 같지? 착각하지 마. 나도 그 형님만은 겁내 이 자식아… 자식들! 사람을 제대로 보고 말해야지!"

"네? 그렇습니까?"

"니들같이 주먹이 세서가 아냐. 도력이야, 도력! 모르기는 해도 니들 도력으로 죽일 수 있을 지도 몰라 알았어! 그러니까 함부로 주먹 쓸 생각하지 말고 머리를 써봐 머리를!"

"설마… 죄송합니다만 요즘 그런 사람이 어디 있겠습니까? 무협지에나 나오는 말이죠."

김태수는 믿으려하지 않았다. 뭔지 모르지만 강철호가 괜한 공포심을 갖고 지레 겁을 내고 있는 것이라 생각했다.

그런데 곁에 있던 소진수가 한 마디 더했다.

"야, 야, 김태수! 대선사님 말씀 새겨들어. 나는 몇 년을 그분 곁에서 지켜봤어. 도력을 본 적은 없지만 옆에 있으면 엄청난 기운이 느껴져. 아, 참! 언젠가 한 번 봤어! 수련장에서 촛불 켜놓고 명상하다가 일어났는데 글쎄 눈으로 촛불을 한 번 쳐다보았는데 저절로 꺼졌어! 그때는 바람이 그런 줄 알았는데 지금 생각해 보니까 도력이었어! 수련장에 그 정도 바람이 어떻게 불었겠어?"

"그랬어?"

강철호도 처음 듣는 이야기라 놀랐다. 인도에서부터 그의 능력을 어느 정도 짐작은 했지만 도력을 드러내지 않아서 그럴 것 같다는 생각만 했었다. 그런데 막상 소진수의 말을 듣고 보니 짐작이 맞았다는 생각이 들었다.

"네, 확실합니다. 하여간 조심해야겠습니다. 아무튼 저에게 생각이 있으니까 일단 맡겨놔 주십시오. 어이, 김관태!"

소진수가 그렇다 대답하고는 김태수에게 애들 데리고 밖으로 나가라고 눈짓으로 신호를 보냈다.

"생각! 어떻게?"

"대선사님, 곧 미국 지부 개설 때문에 출장가실 계획이 있으시니까 안 계실 때 감쪽같이 일하면 됩니다. 지금 자세히 말씀드릴 수는 없지만 제가 알아서 하겠습니다. 선사님이 안 계실 때니까 아무도 우리 쪽에서 그랬는지 의심하지 않을 겁니다."

"야, 자세히 말해봐. 궁금하잖아? 그 양반 함부로 손댔다가는 큰일 나!"

"저도 압니다. 그럼 한 가지만 말씀드리겠습니다. 화는 내지 마십시오."

"짜식! 우리 사이에 무슨…! 죽어도 같이 죽자고 맹세했잖아!"

"예! 그럼 말씀드리겠습니다. 그분을 모함할 생각입니다."

"모함! 흠을 잡을 데가 있어야지?"

"그래서 모함을 해야지요. 지나치게 깨끗한 사람이니까 모함이 필요합니다. 물론 나중에 사실이 드러나겠지만 한 번 더럽게 소문이 나면 그 파장은 큽니다. 속담에 아니 땐 굴뚝에 연기 난다는 말도 있지 않습니까?"

"야, 야! 빙빙 돌리지 말고 구체적으로 말해봐!"

"김강태가 알고 있는 그렇고 그런 얼굴이 좀 반반한 계집애들이 있습니다. 걔들 시켜서 강간했다고 떠들어대게 하면 됩니다. 실감나게 인쇄물을 저쪽 법인에 뿌리고 또 경찰에 신고도 하고요.”

“뭐야? 말도 안 되는 소릴 하고 있어! 그 양반 세상이 다 아는데 그게 먹혀들겠어? 난 또 뭐라고. 관 둬!”

“그렇지 않습니다. 최소한 열흘 정도는 갇혀 있게 할 수 있습니다. 나중에 계집애들이 사람 잘못 보았다고 둘러대면 그만이지요. 무혐의라도 한 번 쏟은 물 쉽게 담지 못합니다. 그리고 그분 성품으로 봐서는 절대로 무고로 고발을 하지 않을 테니까 더 좋습니다. 뭔가 찔리는 게 있으니까 고발 못한다고 소문이 나지 않겠습니까? 설사 참모들이 고발한다 해도 계집애들 돈 충분히 주면 몇 달 감옥에서 썩을 겁니다.”

“그래도…!”

강철호는 왠지 마음이 내키지 않았다. 소진수의 계획대로면 심각한 타격을 줄 수는 있으나 너무 치졸하다는 생각이 들어 결단을 내리기 어려웠다.

그런데 시종일간 침묵을 지키고 참견하지 않고 있던 지수영이 한마디 했다.

“이봐 동생, 이 사람 말이 상당히 일리가 있어. 민족주의자들이 역사가 어떻고 문화와 정신이 어떻고 하면서 떠들어대는 거 우리한테 좋지 않은 일이니까 그런 수라도 써보는 것도 괜찮지 않겠어? 제까짓 것 도력이니 뭐니 떠들어 대봤자 신도 아니고 인간이야 인간! 망신 한 번 당하고 나면 자중하겠지.”

“형님 생각이 그렇다면… 야, 진수야! 그럼 조심해서 한 번 해봐!”

지수영이 소진수를 거들자 단순한 강철호가 좀 꺼림칙은 해도 금방 결단을 내렸다.

"예, 감사합니다. 기왕 말이 나온 김에 다른 계획도 말씀드리겠습니다. 그쪽 수업할 때 우리 애들 보내서 방해할 생각입니다. 뭐 깡패 애들 늘 하는 수법이지요. 그담은 그분이 경찰서에 갇혀있는 한 열흘 동안 주성수를 비롯해서 그쪽 참모들 반쯤 죽여 놓을 생각입니다. 그럼 업무가 마비돼 재기하려면 상당한 시간이 필요하겠지요. 그리고 개들 겁이 나서 업무 볼 생각도 못할 테고요. 그럴 때 우리는 대대적인 광고를 내면 그쪽은 거의 재기불능일 겁니다."

소진수가 자신 있게 계획을 털어놓았다.

그 말을 들은 강철호의 입가에 만족한 미소가 퍼져나갔다. 예전에도 그랬지만 나이 들어서는 매사에 탁월한 안을 내놓는데다가 주도면밀해진 소진수가 여간 믿음직스럽지가 않았다.

마치 중국사람 제갈량이나 수양대군의 모사 한명회쯤의 든든한 참모를 거느린 것처럼 소진수를 곁에 둔 것이 새삼 뿌듯했다. 그래서 기특하다는 눈길로 소진수를 바라보고는 모든 걸 일임할 테니 알아서 실수없이 잘 하라고 격려했다.

강철호의 별장은 쥐 죽은 듯이 고요했다. 경호원들도 말 한 마디 건네지 않고 매서운 눈초리로 자기 자리를 지켰다. 그래도 미심쩍은 지수영은 문 밖을 내다보고 안의 소리가 밖으로 새나가 경호원들이 들을 수 있는 거리에 있는지 확인했다. 그들은 별장을 중심으로 사방 10m 밖에 있었다. 웬만큼의 소리도 그들 귀에 들릴 수 없는 거리였다. 그것을 다시 한번 확인한 지수영이 사뭇 긴장한 표정으로 강철호와 마주 앉았다.

"마침내 계획이 수립됐어!"

"어떻게요?"

긴장하기는 강철호도 마찬가지였다.

한국 유사 이래 최초의 우주로켓 발사체인 나로호를 파괴하는 일
이라 지수영의 말을 듣자마자 가슴이 떨리고 손에 땀이 흘렀다.

"북한에서 들여온 박격포는 우리 요원이 있는 집으로 옮겨놓았
어."

"그래요? 쉽지 않았을 텐데요? 그날 배에서 육지로 옮길 때도 조
마조마했어요. 문여천 의원이야 형님과 먼저 내렸으니까 걱정하지
않았지만 해상경비대나 빌린 배 선주가 눈치챌까봐 심장이 다 떨
립니다."

"야, 야, 천하에 강철호가 떨다니 실망인데? 그래서야 더 큰일을
해내기나 하겠어?"

"그까짓 싸움이라면 몇십 명도 두렵지 않지만 이건 경우가 다르
잖아요. 007작전도 아니고."

"하긴, 그러나 생각해 봐! 문여천 의원이 탄 배인데 감히 누가 의
심을 하겠어? 게다가 박격포를 완전히 분해해서 그것도 야밤에 하
나씩 들고 나오는데"

"그렇기는 하지만 만에 하나라는 말이 있잖아요. 그리고 승합차
에 싣고 오면서도 혹시 불심검문이라도 당할까 봐서도 조마조마했
어요. 누가 알아요? 혹시 범죄 저지른 놈이 도망쳐서 그놈 잡느라
고 지나가는 차량 다 세워서 뒤질지."

"그러다가 지진 나서 땅 꺼질까 무서워서 못 다니겠다. 하여간 무사히 옮겨놓았잖아! 그리고 요원 집에도 무사히 옮겼고!"

"말이 그렇다는 거죠! 하여간 십 년 감수했어요."

강철호는 아직도 실감이 나지 않았다. 북한에서 무기를 가져오는 것도 쉽지가 않을 텐데 문여천을 이용해 국내까지 무사히 들여온 걸 보면 지수영이 신출귀몰한 도적 같은 생각도 들었다. 그에 더해 못할 것이 없는 그림자정부의 비상한 능력이 무섭게 머리를 짓눌렀다. 그리고 목숨을 내놓지 않는 한 배신이나 실패는 꿈에도 생각할 수 없는 위험도 느껴져 전율했다.

"우리가 하고자 하면 웬만한 국가 하나쯤의 인구를 얼마든 몰살시킬 수도 있어. 그 나라 상공에 오존층을 걷어내 버리면 어떻게 되겠어? 사람이고 동물이고 식물이고 다 말라죽지! 그 정도 기술까지 보유하고 있어"

지수영이 실로 무시무시한 말을 거침없이 쏟아냈다. 혹시나 모를 강철호의 변심을 우려해 그들의 엄청난 힘을 내비친 말 같기도 했다.

"예?"

"그렇다는 얘기야. 궁금증 하나 풀어줄게. 이번에 북한에서 박격포 어떻게 가져왔는지 궁금하지?"

"그게 참 궁금해요! 북한과 짠 것도 아니고?"

"가져오는 거 아주 간단해. 돈이면 안 되는 거 봤어? 중국에 파견돼 있는 북한 정보요원들 돈으로 매수하면 그만이야. 걔들 돈이면 무슨 짓이든 하거든. 그리고 그놈들 통해서 무기고 지키는 몇 놈 구워삶으면 목숨 내놓고 가져오게 되어 있어. 국내 들어오는 거야 알다시피 문여천을 이용했으니까 큰 문제 없었고!"

"좌우지간 형님 수단 하나는 끝내줍니다!"

"뭐 그까짓 걸 가지고… 이봐, 철호! 진짜 놀라 자빠질 이야기 하나 해줄까?"

"뭔데요?"

"기절초풍할 걸!"

"기절 안할 테니까 말해보슈! 뜸들이지 말고!"

"종북좌파란 말 들어봤지?"

"들어는 봤소만 좌파면 당연히 있을 수 있지만 설마 종북까지야 하겠어요? 정신이 돌지 않고서야!"

"모르는 소리! 말이 종북이지 실제로는 김일성, 김정일, 김정은 우상숭배자라 할 만큼 북한 열성당원 못지않은 자들이 수두룩해! 그것도 말이야. 여러 계층의 지식인부터 노동자에 이르기까지 광범위하게…! 더욱이 탈북자들 중에는 아예 첩자 노릇하는 골수 공산당원도 적지 않다고 봐야 해!"

강철호는 아연했다.

종북좌파라는 말만 들었지 그들이 그 정도로 북한을 추종하는지는 몰랐다. 그런데 지수영이 어떻게 그런 사실을 알고 있을까? 혹시 그들과도 선이 닿아 있는 것은 아닐까 하는 의구심이 불쑥 들었다. 미국 국적이기는 하지만 엄연한 조선족인데 아무래도 북한과도 연락망이 있을 성 싶었다. 그렇다면 지수영이 미국시민권을 가진 프리메이슨이자 북한 공작원도 겸한 이중첩자일 수도 있다는 생각이 들어서 슬쩍 떠보았다.

"이건 좀 묻기가 그렇지만 종북좌파들은 어떻게 아셨어요? 그리고 탈북자들 속에 첩자가 있다는 건 또 어떻게 알고?"

"야, 어째 나를 의심하는 말투 같다. 설마 내가 북한 첩자노릇도 할까봐? 아니야! 우리가 모르는 정보가 있는 줄 알아?"

지수영은 단호하게 부인했다.

"그럼 누군지 구체적으로도 알아요?"

"대략 알지, 구체적이지는 않고 그리고 짐작 가는 자들도 적지 않지만 군이 파헤칠 필요가 없잖아. 아마 경찰이나 국정원에서 파악하고 있을 걸."

"이해가 가기는 합니다."

"강철호는 의심을 다 거두지는 않았지만 일단은 수긍하기로 했다. 북한을 선제공격해 무력통일을 계획하고 있는 만큼 설사 이중첩자라 해도 최소한 남한에 해를 주지는 않을 것이라 믿었다.

"그나저나 박격포 정도 화력으로 나로호 파괴가 가능할까요? 내가 알기로는 지상 3미터 정도밖에 파편이 퍼져 나가지 않는데요? 그리고 박격포는 살상용이지 건물 파괴용도 아니고!"

"자네가 군에 있을 때 알고 있는 보통 박격포는 그렇지! 그러나 요즘 북한에서 새롭게 만든 박격포는 그렇지가 않아! 포탄을 개조했어! 단번에 웬만한 건물이나 탱크 정도는 단번에 날려버릴 수 있는 폭약을 장착했지! 더욱이 1분 내에 12발을 발사할 수 있으니까 나로호는 물론 우주센터까지 흔적도 없이 날려버릴 수 있어!"

"그래요?"

강철호는 놀라웠다. 박격포를 개조해 가공할 만한 위력의 미사일처럼 파괴할 수 있게 하다니 북한이 무력통일을 위해 얼마나 공을 들이고 있는지 생각만 해도 소름이 끼쳤다. 예측할 수 없는 성격의 소유자인 데다가 수천 명을 눈 한 번 깜짝하지 않고 죽여 버리는 잔인하기 이를 데가 없는 김정은이가 제 할아비 김일성이처럼 먼저 기습 남침이라도 하는 날에는 5천만 국민 중에 몇 사람이나 살아남을지 상상도 하고 싶지 않았다. 만약 원자폭탄으로 선제공격이라도 하는 날에는 한 사람도 살아남을 것 같지가 않았다. 그러기에 남한에서 선제공격해 저들의 공격을 사전에 봉쇄해야 된다는 지수영의 말이 처음으로 옳게 여겨졌다. 그리고 드디어는 조국의 통일을 위한다는 명분이 뚜렷한 이번 거사에 자신이 앞장선다는 자부심이 피를 끓게 하였다.

"하여간 나로호 파괴가 북한 소행인줄 알면 전 세계가 발칵 뒤집혀지겠지. 우리의 임무는 그것으로 끝이야. 우리가 쓸 무기가 북한 제이니까 북한 특공대 소행으로 보지 누가 우릴 의심하겠어? 그리고 국내에 암약하고 있는 종북주의자들의 실체가 이번 기회에 확실하게 드러날 테니까 그들이 북한공작원과 짜고 벌인 일이라 소문을 퍼뜨리면 돼. 그러니까 우리는 안전해."

"걔들이야 그렇다 치고 우주센터에는 사람들이 많을 텐데…"

"그래서 야간에 다 퇴근하고 나서 몇 사람만 남았을 때 쏘면 돼. 어차피 이런 일에는 희생이 따르기 마련이니까 대의를 위해 몇 사람 죽는 건 어쩔 수가 없잖아."

지수영은 큰일을 위해서는 몇 사람의 목숨쯤 별거 아니라는 식으로 잘라 말했다.

　그러나 여러 사람을 한꺼번에 죽인다는 건 강철호로서는 엄청나게 끔찍한 일이어서 대단한 사명감과 각오가 필요했다.

　"이봐, 부서울 게 없는 용맹한 사람이 갑자기 왜 그래? 겁을 단단히 먹은 것 같은데 군대 안 갔다 왔어?"

　지수영은 재빠르게 강철호의 심중을 파악하고 냉소를 섞어서 추궁하듯 싸늘하게 언성을 높였다. 이때는 형, 아우 하던 정감은 눈곱만큼도 찾아볼 수 없어서 야누스 같았다. 그 말에 자존심이 상한 강철호가 잠시 고뇌하던 표정을 싸악 바꾸어 잔뜩 독이 오른 표정으로 강하게 대답했다.

　"형님, 이래 봐도 무기 다루는 거 떡먹기보다 쉽게 해요! 그까짓 박격포 정도야 식은 죽 먹지요. 군대가 뭡니까? 사람 죽이는 거 배우는 곳이잖아요. 이거 사람 우습게 보지 마쇼!"

　"알았다. 알았어! 믿는다. 믿어! 그냥 한 번 떠본 거지, 내가 왜 아우를 안 믿겠어? 그러나 이것만은 분명하게 해두자. 너나 나나 목숨을 내놓지 않고는 중도포기나 실패란 있을 수 없다! 우리가 아무리 혀와 입술 같은 사이지만 뒤에서 지켜보고 있는 요원들의 눈을 피할 수가 없으니까 나도 그들로부터 너를 지켜줄 수가 없다는 걸 명심해야 해!"

　지수영은 즉시 얼굴 색깔을 바꾸어 정감있게 말했다.

　그러나 그것도 몇 마디뿐, 그 다음 말부터는 아예 협박이었다. 이러나저러나 죽기는 마찬가지니 살길을 찾기 위해서라도 이번 작전을 성공리에 마치지 않으면 안 된다는 강력한 메시지였다.

강철호도 이번 일에 관한 한 얼마나 무서운 사람들의 감시를 받고 있는지 알고 있기에 지수영의 메시지에 무어라 대꾸할 말은 없었다.

세계 3차대전의 도화선에 불을 붙이는 일인 만큼 프리메이슨 조직이 일사불란하게 가동되고 있을 터였다. 그러므로 지구 밖으로 도망치면 모를까 그들의 감시에서 벗어난다는 것은 올가미에 걸린 짐승처럼 불가능한 일이었다. 그러기에 이제부터는 죽기 아니면 살기로 거사를 성공시키지 않으면 안 된다는 비장한 각오가 다시 한 번 피를 끓게 하였다. 더욱이 작전을 결행하지 않을 수가 없기도 하지만, 그들로부터 입은 은혜를 배신해서도 안될 일이었다. 감옥에서 풀려나고 거금을 받아서 감읍한데다가 육이오와 같은 민족의 망국적 참상을 막고 조국통일과 세계평화를 위한다는 대의명분으로 프리메이슨이 된 이상, 당연히 맹세한 충성을 성실하게 지키는 것은 자신에게 주어진 피할 수 없는 숙명이라 생각했다.

하지만 조국의 통일과 세계 평화를 위한 이 일이 생각만 해도 꿈 같고 환상 같은 이상향이기는 해도 손에 잡힐 듯 현실감도 있었다.

누가 파라다이스paradise를 이룰 수 없는 인간의 영원한 꿈이라 했을까?

사람들은 그곳을 각박한 현실을 벗어나고 싶은 잠재의식이 꾸며낸 불가능한 상상세계라고만 생각할 뿐 도전하지 않은 탓일 것이다. 뜻이 있으면 길이 있는 법이니 말이다.

그렇게 생각의 나래를 더 높고 더 넓게 펼쳐 나가던 강철호는 자신감이 뜨거운 열기가 끓어오르듯 차올랐다. 그리고 이상의 날개를 펼치지 못하게 그물처럼 그 마음을 방해하는 부질없는 생각과 생각을 훨훨 떨쳐버리기로 마음을 정리했다.

"형님, 하여간 알았소. 이렇다 저렇다 할 것 없이 구체적인 작전계획이나 설명해주시오."

강철호는 한결 홀가분한 마음으로 언제나처럼 자신만만하게 말했다.

"뭐 특별한 작전계획이랄 것도 없다. 아주 간단하니까, 너랑 나랑 그곳에 한 번 다녀오면 돼! 이미 장소 헌팅은 다 해뒀으니까!"

"그래요?"

"응!"

지수영은 짧게 대답하고 품안에서 여러 장의 사진을 꺼내 놨다. 나로호를 중심으로 우주센터와 주변 지형지물들을 빠짐없이 촬영한 사진들이었다. 그 중에서 크게 확대한 사진 여러 장을 별도로 바닥에 펼쳐놓았다. 그리고 한 장에는 산 중턱쯤 계곡이 있는 곳에 사인펜으로 표시해 놓은 검은 점 하나가 찍혀 있었다.

"작전할 곳은 바로 이곳이다. '하빈 마을' 입구에 있는 '봉래산'이란 곳인데 산 뒤쪽 계곡이야! 우주센터와 거리가 1km 정도 돼!"

지수영이 그 검은 점에다가 손끝을 짚었다.

그리고 긴장한 숨을 가다듬었다가 들릴 듯 말듯 소곤거리는 소리로 가만가만 작전계획을 설명하기 시작했다.

"작전일은 추위가 가장 심해서 사람들이 나다니지 않을 때를 택했다. 몇 ○년 ○몇 월 ○일 일요일, 발사시간은 01시 정각이다. 정확하게 토요일 23.00시에 박격포를 이 지점에 설치한 다음, 조준좌표를 맞추어 놓고 대기하다가 다음 날 01시 정각에 나로호에 6발, 우주센터에 6발을 발사하면 된다."

"알았소!"

"단 1분 내로 12발을 다 쏴야 한다. 그런 다음 박격포를 땅에 묻어 놓고 무조건 아래로 뛰어라. 표시해 놓은 이곳에 박격포를 하루 전에 갖다 놓는다. 그리고 설치할 장치는 물론 묻을 구덩이까지 미리 파놓아 준비를 완벽하게 해놓을 것이다."

"그럼 저는 쏘기만 하면 됩니까?"

"그렇다. 정조준해서 발사만 하면 된다. 나와 우리 요원 3명이 주변을 지키고 있다가 너의 임무가 끝날 때 우리도 하산한다. 차는 '하빈 마을' 입구에서 100m가량 떨어진 곳에 대기시켜 놓을 것이다. 거기서 합류해서 곧장 지리산으로 가서 하룻밤을 지내고 상경한다. 질문 있어?"

"발사연습 많이 해야겠는 걸요?"

"물론이다. 한 치의 실수도 있어서는 안 된다. 그리고 박격포는 우리의 비밀장소에 보관하고 있으니까 거기 가서 조립, 조준, 발사를 눈감고라도 신속히 할 수 있도록 반복해서 연습하면 된다."

"철저하군요. 좋습니다! 큰일 한 번 멋있게 해봅시다."

강철호는 의심과 긴장, 그리고 두려움 모두를 떨쳐버리고 과거

사채업자를 응징할 때처럼 전의를 불태웠다.

"그럼 됐다. 지금부터 한 달간 충분히 연습한 다음, 수련원 해외 지부 개설 문제로 미국에 간다고 소문을 내라. 실제로 그럴 준비를 하고 있으니까 아무도 의심하지 않을 것이다. 그리고 작전일 열흘 전에 귀국해서 일을 보고, 다시 지리산 ○○콘도로 가서 이틀간 작전계획을 다시 한번 점검한 뒤 당일 저녁에 우리도 너와 함께 그곳으로 갈 것이다."

지수영이 마지막으로 힘주어 말했다.

그리고 사진은 강철호가 보관하고 있으면서 완전하게 익힌 후에 태워 없애라 하고는 술이나 한 잔 하자 하였다. 긴 시간은 아니었지만 워낙 긴장해서 정신을 집중했던 터라 강철호도 입이 말라서 술 생각이 났다. 캔 맥주 두 개를 물마시듯 벌컥벌컥 단숨에 비웠는데 좀 허기진 배 속을 짜르르 타고 흐르는 술기가 일품이었다.

폭풍 전야의 음산한 마기

천지가 잔뜩 찌푸린 긴긴 동짓날 야밤이었다.

진눈깨비가 휘휘 몰아치는 음산한 바람을 타고 서재 창문을 할퀴었다. 밖에서는 정원의 앙상한 나뭇가지가 쓸어가는 바람에 제 몸을 못 가눠 반이나 휘어져서 모질게 아픈 소리를 질러댔다. 세상을 온통 뒤집는 소리에 한성민의 마음도 산란해서 정신이 좀체 가다

틈어지지 않았다.

다가올 해의 재앙이 이러할까?

동지冬至는 절처봉생絶處逢生이라, 한 해의 천기天氣가 그 목숨을 다하고 다음 해의 기가 새 생명으로 싹트는 날인데 어찌 이리도 날씨가 음흉하고 야박한지 미루어 생각하니 심란했다.

천기天氣의 변화는 운명과도 직결되는 법이라 아무래도 심상치가 않았다. 곧 아내가 해산을 할 텐데 이 음산한 날씨가 아내와 아이의 운명과 무관한 것 같지 않은 느낌이 왜 자꾸 드는 것일까?

어둡고 무거운 것이 머릿속을 짓눌러 도무지 안정이 되지 않았다. 그러나 언제까지 오관五官.눈, 귀, 코, 입, 감각을 열어놓고 마음이 고요해지기를 기다릴 수는 없었다. 차라리 천기에 휘둘리는 마음을 용맹하게 곧추세우는 게 좋을 듯해서 북쪽을 향해 가부좌를 틀었다.

우선 우주 만물을 두루 마음의 눈으로 살펴서 불의에 습격하는 도적처럼 오관을 자극해 번뇌를 일으킬 인연을 하나하나 끊어나가려 하였다. 그러나 아직은 보이는 경계가 많아 먼저 눈을 감아 그 인연들을 화두로 떠올렸다.

그런데 역시였다.

잠재한 의식의 문을 제일 먼저 열고 튀어나온 인연줄은 강철호의 모습이었다.

머리 가운데 뿔이 하나 솟은 흉악한 탈을 쓴 모습이었다. 입은 꾹다물고 눈은 살쾡이같이 빛났다. 그리고 한 손엔 짙은 붉은색 깃발을 들었는데 또 한 손엔 총을 든 모습으로 그려졌다. 놀란 그는 순간적으로 솟아오르는 분기에 꿈틀대는 살기가 느껴져 깜짝 놀랐다.

"내가 이러다니!"

한성민은 분노로써 분노를 잠재웠다. 그리고 도의 순결에 진드기처럼 달라붙었다가 제때에 살기를 내뿜는 마군의 그림자를 가차없이 베어냈다.

"측은지심은 천하의 악귀도 감복하는 법. 착함도 착하게 하고 악함도 착하게 하리라!"

그리 용맹하게 다짐한 그는 강철호의 환영을 측은히 바라보고 화해를 청하며 흉악한 탈을 벗겨내려 하였다. 그러나 탈은 견고한 철가면처럼 벗겨지지 않았다. 아무리 의식의 힘을 끌어올려도 여지없이 허물어져 내렸다. 그 기회를 틈타서 탈의 입가가 찢어지게 벌어지며 피가 철철 흐르는 붉은 혓바닥을 내밀어 집어 삼키려 하였다.

그러나,

"도의 이치로 천하에 임하면 무엇이 침범하든 해를 입지 않고 태평하다."

하였다.

끝까지 도를 지켜서 화해의 마음을 버리려 하지 않았다.

그래서일까?

사납게 덤벼들던 흉악한 가면이 입 밖으로 내민 붉은 혓바닥을 들이 삼키고 한 걸음 물러섰다. 하지만 위장술이었다. 전열을 재정비하는 병사처럼 몸을 사렸다가는 갑자기 맹수처럼 더 사납게 덤벼들었다. 그럴수록 그는 더욱 간절히 거두지 않은 측은지심으로 온화하게 맞서자 또 물러났다.

그러기를 수 차례!

마치 사자의 먹이를 낚아채려는 하이에나처럼 덤볐다가 물러나고, 덤볐다가 물러나고… 그렇게 반복하다가 이윽고는 제풀에 지쳐 슬며시 물러났다. 그리고 잘못했다며 고개를 숙이더니 흉측한 탈을 벗어던지고 화사한 얼굴을 드러냈다.

착하고 선한 얼굴이었다.

그러나 슬픔이 가득 찬 눈빛으로 쳐다보다가 뿌연 연기처럼 서서히 사라져갔다.

그런데 악의 자취는 쉽사리 사라지는 것이 아니었다. 이번에는 또 다른 흉측하고 처량한 인연이 눈앞에 펼쳐졌다.

사냥감을 노리는 포악한 사자처럼 권력과 이익에 눈을 희번덕이고 그에 희생당하는 무리들…!

목숨을 초개같이 빼앗고 그에 죽어가는 그들은 개화하고 구원할 대상의 인연으로 찾아왔다. 그러나 또 다시 측은지심으로 관찰하고 관찰하자 그들이 아우성치기도 하고 춤을 추기도 하더니 하늘 멀리로 까마득히 사라져 갔다.

그런 뒤에는 음산한 바람소리마저 사라졌다.

어느덧 머릿속은 말끔하게 개이고 텅 빈 하늘처럼 청정해지기 시작했다.

사투를 벌이던 외부의 인연이 조금씩 끊어져 나가자 그는 즉시 다시 몸속을 관찰했다.

뱃속의 똥, 오줌, 침, 밖에서 침투한 오염을 씻어내고, 번뇌의 온상인 오장육부를 관하고 머리끝부터 발끝까지 뼈와 살과 핏줄을 관해 오관을 틀어막고 몸의 감각을 여의어서 드디어 삼매에 들었다.

"의식을 뛰어넘어 도가 나타나니 맛이 없으나 담백하고

보아도 보이는 것이 없고 들어도 듣지 못한다."

하는 경지까지 이르렀다.

하지만 아내와 아이를 지킬 화두만은 무의식중에 영기靈氣처럼 심중에 어려 있었다.

그런데 이게 웬일인가?

무상無相 삼매의 황홀한 경계에 갑자기 음산한 먹구름 같은 환영들 몇몇이 아내를 향해 덮쳐드는 것이 아닌가!

게다가 폭우마저 쏟아졌다.

물동이로 퍼붓듯 쏟아지는 빗줄기… 이윽고는 빗물이 피가 돼 도랑물처럼 흘렀다.

뒤이어 쓰러진 아내의 모습!

분노한 그는 핏발이 선 눈을 번쩍 떴다. 그리고 찢어질 듯 부릅뜬 눈에서 무섭도록 광채를 폭사해 어둠을 손전등처럼 쏘아갔다. 그러자 야밤에 전등불을 보고 모여든 나방떼 같다고나 할까? 검은 환영들의 몸뚱이가 수십 수백 개로 변해 발버둥치더니 스프레이에 떨어지는 하루살이처럼 하나 둘 맥없이 우수수 추락하기 시작했다.

그리고 그것들의 모습이 남김없이 사라질 때 아내의 모습이 다시 나타났다.

아내는 빗줄기에서도 꿋꿋하게 서 있었다.

쏟아지던 빗줄기도 멎었고 어둠도 걷혔다.

그 다음이었다.

눈부신 서광이 저 먼 곳으로부터 일직선으로 아내를 향해 비춰 오더니 그 빛이 홀연히 하얀 도포를 입은 한 도인의 모습으로 변했다. 그리고 도인이 등을 보이고 아내 앞에 우뚝 섰다. 그러자 유리알처럼 훤히 들여다 보이는 아내의 뱃속에서 오색영롱한 광채가 눈부시게 쏟아져 나왔다. 그런데 도인의 모습은 온데간데 없었다. 즉시 찬란한 빛은 거두어지고 은은한 황금색 빛이 아내 뱃속에 가득했다.

무엇으로부터일까?

아이였다.

아내 뱃속에 잠든 아이가 자명주自明珠처럼 스스로 황홀한 빛을 발산하고 있었던 것이다. 아이라기보다 하나의 성스러운 신물神物 같았다. 무의식계에서도 환상적인 황홀함을 느낄 수 있었다.

그러나 순간이었다.

잠자던 아이가 돌연 눈을 반짝 뜨더니 오른손 검지를 펴 하늘을 가리키고는 즉시 아내 뱃속을 물위를 솟구치듯 떠올라 눈 깜짝할 사이에 하늘로 올라갔다. 그리고 눈부신 빛 속으로 산화되듯 사라졌다.

그 다음은 깜깜했다.

아무것도 보이지 않는 암흑이었다.

연이어 눈을 뜰 수 없이 밝은 번개가 먹보다 검은 어둠을 칼로 베듯 두 조각내며 번쩍하고 지나갔다. 뒤이어 귀를 찢어놓는 천둥이 천지를 발칵 뒤집어 놓았다.

그는 무의식 중에 깊은 신음을 토해냈다.

명상의 깊음을 하늘이 깨우는 것일까?

한성민은 무의식계의 그 혼란스럽던 사건들을 간직한 채 의식계로 빠져나와 마음을 육신 밖에 머물렀다.

아귀굴과 선신세계善神世界 이쪽과 저쪽을 넘나들다 돌아온 것처럼 정신이 멍멍했다.

보았던 그 현상들을 어떻게 해석해야 할지 머릿속이 정리가 되지 않았다. 탈을 쓴 강철호가 등장한 처음부터 아이가 빛 속으로 사라지는 마지막 순간까지 이성의 눈으로 돌이켜 하나하나 되짚어 보았다. 그것은 분명 과거가 아닌 현재와 후일에 닥칠 필연의 현상이 영화처럼 펼쳐 보인 게 틀림이 없었다.

그 중에서도 황금빛을 발산한 아이는 대각을 얻은 성인을 의미했다. 그러나 손끝으로 하늘을 가리키고 빛 속으로 사라진 것은 아내의 해산일에 맞추어서 현세에 태어나지 않겠다는 아이의 성스러운 영혼의 의지라는 생각이 들었다.

그리고 그 영혼의 육신에 배인 업을 시행하는 자는 바로 검은 그림자들이란 걸 깨달았다. 빗속에서 아내가 피를 쏟아낸 모습이 사실을 뒷받침해 주었다.

가슴 아픈 일이었다.

그러나 안타깝고 슬퍼할 일만은 아니었다. 아이는 내가 다음 생에 아내와 부부연을 또 맺을 그때 성인으로 태어날 텐데 굳이 지금 태어나기를 소원할 필요는 없다는 생각이 들었다.

문제는 아내였다.

아이를 사산하는 것은 그렇다 쳐도 업의 시행자들이 아내를 어떻게 할지 그것은 확실한 판단이 서지 않았다. 다만 검은 환영들아 자신의 도력으로 비춘 빛에 하루살이처럼 추락했던 것으로 보아 아내의 목숨은 건질 수 있을 가능성은 있었다.

"시간이 지났습니다. 이제 그만 일어나세요"

아내의 목소리였다.

어제 자시(밤 11-새벽 1시)에 명상을 시작할 때 아내한테 아침 6시까지 기척이 없거든 깨우라고 일러두었던 터라 생각을 멈추고 눈을 떴다. 그리고 문 밖에 선 아내 손을 잡아끌어 가능한 한 화사한 표정으로 앞에 마주 앉게 하였다.

"내 말 새겨들어요. 우리 아이는 후세에 성인으로 다시 태어날 것이오."

"예? 무슨 말씀이세요? 후세라니요?"

강서영은 말뜻을 몰라 의아했다.

"으응… 그건 다음 생에서 그리 될 것이란 뜻이오."

한성민은 말할까 하다가 어찌 되었건 다음 생인 것만은 확실하므로 아리송하게 대답했다.

"어머, 그래요. 우리 아기 나중에 큰 인물 되겠네!"

강서영은 불룩이 솟은 배를 어루만지며 좋아하였다.

한성민은 아내가 딱했다. 나중에 성인으로 출현하기보다는 지금 보통 아이로 태어나 아내가 아이를 안을 수 있게 해주고 싶었다. 그러나 그것도 아내를 살리고 난 이후의 일이었다. 명상 중에 보았던 현상은 난산임에 분명하고, 그로 인해 아이와 아내가 함께 잘못 될 듯해서 아이 생각에 연연할 수만은 없었다. 나중에 병원에서 아이와 아내 중 생명 하나만을 선택해야 할 기로에 선다면 두말없이 아내를 택할 것이므로 아이에 대한 미련은 갖지 않기로 하였다.

음력 12월 초, 설을 앞두고 주성수와 선희의 결혼식이 있었다.

한성민은 그들의 결혼식 역시 자신처럼 간소하게 치를 생각이었으나 아내가 극구 반대해 호텔에서 성대하게 치렀다. 그리고 그들의 신혼집도 아내가 절반을 부담해 장만해 놓았다. 집을 살 때도 아내는 시누올케 사이에 이웃처럼 오고갈 수 있는 가까운 곳이어야 한다며 여러 곳을 찾아다니다가 마침 새로 지어 분양하는 빌라가 있어서 얼른 사두었었다.

그런데 호사다마라더니 주성수와 선희가 신혼살림을 차리고 꿈같이 행복한 날을 겨우 며칠 보낸 뒤였다.

불과 며칠 사이에 홍익진리회 사무실에 이상한 낌새가 포착돼 주성수는 마냥 행복에만 겨워할 수가 없었다.

수련원 강좌에 건장한 사내들이 열 명이 넘게 몰려와서 한꺼번에 등록했는데 아무리 봐도 공부할 사람들 같지가 않았다. 옷차림이야

말끔한 양복이었으나 유도선수들처럼 기골이 장대했다. 더욱이 어깨가 떡 벌어진 데다가 머리도 짧게 깎고 나이도 서른 살을 채 넘기지 않아서 가방끈과 어울릴 만한 구석이 손톱만큼도 없었다. 거기다가 끄덕대는 행동하며 삐딱한 말솜씨가 건달 부류여서 느낌이 영 좋지가 않았다. 그렇다고 등록비를 무료로 해달라고 떼거지를 쓰는 것도 아니어서 마음이 켕기어도 거절할 명분도 없었다.

"30대 전후 청년들이라?"

주성수로부터 보고를 받은 그는 불길한 예감이 들어 한숨을 내쉬며 말꼬리를 흐렸다. 만약 그들이 말썽을 일으킨다면 생각할 것 없이 강철호와 연관된 건달들일 것이라 짐작했다.

주성수도 같은 생각이었다.

한두 달 사이에 예전의 수련생들이 극구 만류했는데도 불구하고 자꾸만 찾아오고 있어서 좋지 않은 조짐을 느끼고 있던 참이었다.

"선생님, 어떡하지요? 밥그릇 빼앗긴 개가 주인을 문다더니… 아무래도 강 원장님 쪽 깡패들 같습니다. 강 원장님은 미국에 갔다던데 미리 지시한 게 틀림이 없는 것 같습니다. 나중에 무슨 사단이 나더라도 자기는 미국에 있어서 모르는 일이라고 잡아뗄 계산도 했겠지요."

"자네는 우리 법인의 사무총장으로서 직원들을 총괄하는 위치에 있다. 그러니 매사에 주의하게. 유능한 지휘자는 상대의 무모한 시비에 함부로 맞서서 싸우지 않는 법이다."

용병하는 데는 이런 말이 있다.

"내가 감히 (싸움을) 주도하지 않고 상대방을 위해준다."

그는 예의 가르침을 내리는 말로 대책을 내놓았다.

"하지만 시정의 잡배들이고 강 원장님 명령에 움직이는 자들인데 순순히 물러나겠습니까?

"그래도 가능한 한 대응하지 않는 게 좋다. 한 치 만큼 나아가지 않고 한 자 정도 물러선다. 이를 행동 없이 행동하는 것이라 하였다."

"포악한 자들이라서 그럴수록 깔보고 더 악착같이 덤비지 않을까요?"

"하지만 팔뚝 없이 걷어 부치고, 무기 없이 무기를 들고 나아감이 없이 나아가 화를 막는 것보다 큰 것이 없다는 말이 있다."

"……?"

"그리고 적은 수의 적이라도 가볍게 여기면 내 것을 다 잃으니 싸우려는 상대방을 (자세히 살펴보며) 가볍게 여기지 않는 자가 승리한다. 그러니 악착같이 덤빌수록 오히려 허리를 숙여주어라. 그래서 다투지 않으니 이것을 능력이 있는 덕이라 하고 가만히 앉아서 이기는 법이라 한다. 살피기만 하고 내버려 둬 보게."

"알겠습니다. 우리가 가만히 있으면 제풀에 지쳐서 포기할 것이란 말씀이시지요?"

"그렇다. 늘 그런 마음으로 만 가지 일에 대처하면 실수가 없을 걸세. 본래 생명이 없는 것이 강하지 않던가. 사람이 죽으면 굳어져서 강하고, 나무도 베이고 나서 단단해진다. 그러므로 강한 것은 죽음으로 가고, 부드럽게 처신하면 항상 이기고 오래 사는 법이다. 그리고 하늘의 도는 싸우지 않고 이기고, 말하지 않아도 복종시킨다."

"그렇기는 하지만…!"

주성수는 시대착오적인 그의 말이 가슴에 와 닿지 않았으나 금과 옥조 같은 가르침이라 생각하고 무언가 한 마디 하려다가 입을 꾹 다물었다.

"그래서 이런 말이 있다. 사람이 살아서는 부드럽고 약하지만 죽어서는 견고하고 딱딱해진다. 초목도 살아서는 부드럽고 무르지만 죽어서는 마르고 딱딱하다. 그러므로 굳세고 강한 자 죽음으로 가고, 부드럽고 약한 자가 살아남는다. 이런 까닭에 강하게 대처하면 하수下手고, 부드럽고 약하게 대처하는 것이 상수上手라 하였다."

한성민은 주성수가 이제는 남도 아닌 매제라 가르침으로 지시를 대신했다. 그러나 주성수는 그가 시대를 잘못 타고난 사람이라 생각하며 내심 한숨이 절로 나왔다. 짐승보다 더 치열한 먹이사슬로 얽히고 설킨 인간계에서 오직 숙이고 연약하라 하니 산중 농부가 아닌 다음에야 그런 마음으로 어떻게 이 세상에 살아남을 수 있을지 걱정스러웠다.

"세상 인심은 야박해서 강자만이 살아남는데 우리 선생님은 하늘의 도만 말씀하시니 걱정입니다."

한성민 앞에서 물러나온 주성수는 법인의 이사로서 업무를 보고 있는 아내 선희 방에 찾아가 답답한 심정을 토로했다.

"우리 오빠 그런 분인 줄 알잖아요. 당신이 재단일을 책임지다시

피 다 하고 있으니까 현실에 맞게 잘 하세요.”

“같은 생각입니다. 다행히 선생님께서 재단이 해야 할 큰 방향만 잡아주시고 사소한 행정일은 일체 관여를 안 하시니까 사실 일하기는 편합니다. 다들 나와 마찬가지에요. 창의적으로 일을 찾아서 자율적으로 일하니까 할 일이 많아서 밤을 새도 신명나게 일해요. 그래서 우리 법인이 굉장히 발전하고 있고…!”

“그러실 거예요. 우리 오빠 아시는 게 있어야지요.”

“그래서 그런 게 아닙니다. 당신은 몰라서 그렇지 작은 일에 관여하지 않는 선생님이 오히려 더 무서운 분이지요. 보통 사람들은 모를수록 더 의심하고 따지고 사사건건 사람을 피곤하게 하는데 선생님은 무조건 믿고 맡기시고 알아서들 하라 하시는데, 사실 듣는 사람 입장에서는 더 책임감을 무겁게 여깁니다. 다들 봐요. 얼마나 열심히 일하는지… 그러고 보면 우리 선생님이 고단수가 아닐까요!”

주성수가 말끝에 고단수라 하고는 크게 웃었다.

세속적 느낌을 주는 말이어서 선희도 따라 웃었다.

그러나 주성수의 뜻은 그런 것이 아니었다. 언젠가 그가 말하기를, 알면서 모른다 하는 것이 최상이고, 모르면서 아는 체, 혹은 많이 안다 하는 것은 병이라 하였다.

그리고 사람이 자꾸만 다그치고 위협하면 나중에 오기로 반항하거나 만성이 돼서 두려워하지 않으며, 오기를 부리고 두려워하지 않으면 반기를 든다. 그러기에 사람을 속박하고 압박하지 않으면 상관을 미워하지 않으니, 알면서도 드러내지 않아야 한다.

뿐만 아니라 사랑하면서도 사랑을 귀한 체해서 소유하여 마음대로 하려해서는 안 된다 하였다. 따라서 그가 계략에 의한 고단수가 아니라 하늘의 도를 따르는 무위無爲의 고단수인 것이다.

정월 초 야밤에 폭설이 쏟아졌다.

초이튿날 아침에 소복이 쌓인 은백색 눈꽃 누리가 천상의 꽃을 장식한 듯 신비로웠다. 그러나 오관의 느낌일 뿐 며칠 지나지 않아서 앙상한 나목裸木은 추위를 못 이겨 윙윙 울어대고, 거리의 시궁창은 썩은 모습을 드러낼 테니 허망한 아름다움인 것을!

정초의 조용한 거리도 먹이를 나르는 개미떼처럼 분주히 오가는 사람들의 발길에 채이고, 온갖 삶의 아우성에 묻히고 말테지만, 하늘은 인간의 아우성을 수증기처럼 머금었다가 되돌려 재앙으로 덮어 누르는 법, 도를 벗어난 아우성의 허망함을 사람들은 왜 모르고 스스로 재앙을 만들어서 입어야 하는지!

한성민은 창가에 서서 그런 생각에 젖어 차라리 하늘이 무위하지 않았으면 하는 생각도 들었다. 그러나 위함으로 일관했다면 천하 만물은 하늘의 간섭에 제 할 바를 못하고 그 삶이 자유를 속박당한 노예와 같을 테니 마땅히 무위해야만 했다.

그러나 무위의 위로 천하를 다스리는 한 분이 있어 지금까지는 그리 했지만 마냥 무위로 일관하지만은 않을 터, 이제 때가 무르익어 여기저기 조짐이 나타나고 있으니 머잖아 폭풍처럼 밀어 닥칠 재앙의 참혹함을 어찌 말로 다할 수 있으랴!

그러나 한편으로는 안도의 한숨도 나왔다.

재앙은 티끌을 모조리 집어삼키는 성난 파도처럼 악을 쓸어가고, 하늘의 참도는 착한 이들의 머리 위에 무지개처럼 내릴 것이므로 이에 새 시대라, 그때 창창한 기쁨을 맞이하면 그만인 것을…! 그렇지만 무엇이건 기울기 직전에 가득 차는 법이라 그 안에 악이 얼마나 발광할지 가슴 한 자락이 암울했다.

"여보, 식사하세요."

언제 들어도 고운 아내의 목소리였다. 돌아보니 오늘따라 아내의 배가 유달리 불룩이 솟아 힘들어 보였다.

"당신 힘들어 보이군!"

"힘들긴요, 요즘 애가 발길질도 하고 우스워 죽겠어요!"

"발길질?"

"네, 발길질을 막 해요. 빨리 세상에 나오고 싶은가 봐요."

"흐음…!"

속으로 신음을 토한 그는 가슴이 미어지게 아팠다.

명상 중에 보았던 그 현상들이 착각이요, 삼매의 방해꾼일 수도 있다는 생각도 들었다. 그리고 후세의 성인이기보다 차라리 정상아가 아닐지언정 지금 태어나 아내 품에 안겼으면 하는 마음도 없지가 않아서 비록 후세를 기약하고 포기했던 실망의 불씨를 다시 지피고 싶은 열망이 부지불식간에 일어났다.

"당신 안색이 안 좋으세요. 갑자기 어디가 아프세요?"

"아, 아니오! 그만 내려갑시다. 어른들께서 기다리시겠소."

얼버무린 그는 속내를 보일새라 아내를 가만히 부축해 서둘러 아래층으로 내려갔다.

식탁엔 장인 장모 두 내외가 우두커니 앉아 아직 수저를 들지 않고 있었다. 말없이 멀거니 쳐다보는 모습도 어딘지 허전해 보였다.

"원, 드는 거는 몰라도 나는 거는 표시가 난다더니, 사돈처녀 시집가고 나니 집이 빈 것 같다니까!"

아니나 다를까?

장모가 넋두리처럼 말했다.

"엄마도 그러세요? 저는 가슴이 텅 빈 것 같아요. 우리 아가씨, 이런 내 마음 알까."

"바로 코앞에 살고 있는데, 허허 참! 이제는 한식구나 다름없는데 체면 차리지 말고 사돈집에 자주 왔다 갔다 하구려! 친정어머니처럼 말이오. 사돈도 자주 오라하고 많이 좋아할 게요."

"엄마, 우리 아가씨 많이 힘들었어요. 신혼여행 갔다 오랴, 시집에 가서 며칠 지내랴, 그리고 집안 정리하랴 눈코 뜰 새가 없었어요. 또 며칠 명절 쇠러 시집에 다녀왔지. 어제 밤늦게 왔다니까 이따가 이리로 올 거예요. 하여간 우리 아가씨 그런 고생 처음 해볼걸요."

"자네 많이 섭섭하지?"

장모가 위로했다. 사위가 묵묵히 식사만 하고 있어서 동생을 시집보낸 서운함에 그런 줄 알고 부모 마음은 다 그렇다 하였다.

"왜 안 그렇겠소. 어릴 때부터 오누이가 서로 의지하고 살았는데.

한 서방이 딸 시집보낸 부모 마음이나 진배가 없겠지."

장인이 사위 마음을 헤아리고 거들었다.

그러나 그는 두 어른의 생각과는 달랐다. 선희가 꽉 차고도 넘은 나이에 시집간 만큼 그저 기쁘고 대견할 뿐이었다. 그리고 맘속에는 아내와 아이 생각뿐이어서 다른 것을 염두에 둘 여유도 없었다.

진작 예견한 일이기는 하지만 정초부터 자꾸만 불길한 사태가 벌어질 것 같은 예감이 들어서 아내와 아이 생각에만 매여 있을 수도 없었다. 그래서 주성수가 이날 점심 때 제 처 선희를 데리고 세배차 찾아왔기에 생각 끝에 그런 조짐을 전하며 주의를 당부했다. 주성수는 새로 등록한 열 명이 넘는 깡패들이 드디어 본색을 드러낸 사실을 연초라서 숨기고 있었는데 그가 먼저 그 말을 꺼내자 내심 크게 놀랐다. 녀석들이 수강생들 사이사이에 끼어 앉아서 수업을 방해하기 시작했는데 아무래도 연초부터 그 정도가 심할 것 같아서 걱정하고 있던 차에 들은 말이라 각오를 단단히 하였다.

"여태 말씀은 안 드렸지만 지난 연말부터 우려했던 대로였습니다. 사범들한테도 말꼬투리를 잡아 시비를 거는 데다 수강생들은 아예 공부를 못하게 떠들어대고 심지어는 쳐다본다며 욕설까지 퍼부었습니다."

"그렇게 심해?"

"심할 정도가 아닙니다. 신년부터는 더할 것 같습니다."

"강 원장은 미국에 갔다지?"

"예, 지난달에 미국 LA에 갔답니다. 거기에 지부를 낸다는 말을 들었습니다.”

“미국 교포사회까지? 미국 가기 전에 계획적으로 일을 꾸며놓은 게로군!”

“예, 다들 그렇게 생각하고 있습니다. 사실 우리한테 오겠다는 수련생들 중에서 전에 좀 친하게 지낸 몇몇 사람을 당분간 그곳에 있으라고 설득해두었습니다. 그들의 말에 의하면 강 원장 경호대장은 김강태라는 사람이고, 모든 지시는 소진수 사범이 최 원장을 대신해서 내린다더군요.”

“소진수까지?”

“예, 그 사람은 강 원장의 수족과 같습니다. 옳고 그름을 따지지 않고 강 원장의 명령이면 무조건 복종하는 사람입니다.”

“알았다. 지켜보기로 하지!”

“선생님께서는 나서지 마십시오. 저희들이 의논해 둔 바가 있습니다. 정 못 되게 굴면 경찰의 도움을 받아야 하겠지요.”

“시끄럽게 그럴 것 없다. 경찰을 부른다 해도 특별한 죄가 있는 것도 아니라서 금방 풀려날 테고, 나와서는 또 그러겠지. 그러니까 그냥 내버려 두어라!”

“하지만?”

“내 말대로 하는 게 좋겠다. 다투지 않아도 이기고, 말하지 않아도 순종하게 하는 것이 도의 힘이라 하지 않았나. 어려운 때가 오면 내가 알아서 할 테니까 걱정하지 말고 업무에만 열중하게!”

한성민은 무슨 생각이 있는지 대수롭지 않은 표정이었다.

발등에 불이 떨어진 것이나 마찬가진데 한가하게 도를 말하는 그를 주성수는 이해하기 어려웠다. 내일 당장 죽음이 임박했는데도 신을 믿고 아무런 조치를 취하지 않는 어느 종교의 광신도처럼 그는 너무 도의 환상에 빠져 현실을 직시하지 못한다는 생각도 들었다. 물론 그의 가르침대로라면 천하에 두려울 것이 없겠으나 법보다 앞선 주먹 앞에서 한가하게 도를 논할 수는 없는 일이었다.

하지만 주신수는 자신의 생각과 걱정이 얼마나 어리석었는지 깨닫는 데 단 며칠이 지나지 않았다. 그것은 실로 하늘이 놀라고 땅이 흔들릴 만한 충격이었다. 눈으로 뻔히 보았으면서도 믿기지 않아서 한동안 정신을 놓아야만 했다.

천하에 눈과 귀를 씻고 찾아봐도 현실에서는 보지도 듣지도 못한 신화 속의 이야기 같은 그의 비상한 도력을 실감하고 꿈인지 생신지 살을 꼬집어도 보았다.

그 사실을 연휴를 보내고 난 이튿날 확인했다.

수련과 의술 등 정규과목 외에 외부 초빙강사가 명리학을 무료로 특강하는 날이었다. 이날은 수강생 외에도 일반인들까지 강의를 들을 수 있도록 개방했으므로 늘 자리가 모자랄 정도였다. 그런데 이때를 노린 녀석들이 작심하고 제일 먼저 와서 강의실 앞과 가운데 그리고 뒷자리 요소요소를 점거하고 있었다.

그 소식을 들은 주성수는 여러 직원들을 데리고 만약의 사태에 대비해 맨 뒤에 서서 그들의 동태를 살폈다. 직원들은 여차하면 그들과 멱살잡이를 할 각오였다. 그리고 급히 경찰에 연락해서 업무방해죄로 그들을 연행해 가게 할 계획이어서 긴장의 끈을 늦추지 않고 있었다.

　과연 아닌 게 아니라 예상대로였다.
　직원들의 낌새를 알고도 녀석들은 마치 서부극의 카우보이들처럼 의자에 앉은 채 두 다리를 책상 위에 올려놓고는 담배를 뻑뻑 빨아대며 강의실을 연기로 가득 메웠다. 녀석들의 생김새나 하는 꼴을 봐서 건달패거리들이라 짐작한 사람들은 누구 하나 그들의 비위를 건드리고 싶지 않아서 눈치만 슬슬 살폈다. 주성수 등 사범들도 난동을 부릴 빌미를 주지 않기 위해 가만히 있었다.
　그러나 역시 기우였다.
　녀석들은 사전에 계획을 세웠는지 강사가 강단에 서자마자 맨 앞줄에 앉았던 한 녀석이 질문이 있다며 담배를 삐딱이 문 채 벌떡 일어섰다.
　"선생님, 질문이 있습니다. 그 팔자라는 거 되게 궁금한데 어렵게 공부할 것 없이 나 팔자나 좀 봐주쇼! 씨발! 사는 게 좆 같아서 말이오. 언제 팔자가 피는지 좀 압시다!"
　"허, 그 참, 젊은이! 그런 거는 나중에 개인적으로 나를 찾아와서 물어야지요. 오늘은 강의하는 날이니까 개인의 신상은 말해줄 수가 없소!"
　어떤 녀석인지 직감한 나이가 지긋한 강사가 그래도 겁내지 않고 차분한 어조로 거절했다.
　하지만 아니나 다를까?
　그 말이 나오기를 기다리고 있던 녀석이 즉각 욕설로 시비를 걸었다.

"씨팔! 팔자 좀 봐달라는데 뭔 말이 그리 많소? 좆도 모르니까 꼬리를 빼는 거지!"

하고 말하더니 뒤돌아 보고는, "안 그렇소? 여러분!"

하고 험상궂게 눈을 부릅떠서 위협적으로 소리쳤다.

그러자 여기저기 앉은 녀석들이 한꺼번에 옳소! 옳소! 하고 응답했다.

그리고 저마다 욕설을 입에 담았다.

팔자보는 거 강의하는 사람이 팔자도 못 봐주니 사기꾼이라는 둥, 돈이 아깝다는 둥, 별의별 소리를 다 해댔다.

그 뿐이 아니었다.

한 녀석이 책상 위에 성큼 올라서더니 자기 팔자도 좀 봐달라 하고는 만약 틀리면 그냥 있지 않겠다며 위협했다. 그 말에 당황한 강사는 극도의 모멸감에 할 말을 잃고 얼굴만 벌겋게 달아올라서 녀석들을 멍하니 쳐다만 보았다.

"여보세요! 당신들 뭐예요? 깡패세요? 여기는 공부하는 곳이에요! 당신들 같은 사람은 자격이 없으니까 빨리 나가세요! 아님 경찰을 부를 거예요!"

그때 보다 못한 진경숙이 말릴 새도 없이 재빨리 강단 앞으로 달려 나가 녀석들을 손가락질하며 악을 쓰고 소리쳤다.

"씨팔! 저건 또 뭐야? 아이고 무서워라. 쥐꼬리만한 계집애가 되게 무섭네!"

책상 위에 선 녀석이 욕설부터 퍼붓고는 가소로워 죽겠다는 듯 깔깔대고 웃었다.

그러자 녀석들이 한꺼번에 박장대소했다.

이에 질 새라 진경숙이 얼굴이 벌겋게 달아올라 맞욕으로 맞섰다.

"뭐야, 이 새끼들!"

놀라운 용기였다.

그 많은 남자들도 지레 겁부터 먹고 한 마디 대꾸도 못하는데 여자인 진경숙이 당당하게 맞대응하자 모두들 놀랐다. 그리고 사내로서 부끄러웠던지 슬금슬금 용기를 내기 시작한 직원들도 하나둘 앞으로 나섰다.

"당신들 지금 당장 나가지 않으면 경찰을 부르겠소! 어서 나가시오!"

맨 먼저 박희경이 언성을 높였다.

"뭐 경찰? 씨발, 경찰 좋아하네! 불러봐! 당신 지금 경찰 안 부르면 죽을 줄 알아! 알았어? 좆같은 새끼가 경찰이면 단줄 아나본데 어디 맛 좀 봐!"

중간에 서있던 한 녀석이 냉소를 짓더니 박희경을 물고라도 낼 듯 책상을 타고 달려왔다. 기겁을 한 직원들이 다급히 하나로 뭉쳐 녀석의 공격에 대항할 자세를 취했다.

그때였다.

어쩐 일인지 달려들던 녀석이 책상 두 개를 뛰어넘을 찰나 발을 헛디디지도 않았는데 아래로 고꾸라져 벌렁 나자빠지고 말았다.

모두들 의아하고 놀라운 눈을 휘둥그레 뜨고 입만 쩍 벌렸다.

그리고 고소해 하는데 언제 들어왔는지 한성민이 강의실 문 앞에 서 있었다. 그의 얼굴엔 놀람도 긴장감도 없었고 감정이나 분노의 빛도 없었다. 평상시와 다름없는 평온한 모습 그대로였다. 하지만 느닷없이 나타난 그를 본 사람들은 이유도 없이 숨을 죽였다. 녀석들도 한순간 어찌된 영문인지 몰라 어리둥절해서 입을 다물고 멍하니 그를 바라보았다.

"선생님께서는 강의를 계속하시지요."

하고 조용히 말한 그는 직원들은 각자 자기 자리로 돌아가 업무를 보라 하였다.

"하지만 선생님, 저 새끼들이"

진경숙이 말꼬리를 흐렸다.

진경숙은 처음엔 어리둥절했으나 넘어 자빠진 녀석이 실수로 다리를 헛짚었을 것이라 추측했다. 그래서 쌤통이다 하고 고소한 맛을 즐기고 있었다. 그런데 녀석이 엉금엉금 기어 일어나고 있는 데다가 한순간 주춤했던 다른 녀석들이 또 여기저기서 쌍소리를 해대며 수작을 벌이기 시작해서 녀석들을 핑계대고 그냥 서 있었다.

다른 직원들도 같은 생각이었다.

한 녀석이 자빠졌으니 더 심하게 난동을 부릴 게 틀림이 없어서 굳건하게 버티고 서 있었다. 생각 같아서는 바로 경찰을 부르고 싶었으나 그가 부질없다며 그러지 말라고 주성수를 통해 지시한 말이 생각나서 참았다. 그리고 또 일어날 사태를 주시하며 누가 뭐랄 것도 없이 너도 나도 휴대폰을 꼭 쥐고 긴장의 끈을 늦추지 않았다.

"젊은이들, 제 자리에 앉기 바라네! 배우려 왔으면 강의를 들어야지. 연로한 어른 앞에서 이렇게 무례해서야 되겠는가! 정히 팔자를 보고 싶다면 수업 끝나고 개인적으로 물어들 보아야지. 자네들이 이러면 다른 사람들이 공부를 못하지 않는가!"

설득을 겸한 점잖은 나무람이었다.

녀석들은 소진수로부터 그에 대해 익히 들었던 터라 나무람을 잠자코 들어 주기는 하였다. 하지만 녀석들이 보기에 작고 왜소한 몸매에 그저 그렇고 그런 옷차림을 한 그가 가소로웠던지 듣는 자세부터가 삐딱했다.

자빠졌다 일어난 녀석은 아이고 허리야! 하고 엄살을 부리는데, 다른 녀석들은 한쪽 다리를 책상 위에 척 하니 걸쳐놓고 빙글빙글 냉소를 짓기도 하고, 어떤 녀석은 근육통을 자랑하듯 가슴을 쓱쓱 내밀었다. 그들 중에 한 녀석은 싸움준비나 하려는 듯 잔뜩 힘이 들어간 고개를 좌우로 휘휘 내젖고는 열손가락을 번갈아 꺾어서 으드득 으드득 관절소리를 내며 위협을 보이더니 대뜸 소리쳤다.

"아저씨가 여기 이사장이요?"
"이사장은 아니고 그냥 책임자일세."
"그럼 당신은 필요 없으니까, 이사장 나오라 하쇼! 씨발, 무슨 법인이라 해서 대단한 줄 알고 비싼 학원비 냈는데 좆도 배울 게 없잖아. 순 사기꾼 새끼!"

녀석이 삿대질을 해대며 말하더니 책상 위에 성큼 올라섰다.

그리고 옆구리에 양손을 턱 하니 걸치더니 사람들을 빙 둘러보며

172· 도래천 가는 길 ‹3›

그럴 듯하게 간판 내걸고 사기치는 곳이니까 박살을 내고 학원비도로 받아가자며 선동했다.

그러자 녀석들이 이구동성으로 옳소! 옳소! 하고 맞장구를 쳤다.

그때였다.

녀석이 또 다른 말을 하려고 주먹을 불끈 쥐어 허공을 가르는 순간이었다. 그의 눈길이 녀석을 향해 번쩍였다.

그리고 찰나 간이었다.

녀석은 굳어버린 석고상처럼 뻣뻣한 자세로 두 다리를 쩍 벌리고 있다가 휘청하더니 그 육중한 몸이 짚단처럼 쓰러져 바닥으로 나가 떨어지고 말았다.

뒤이어 녀석들 모두가 마치 약속이나 한 것처럼 하체가 마비돼 한꺼번에 풀썩풀썩 제자리에 주저앉기 시작했다. 그리고 아연실색해서 악을 쓰고 일어나려 했으나 마취총을 맞은 짐승처럼 맥없이 사지를 허우적일 뿐이었다.

여러 사람들이 지켜보고 있었다.

녀석들이 나자빠지는 모양에 쾌재를 부르다가 번개처럼 스치는 느낌이 있어 재빨리 그의 눈을 향했다. 그리고 일제히 쏠린 시선 하나하나가 무엇에 홀린 듯 경악했다. 숨은 멎었는데 가슴은 뛰고 다리가 후들후들 떨리는 격동이 전신을 휩싸고 흘러 열린 입이 다물어지지 않았다.

그러나 그는 표정에 변화의 기미조차 없는 온화한 모습 그대로였다.

그리고 조용히 말했다.

"젊은이들, 나의 말을 이해해 주어서 고맙네. 다들 열심히 배우기 바란다. 그럼 선생님께서는 강의를 계속하시지요."

"예? 예!"

얼어붙어 뻣뻣한 꼬챙이처럼 꼼짝없이 강단에 서 있던 강사가 꿈에서 깨어난 듯 엉겁결에 대답했다.

"그럼 저는 이만 물러가겠습니다. 직원들도 각자 제 자리로 돌아가서 업무를 계속하게. 별일 없을 테니!"

하고 말한 그는 아무 일 없었다는 듯 태연히 밖으로 나갔다.

강사는 수업을 시작하려 했으나 모두들 오늘은 그만두자 하였다.

아직 그들은 경이의 격정이 가슴에 남아 일렁이고 있어서 강의가 귀에 들어올 것 같지도 않았다. 넘어진 녀석들은 공포에 질린 눈만 멀뚱멀뚱 껌뻑이다가 한 5분 지나서 마비가 풀어졌는지 맥없이 기어 일어났다. 그리고 누가 뭐랄 것도 없이 슬금슬금 강의실을 빠져 나갔다.

주성수를 비롯해 지금 천하에 믿을 수 없는 사실을 목격하고 강의실에서 돌아온 직원들은 일손이 잡히질 않아서 모두들 소파에 빙 둘러 앉았다.

한성민은 항상 부리지도 않고 말하지 않아도 순종하게 하는 도의 힘을 말했었다. 그런 능력과 의중을 모르고 그를 한심하게 생각했던 주성수는 격동이 가시질 않아서 말문을 열지 못하였다. 하기는 다른 직원들도 그러기는 마찬가지였다.

그들 중에 제 생각을 참지 못하는 진경숙이 먼저 토로해 닫힌 입들을 열게 하였다.

"나는 선생님의 도력이 그 정도인 줄은 꿈에도 생각하지 못했어! 그냥 치열한 수행으로 도의 이치를 꿰뚫고 계시는 줄만 알았지!"

"이제 생각나네! 전에 왜 강의 중에 이런 말씀을 하셨잖아. 마음의 힘은 하늘을 움직이고 집채보다 큰 바위도 들어 옮길 수 있다고! 그것을 다라니Tarani라 하셨어. 즉 하고자 하는 마음을 일심一心으로 집중하면 불가능은 없다는 뜻 말이야! 정말 실감나네!"

박희경이 그제야 그의 강의를 떠올렸다.

그때는 다라니의 진실을 긴가민가했었다. 일심一心에 이른다는 것이 명상을 해보아서 알지만 사실 하늘의 별을 땄으면 땄지 못할 일이었다. 물론 찰나 간의 집중은 가끔 경험은 했으나 시간을 따져보면 불과 1, 2초에 지나지 않았다.

그럼에도 그 순간만은 광명한 불빛을 본다든지 생각지도 않은 세계를 목격할 수는 있었다. 그러나 그 정도 집중이 현실에서 무한한 능력으로 나타날 줄은 상상도 못했다.

"선생님의 도력이 그 정도일 줄은! 나는 죽을 때까지 수련해도 자신 없어! 이봐, 배 변호사, 넌 자신 있어? 사건 다루느라 복잡한 네 정신으로는 아마 죽었다 깨어나도 안 될걸."

김민수가 기자답게 잡지에 사실을 어떻게 실을지 머리를 굴리다가 대학동창인 배영기를 돌아보고 장난스럽게 묻고는 빈정거렸다.

"백 번 죽어도 자신 없어! 그런 너는? 나야 백 번만 죽었다 깨어나면 선생님같이 될 수 있지만 너는 아마 천만 번 죽었다 깨어나도 안될 걸. 왜 그런지 알아? 언제나 특종감만 생각하고 살잖아. 나보다 더 머릿속이 복잡하니까 꿈도 꾸지 마!"

배영기가 되받아 말하고는 낄낄댔다.

"솔직히 나는 선생님이 그만한 도력을 지녔을 것이란 느낌을 받고 있었어. 어쩌면 오늘 우리가 봤던 선생님의 도력은 아주 작은 한 부분에 지나지 않을 수도 있어. 오늘 하신 능력을 보고 깨달았어! 우리가 상상할 수 없는 더 큰 능력을 분명히 가지고 계실 거야."

김민수가 웃지 않고 제 생각을 피력했다.

"어떻게?"

진경숙이 즉시 경이의 눈동자로 다잡아 물었다.

"내가 수행자를 찾아서 취재하러 많아 다녔거든! 티베트에 갔을 땐데 마음으로 십리 밖에 있는 사람을 불러올리는 한 승려를 본 적이 있어. 그리고 물 위에 드러누워 있는 사람도 직접 목격했고."

"나도 물 위에 드러누운 사람 TV로 봤어. 그게 사실이에요?"

진경숙이 급히 또 물었다.

"사실이야! 눈으로 직접 보지는 않았지만 티베트에서 들은 말이 있어. 주문을 외워서 사람을 불러온 그 승려한테 들은 말인데, 내가 물 위를 걸을 수 있느냐고 물었더니, 자기는 할 수 없고, 꼭 알고 싶으면 편지 한 장을 써줄 테니까 중국 복건성으로 가서 한 티베트 고승을 만나보라고 했어. 그 고승은 자기 스승인데 마음대로 물 위를 걷는다고 했어!"

"정말?"

진경숙이 경이의 눈빛을 빛내며 반문했다.

"그럼! 그리고 이야기 하나를 해주었어. 어느 날 스승과 복건성에 있는 굉장히 큰 호수 가를 지날 때였다더군! 아무도 없는 한적한 산길이었는데 스승이 갑자기 호수 건너편에서 만나자 하고는 물 위를 평지나 다름없이 저벅저벅 걸어가더라는 것이었어. 그래서 놀라서 스승한테 물어보았대. 어떻게 하면 물 위를 걸을 수 있는 신통력을 발휘할 수 있느냐고?"

"그랬더니?"

이번에는 배영기가 휘둥그레진 눈으로 다잡아 물었다.

"응, 그랬더니 선생님 말씀처럼 일심—心이란 말 한 마디만 했댔어. 그리고 일심에 이르는 마지막 장애는 공포심이니까 공포심을 버리라 하더라는 거야. 선생님도 늘 그리 말씀하셨어. 그런 걸로 봐서는 선생님도 공포심이 없는 일심에 들 수 있는 능력이 있다고 봐. 그러니까 우리 선생님도 그 승려에 버금가는 능력이 있다는 생각이 들어! 지금까지 쌓아 오신 수행경력만 봐도 알 수 있지만 우리도 왜 느끼잖아. 평소에 이유 없이 범접할 수 없는 기감氣感 말이야! 지금 생각해 보니까 그런 굉장한 도력을 은연중에 풍기는 것이었어!"

김민수는 확신에 차 있었다.

사실 예전에 근무하던 신문사에서 특집을 기획하고 기사 거리를 찾아 국내외 여러 곳에 은둔하고 있는 기인들을 샅샅이 취재한 적이 있었다. 심지어는 수준이 낮은 귀신 들린 무당이나 수준 높은 천신天神과 교통한다는 신녀神女들도 만나보았다.

그런데 소문이 자자한 기인이나 무당들일수록 별 볼일 없는 능력의 소유자들이었다. 대개 자신을 잘 위장해서 신비한 모습과 행동을 보이는 사도邪道에 능통한 자들이었다.

그들은 신을 자유자재로 부리는 것처럼 이상한 언행을 하기도 하고, 쥐꼬리만한 능력을 침소봉대해서 그럴 듯하게 허풍을 떠는 것이 특징인데, 한 마디로 돈을 벌기 위한 수단에 지나지 않았다.

그런데 심리적으로 불안한 상태에서 자기 주관을 상실한 사람일수록 현혹되기가 쉬워서 맹신한 그들에 의해 소문이 나기 마련이었다. 그러나 정말 높은 신과 교통하거나 신통력이 있는 탁월한 인물은 은둔해서 좀처럼 세속에 모습을 드러내지 않는 특징이 있었다. 그리고 자기 능력을 드러내려 하지도 않았으며, 먹을거리가 있고 입을 옷이 있으며 잠잘 공간이 있는 것만으로 만족하는 사람들이었다.

그래서 자세히 관찰해 보지 않으면 영락없이 무지하고 형편없는 사람들로 보였다. 그 때문에 오관五官으로 사람을 저울질하는 세간의 이목에서 그들은 멀어질 수밖에 없었던 것이다. 그런 면에서 그는 그들 진정한 기인들과 흡사했다. 비록 은둔에서 털고 일어나 세속에 나와 있기는 하지만 개인의 부귀영달을 위한 것이 아니었다.

불교적으로 말하자면 보살심의 실행이자 민족의 미래를 위한 자기 희생의 길을 선택한 것이었다. 그런데 만약 그가 사도를 행하는 자들처럼 자신을 내세우되 그들보다 조금이라 높은 상승의 도력을 보인다면 사람들을 구름같이 모이게 하는 것은 시간문제였다.

그리만 하면 품은 뜻을 보다 쉽게 이룰 수 있을 텐데, 그럼에도 그는 그런 기색을 전혀 나타내 보이지 않았다. 모르기는 해도 그는 은둔한 대단한 능력의 소유자보다 월등히 뛰어난 도력이 있음이 분명했다. 오늘 그가 마지못해 내보인 마음의 힘만 봐도 짐작하고도 남을 일이이었다.

그래서 김민수는 단정했다.

그 정도는 큰 독에서 표주박으로 겨우 물 한 바가지 퍼낸 것에 지나지 않았던 것이라고!

김민수 등이 한성민의 도력을 이야기하고 있던 그 즈음이었다.

강철호의 수련원에서는 소진수를 중심으로 심상찮은 논의를 하고 있었다.

홍익진리회 법인의 활동을 훼방 놓으라고 소진수가 보낸 녀석들이 혼비백산해 돌아와서는 한동안 어이가 없어서 얼른 말문을 열지 못했다. 힘 한 번 못 써보고 나자빠진 것이 도무지 믿을 수가 없었다. 녀석들 생각에 그것이 그의 도력에 의한 것이라 인정하기에는 세상에 있을 수 없는 일이고, 아니라고 하자니 실제 당해 보았기 때문에 부정할 수도 없었다.

"진수 형님, 실패해서 죄송합니다. 그런데 말입니다. 정말 기가 막힙니다. 믿어야 될지 안 믿어야 될지 모르겠어요. 하여간 그 조그마한 양반이 우리를 한 번 쳐다만 봤는데 글쎄 갑자기 다리에 힘이 쫙 빠지지 뭡니까? 그리고 사지가 굳어서 옴짝달싹도 못하겠더라고요!"

한 녀석이 고개를 푹 수그리고 일을 잘 처리하지 못한 변명을 어떻게 해야 할지 망설이다가 겨우 입을 열었다. 듣고 있던 녀석들의 두목급인 김강태가 버럭 화를 냈다.

"뭐야 이 새끼! 그것도 말이라고 해! 깨끗이 잘못했다 할 것이지 되지도 않는 변명을 하고 있어! 너 죽을래. 지금이 호랑이 담배 먹던 시절인 줄 알아. 그 말을 누가 믿어, 응! 배꼽 잡고 죽을 일이라도 있어?"

"야, 김강태! 넌 가만 좀 있어! 애들 말을 들어봐야지."

소진수가 꾸짖었다. 그리고 녀석들을 빤히 쳐다보며 놀람의 눈동자를 휘둥그레 굴렸다.

"형님! 들어보나 마나 아닙니까? 이 새끼들 변명을 해도 분수가 있지요. 황당하잖아요?"

"너나 황당하지, 무식하면 가만 좀 있어! 그래 얘기해 봐. 그분이 어쨌다고?"

김강태를 핀잔한 소진수가 녀석들에게 다시 다잡아 물었다.

"예, 말씀드릴 게요. 우리가 막 강사를 끌어내리려고 할 때였어요. 그런데 그 양반이 문을 열고 들어오지 뭡니까? 그래서 내친 김에 그 양반까지 망신을 주려고 시비를 걸었는데, 글쎄 말입니다. 얘가 책상 위에서 나가떨어지잖아요. 그리고 우리도 한꺼번에 주저앉아 버리고요! 누가 그런 것도 아니고… 누가 그랬다면 우리가 가만 뒀겠어요. 그냥 그 양반이 우리를 한 번 쳐다봤을 뿐예요! 지금도 영문을 모르겠어요. 왜 그랬는지…?"

"알았다. 너희들 다음에 또 가거든 그 양반이 있으면 절대로 소란 피우지 말고 조용히 있다가 나와. 알았어? 그 양반 화내면 너희들 병신 될 수 있어!"

소진수가 심각한 표정으로 녀석들에게 경고했다.

"아니 형님! 얘들 말을 믿습니까?"

김강태가 어의가 없다는 듯 한심한 표정을 지었다.

"야! 너는 내가 바보로 보이니? 자식아, 우리 대선사님도 그분만은 무서워 해. 그러니까 혹시 그분 만나면 무조건 조심해. 알았어?"

"대선사님도요?"

김강태가 놀라 나자빠질 듯 눈이 휘둥그레졌다. 무술 실력으로 치면 하늘같이 떠받드는 강철호도 두려워한다니 그저 놀라울 따름이었다.

"됐으니까 강태만 남고 니들은 밖에 나가 있어. 나가서 고기 좀 먹어. 수고했으니까."

소진수가 심각하게 명령했다.

어느 정도 예상은 했으나 그의 능력이 그 정도인 줄은 몰랐다. 아무래도 일을 훼방 놓으려 했던 계획은 취소해야 될 것 같았다. 생각 끝에 우선 강철호에게 보고부터 하고 다음 계획을 준비할 생각으로 수화기를 들었다.

"그랬어?"

소진수로부터 녀석들이 혼이 난 자초지종을 들은 강철호는 충격에 어안이 벙벙했던지 한동안 말을 잊고 있다가 힘없이 반문했다.

"예, 귀국하시면 자세히 말씀드리겠습니다. 그래서 말입니다. 2차 계획을 곧바로 시도했으면 합니다."

"계집애들은 구했어?"

"예, 강태가 충분히 설득해서 준비해 놨습니다. 강태가 옆에 있는데 바꿔드릴까요?"

"됐어! 이번에는 차질없이 잘 해봐. 강태한테는 실수하지 않도록 주의를 잘 주고. 그리고 만에 하나 내 이름이 나오면 그때는 각오하라고 해!"

강철호가 잘라서 명령하고 전화를 끊었다.

머쓱해진 소진수는 무어라 말을 듣는 것처럼 잠깐 휴대폰을 들고 있다가 내려 놓았다.

그리고 잠시 생각을 가다듬고는 김강태를 쏘아보았다.

"야, 김강태! 대선사님 좀 화나셨어. 이번에도 잘못하면 각오하라고 하셨어. 특히 선사님 이름이 거론됐다가는 초상날 각오해야 해! 알잖아, 선사님 성질!"

"형님! 염려 놓으십시오. 이번에는 실수가 없을 테니까! 그리고 감히 대선사님을 누가 거론하겠습니까? 다른 건 몰라도 그 점만은 염려 붙들어 매도 좋습니다."

"하여간 잘 해. 계집애들은 어디에 있어?"

"가까운 데 대기시켜 놓았으니까 지금이라도 부르면 금방 올 겁니다."

"교육은 잘 시켰겠지?"

"물론입니다. 그년들 돈이면 지옥이라도 갈 년들이니까 듬뿍 집어주면 잘 해낼 겁니다. 몇 개월 감옥에 간다 해도 입도 뻥끗 안 할 거고요."

"만약 대선사님 이름이 거론되면 너 목숨 바칠 각오해. 알았어?"

"목숨이요? 형님, 벌써부터 대선사님께 바칠 각오가 돼있었습니다."

"좋아! 대선사님 귀국하시기 전에 일을 깨끗이 해치워야 해! 그래야 선사님이 의심을 받지 않지. 그리고 저쪽에 얼굴이 알려지지 않은 애들 말이야, 좀 무지막지한 애들 시켜서 주성수, 김민수, 박희경, 진경숙 요 네 명 손 좀 봐주라고 해! 단 배영기는 변호사니까 손대지 말고 골치 아프니까. 그리고 명심해, 애들 붙잡혀도 너 외에는 누가 시켰는지 모르게 하란 말이야!"

"좋습니다! 훼방 못 놓으니까 그쪽 참모들을 작살내면 되겠네요. 애들은 걱정 마십시오. 요새 새로 들어온 풋내기들 몇 푼 주면 앞뒤 안 가립니다. 팔이든 다리든 끊으라면 끊고 죽이라면 죽이죠! 파묻어 버리라 할까요?"

"새끼, 죽이긴! 적당히 못쓰게 만들면 돼!"

"알았소! 이제 그만 가도 되지요? 준비해야지요."

"나가 봐!"

김강태를 내보낸 소진수는 비장한 각오를 다졌다.

그러나 가슴 한 구석으로 밀려드는 서글픔을 못 이겨 허공을 멍하니 바라보았다.

비록 강철호의 명령을 거역할 수 없어서 일을 꾸미기는 하지만 한성민은 진심으로 존경하는 인격자였다. 그런 그를 모함하려 하고, 가깝게 지내던 옛 동료들을 위해하려는 자신이 가증스러웠다.

충성을 맹세한 강철호만 아니었다면 사람으로서 차마 못할 짓이었다.

그런데, 강철호는 왜 사촌처남이기도 한 한성민을 그토록 경계하고 미워하는 것일까? 수련생들이 하나둘 홍익진리회로 빠져나가는 이유 때문만은 아닌 것 같았다. 물론 그것이 가장 큰 이유일 수는 있었다.

전 세계에 지부를 개설할 야심찬 목표를 정한 강철호의 입장에서는 그로 인해 국내에서마저 세력을 확장할 수 없다면 포기해야 할 위기감을 느꼈을 것이다. 하지만 감옥에 가기 전까지만 해도 스승을 대하듯 그를 깍듯이 받들던 사람이 출감해서 돌변한 이유가 딱히 그런 것만은 아닌 것 같았다.

언제부턴가 미국에서 왔다는 지수영을 자주 만나면서 뒤틀린 심사가 더 악독해졌음을 느낄 수 있었다. 지수영과 어떤 일을 도모하는지 모르지만 그것이 강철호를 돌변시킨 가장 큰 이유인 것만은 분명했다.

강철호는 본래 의리에 강하고, 옳고 그름을 딱 부러지게 갈라놓고 옳다 싶은 것에 전력을 쏟는 성미인데, 사람이 변해도 이만저만 변한 것이 아니었다. 의다 불의다 하는 따위는 안중에도 없고 오직 자신의 목표만을 위해 광분하는 데다가 음흉하기까지 했다.

거기다가 이상한 점이 또 있었다.

강철호는 경찰과 검찰에서도 비굴하게 고개를 숙이지 않는 자존심이 강한 인물이었다. 기억을 더듬어 보아도 고개를 숙인 인물이라고는 예전에 한성민 한 사람뿐이었다. 그런데 지수영이 어떤 인물인지 그 앞에서 슬슬 기기까지 해서 도무지 이해할 수가 없었다. 인격적으로 한성민에 한참 못 미처 보이는 지수영에게 무언가 꼬투리를 잡혔거나 아니면 큰 거래를 밀약한 것이 있어서 그럴 것이란 추측만 했었다.

그러나 어찌 되었건 소진수는 의로써 맹세하고 생사를 함께하기로 한 이상 강철호가 어떤 길을 가든 배신하지 않을 것이라 다짐했다. 어차피 큰일을 하려면 넘어야 할 산이 있기 마련이다. 그러므로 그 산을 넘지 않으면 좌절할 수밖에 없는 만큼 독하게 마음먹고 강철호가 하자는 대로 충실하게 일하는 것 외에는 달리 도리가 없다고 생각했다.

하기는 세상 이치로 따지자면 정치인으로부터 사업가, 그리고 하다못해 구멍가게 장사하는 사람에 이르기까지 자신의 앞길을 막는 방해꾼을 짓밟고 지나가지 않으면 패배자에 지나지 않았다. 그리고 패배자는 잠시 타인의 동정은 살지언정 존중받지 못하고 나중에는 멸시받는 것이 현실이다.

그러기에 의다 불의다 하고 따지지 않는 강철호의 처세가 옳을 수도 있었다.

예로부터 수단과 방법이야 어떻든 승자는 제왕이나 충신이 되고, 패자는 노예나 역적이 되어야 했었다. 지금도 불의한 짓을 해서라도 권력을 움켜쥐기도 하고 혹은 재벌이 되거나 내지 사채업, 투기, 사기 등등으로 돈만 긁어모으면 존중받는 것이 인간 세상의 불변의 철칙인 만큼 이것저것 분별하는 것 자체가 어리석었다.

아, 무정한 천지신명이시여!

한 이틀 화창하던 날씨가 새벽부터 잔뜩 찌푸렸다.

간간히 뇌성 없는 마른번개가 하늘을 가르는데, 풀잎을 산들산들 흔드는 미풍은 겨울답지 않은 온기를 품었다.

숨을 죽이고 매서운 눈초리를 번뜩이는 사자가 기척 없이 풀숲을 헤치는 것처럼 무언지 알 수 없는 긴장감이 맴도는 날씨였다.

천지와 인간사에 일어날 이변의 징조일까?

한성민은 새벽 수련을 하다가 온갖 잡다한 현상들을 목격하고 심기가 산란해 그만 일어나 정원으로 나왔다. 그리고 그 현상들을 생각하며 신음 섞인 한숨을 길게 토하고는 빛 없는 동녘 하늘을 뚫어지게 바라보았다.

정녕 업의 시행자인 그 검은 마기魔氣가 불가항력의 힘을 가진 악령의 사자使者일까? 아니면 아내의 업이 두터워서 하늘의 뜻을 거스를 수 없는 것일까?

가슴이 미어지게 곤혹스러웠다.

좌선 중에 쏟아져 온 눈부신 빛, 그리고 뽕잎을 갉아먹는 누에처럼 야금야금 태양을 삼키는 거대한 검은 그림자, 그것은 뱀처럼 찢어지게 입을 벌리고 기어이 태양을 삼키고 말았다.

뒤이어 천상천하를 뒤덮은 암흑! 번쩍 눈을 뜨고도 한동안 빛을 찾지 못했다.

그러나 오래지 않아서 저 먼 어둠으로부터 빛은 스스로 나타났다.

그런데 그 빛은 알 같은 황금빛 덩어리 두 개였다. 타조알과 새알 같은 모양과 크기였다. 그 둘은 나란히 자신을 향해 수레바퀴처럼 굴러왔다.

그리고 눈앞에 와서는 즉시 쏘아왔던 어둠 속으로 유성처럼 긴 꼬리를 남기며 쏜살같이 사라지고 뒤이어 칠흑 같은 어둠이 아무것도 보이지 않게 했다. 가슴을 무섭게 철렁 내려앉게 하는 그런 무서운 어둠이었다.

그리고 번개처럼 스치는 느낌!

그것은 이승을 떠나는 두 개의 영혼의 빛이었다.

그리고 그 빛과 하나 돼 떠오르는 아내와 아이!

그 강한 느낌에 눈앞이 캄캄하고 격동하는 마음을 다잡지 못했다.

명상의 깊이를 더해 일심으로 그 두 개의 빛을 불러오려 했으나 마음은 더 번거롭고 산란하기만 했다.

그래서 좌선에서 떨치고 일어나 번거로운 마음을 가다듬을 결심으로 정원으로 나왔는데 동녘 하늘마저 빛을 감추고 나뭇가지를 흔드는 바람소리가 음산해 쉬이 머릿속이 맑아지지가 않았다.

"여보, 무슨 생각을 그리 하세요?"

그때 소리없이 가만히 다가온 아내가 살며시 팔짱을 끼고 속삭였다.

그는 아내의 다정한 목소리가 슬픈 곡조처럼 들려와 가슴이 짠하고 눈시울이 시큰해 저만치 하늘을 바라보고 대답했다.

"으응, 당신이군! 그냥 천기를 보고 있었소."

"날씨가 우중충한 걸요?"

"그래도… 그런데 여보! 당신 출산일이 언제지?"

이승을 떠나는 두 개의 영혼의 빛이 홀연히 치밀어 화급히 물었다.

"다 됐어요! 오늘내일 하는 걸요. 당신 기쁘시죠?"

서영은 행복에 겨워했다.

그 목소리가 경쾌한 음악을 듣는 듯해 그는 마음이 더 무거웠다.

"으응, 기쁘고말고! 허나 명심해요. 수일 내로 큰 비가 올 것 같은데 당신은 위험하니까 그 비가 그칠 때까지는 바깥 출입을 하지 않는 게 좋겠소."

한성민은 속내를 감추고 되도록 편하게 말하면서도 침중한 어조를 숨기지 못했다.

"염려마세요. 지금도 안 나가요. 우리 아가 언제 나올지 모르는데 밖에 나갔다가 큰일 나게요?"

강서영은 웃음을 머금고 대답했다. 밖에 나갔다가 혹 길거리에서 진통이라도 올까봐 염려해서 남편이 그리 말하는 줄 알았다.

"하긴! 하여튼 무슨 일이 있든 집에 있어야 해요. 알았지요? 꼭 명심하고!"

아무 것도 모르는 아내가 측은한 그는 다짐하라는 뜻으로 아내의 손을 힘주어 꼭 잡았다. 아내를 찾아올 업의 시행자가 왠지 천기와 무관하지 않을 듯해서였다.

그래서 하늘이 개여 찬란한 빛을 볼 때까지 검은 그림자와 사투를 벌여서라도 기어코 퇴치할 결연한 의지를 손아귀에 실었다.

강서영은 쥔 손에 불식간에 전해진 남편의 강력한 힘이 느껴져 아연했으나, 그것이 아이를 품은 아내의 노고를 격려하는 사랑의 표현이라 여겨 아픔을 참으며 행복하기만 하였다.

하지만 그는 걷잡을 수 없이 심란했다.

"자애로움은 악마와 싸워서 이기고 자애로써 무엇이든 굳게 지킨다. 하늘은 자애로운 사람을 구원해 주고 자애로운 사람을 보위해 준다."

하였으나 과연 그럴 것인지 확신이 서지를 않았다.

"천지는 무위하다.

그러므로 천지는 인자하지 않다.

만물을 한 번 쓰고 버리는 풀로 엮은 물건같이 여긴다."

하였으니…!

그런데

큰 일이 있기 전에 하늘은 늘 고요하다고 했는데 그렇지가 않은가 보다.

천지는 한성민의 마음처럼 평온해지지 않았다.

고요함이 요란함을 이기고, 추위는 더위를 이기며, 청정함이 천하의 정도라 하였건만 그렇지가 않았다.

비운의 때를 천지가 먼저 알려주는 것일까?

먹구름은 비춰오는 햇살을 삼켜서 마기魔氣를 드리우듯 음울했다.

그 검은 가슴을 시퍼런 칼로 베이고 베이듯 번개만 번쩍였다가 사라지기를 거듭했다.

번개는 필시 먼먼 곳에서 한바탕 비를 쏟아내고 폭격처럼 세상을 뒤집어놓은 뇌성을 이쪽으로 끌어와 아수라장으로 만들어 버릴 싸늘한 눈초리였다.

이에 심상치 않은 느낌이 든 한성민은 사무실 일을 오후로 미루고 오전 내내 독서하며 가만히 아내 곁을 지켰다.

강서영은 남편이 집에 있는 날은 언제나 행복했다.

이날은 책 읽는 남편 옆에 베개 하나 가져다 놓고 살포시 잠들었다가 깨어나기를 반복하며 배 속의 아이와 함께 편안한 오전을 보냈다.

그리고 오후에 일 때문에 마지못해 사무실에 나가는 남편을 아쉬움으로 배웅하려는데, 남편은 한사코 밖으로 못 나오게 만류해 겨우 현관문만 살며시 열고는 가만히 속삭였다.

"아가야, 아빠 안녕히 다녀오세요. 인사하렴."

그 마음의 소리를 들어서일까?

손짓을 하는지 아이가 뱃속에서 꿈틀하였다.

대문을 막 나서던 그는 급하게 울리는 휴대폰 소리에 걸음을 멈추었다.

얼마 전까지만 해도 불필요해서 지니지 않았던 손전화인데 직원들이 하도 성화여서 할 수 없이 주머니에 넣어두었다. 그리고 화급한 일이 아니면 전화를 삼가라고 일러두었던 터라 갑자기 걸려온 전화벨 소리에 아연 긴장했다.

"선생님! 큰일 났습니다!"

아니나 다를까? 다급한 주성수의 목소리였다.

"무슨 일인가?"

"선생님, 어떤 젊은 여자 두 명이 이상한 내용을 프린트한 호소문을 돌리고 있습니다. 그걸 읽은 수강생들이 술렁이고 있고요!"

"젊은 여자가 호소문을?"

"예!"

"자세히 말해보게."

"그게 말입니다. 글쎄 두 여자가 지난 가을에 관악산에 등산 갔다가 선생님한테 성폭행을 당했다는 내용이지 뭡니까? 정말 기가 막힙니다."

"성폭행? 이 사람아, 그게 무슨 말인가?"

한성민은 어이가 없어서 껄껄 웃고는 반문했다.

"어처구니가 없습니다. 하지만 호소문에는 그렇게 적혀 있습니다."

"그 사람들이 아마 사람을 잘못 보고 그랬겠지. 나와 비슷한 사람을 보았거나… 하여간 곧 갈 테니 그 여자들 거기에 있으라 하게!"

"그 여자들 호소문을 돌리고는 갔습니다. 뭐 경찰에 고발한다던데요?"

"그냥 두게. 사람을 잘못 보고 오해했겠지!"

한성민은 대수롭지 않게 생각했다. 하지만 뭔지 모를 불길한 낌새가 느껴져 좀 보폭을 넓혀서 부지런히 걸어 정류장에 가서는 버스를 기다릴까 하다가 택시를 탔다.

그는 그 여자들에 대해서는 별로 마음을 쓰지 않기로 하였다. 오후로 미룬 업무를 가능한 빨리 처리하고 집으로 돌아가 아내와 함께 할 생각으로 마음이 더 바빴다.

그러나 슬픈 일이었다.

뜻대로 될 수 없는 충격적인 일들이 그를 기다리고 있었던 것이다.

이때까지만 해도 어이없는 성희롱 사건이 그리도 우려했던 아내가 받아야 할 업의 숙명적인 징조의 하나인 줄은 꿈에도 알아차리지 못했다.

그것은 마치 먹구름이 끌고 올 뇌성 같고 폭우 같은 것이었다.

"왜들 그러고 있나?"

한성민이 사무실에 도착하자 주성수를 비롯한 직원들이 일손을 놓고 심각한 논의들을 하고 있었다.

"선생님, 이제 오세요? 이것 때문에 회의를 하고 있었습니다."

울상을 지으며 말한 주성수가 전단지 한 장을 건넸다.

한성민은 그걸 받아 들고도 별 관심 없이 읽을 생각을 하지도 않았다.

"아까도 말했지만 그 여자들이 사람을 잘못 보고 그런 것이니까 굳이 읽을 필요가 있겠나!"

하고는 전단지를 도로 돌려주었다.

"아닙니다. 선생님! 실감나게 쓴 내용으로 봐서는 무슨 음모가 있는 것이 틀림이 없습니다!"

진경숙이 보다 못해 전단지를 빼앗아 다시 그에게 건넸다.

"그럼 읽어볼 테니 이러고들 있지 말고 가서 일들 하게."

하고는 마지못해 전단지를 다시 받아들었다.

그리고 자기 방으로 가서 찬찬히 읽어보고는 깜짝 놀랐다.

진경숙의 말마따나 그 문장이 여간 아니었다. 눈에 보일 듯 사건을 선하게 묘사해 놓아서 누가 봐도 사실인 것처럼 오해할 만했다.

첫 머리부터 내용이 심상치가 않았다.

두 여자가 작년 늦가을에 관악산으로 등산을 갔었는데 단풍구경 온 사람들이 많아서 사람의 발길이 닿지 않는 골짜기로 갔다가 수행하고 있던 한성민으로부터 성폭행을 당했다는 말부터 시작했다.

그리고 구구절절이 사실인 것처럼 묘사한 내용은 이러했다.

"조금이라도 물이 흐르는 곳을 찾아 깊은 골짜기까지 내려가서 놀다가 점심식사를 한 뒤였다. 둘이서 식사 중에 막걸리 두 병을 나눠 마시고 그만 술에 취했는데, 너무 취해 몸을 가누기 힘들 정도였다.

그래서 좀 누워 있을 만한 곳을 두리번거려 찾던 중에 불과 얼마 되지 않은 숲속 바위 위에 한 남자가 명상을 하고 있었다. 술 취한 눈으로 보니 그 남자의 모습이 신선처럼 너무도 신비했다.

그래서 술도 취했고 호기심에 그 남자 가까이 가보았더니, 그 남자가 감았던 눈을 번쩍 뜨고는 가까이 와서 앉으라 했다.

마침 신세가 한탄스러워 술을 많이 먹었던 차에 세상에 보기 드문 도사라 생각하고 가서 무얼 물어보려고 가까이 갔었다.

그런데 가자마자 그 남자가 다짜고짜 주먹으로 둘 다 얼굴을 가격하고는 곧바로 성폭행을 했다. 그때 술이 너무 취해 거의 기절한 상태에서 어찌나 힘이 센지 반항조차 하지 못하고 둘 다 차례로 폭행을 당하고 말았다."

하는 내용이었다.

그리고 폭행한 그 남자는 형색이 남루하고 키는 보통 키며 좀 마른 체격이라 하고는 얼굴 모양까지 자세히 묘사해 놓았다.

거기에 더해 정신을 차리고 보니 그 남자는 도망가고 없어서 지금까지 찾지 못하다가 우연히 수련원으로 들어가는 그 남자를 목격하고 뒤따라 들어가 확인해 보니 홍익진리회를 이끄는 실질적인 이사장 한성민이었다고 적어놓았다.

그리고 마지막에 도사로 위장한 천인공노할 색마라며 용서할 수 없어서 고발한다 하고는 다른 사람이 피해를 입지 않도록 엄중한 법의 심판으로 다시는 이런 일이 없도록 해달라며 눈물로 호소한다는 말로 끝을 맺었다.

전단지를 다 읽은 그는 깊은 신음을 토했다.

적나라하게 묘사한 인상착의 하며, 깊은 골짜기에서 명상하는 사람이라는 말까지 자신을 겨냥한 것이 틀림이 없었다. 내용으로 미루어 치밀한 계획 아래 꾸민 음모여서 아무래도 예감이 좋지가 않았다.

누굴까?

원한을 살 만한 주변을 둘러보다가 그만 화들짝 놀라고 말았다. 번쩍하고 머리를 스치며 짚이는 사람이 있었다.

원한을 샀던 일은 없어도 원한으로 대하는 인물, 그자는 오직 강철호 한 사람뿐이었다. 강철호가 아니고서는 이 세상에 자신을 모함할 사람도 없고 이유도 없었다.

사람이 도대체 어느 정도까지 악해질 수 있을까?

선과 악이 얼마나 차이가 나는가?

사람들이 두려워하는 것을 나 역시 두려워하지 않을 수가 없다.

인심이 황폐해 사람들의 시비가 끝이 없구나.

하고 탄식했다.

그러나 그렇다 하더라도,

세상 사람들이 잔칫날을 즐기듯 태평하고 봄날의 누대에 오르듯 하여 나 홀로 담백함에 순진한 갓난아이 같구나!

하고 담담하게 처신할 수는 없을까?

그리 생각한 그는 주성수를 불러 말했다.

"이보게, 내용을 읽어보니 아닌 게 아니라 나를 겨냥한 음모임에 틀림이 없는 것 같군!"

불안해서 그리 말한 것은 아니었다. 어차피 모함인 이상 진실은 밝혀질 것이므로 고민할 필요는 없고 그저 징조가 좋지 않은 느낌이 들어서 담담하게 한 말이었다.

"예, 저도 같은 생각입니다. 작정하고 음모를 꾸민 것 같습니다."

"그런 것 같네만. 크게 걱정할 일은 아니지 않은가? 진실은 곧 밝혀질 테니까"

"그래도 그렇지가 않습니다. 그 여자들을 내세운 배후가 문젭니다. 죄송합니다만 저의 생각으로는 배후가 강철호 원장님이란 의심이 듭니다."

"철호 처남이?"

짚이면서도 생각하고 싶지 않은 강철호의 이름을 들은 그는 짐짓 놀라운 언성으로 반문했다.

"일전에 깡패들 벌인 소동이 있었고, 그게 실패로 돌아가니까 또 이런 음모를 꾸민 게 틀림이 없는 것 같습니다. 원한 살 만한 사람이 없으신데 이런 짓을 할 사람이 강 원장 말고는 누가 있겠습니까?"

"그렇긴 하지! 허 참! 처남이 어떻게 이런 일까지?"

"계획이야 소진수 같은 아랫사람들이 세웠겠지요. 강 원장님은 묵인하고요. 아무튼 선생님께서 혐의를 벗어나신다 해도 후유증이 상당 기간 갈 것 같습니다"

"너무 염려하지 마라! 진실은 밝혀질 테고 일을 하다보면 좋은 일만 있으란 법도 없으니 한 번 겪고 넘어가야 할 시련이라 생각하자."

한성민은 말은 그리 해도 심정은 참담했다.

비록 강철호를 지목은 했으나 기우이기를 바랐는데 주성수의 말을 듣고 보니 인정하지 않을 수 없었다. 사람이 아무리 사악함이 극에 달했기로서니 남도 아닌 사촌자형인 자신을 그리도 엄청남 모함을 할 수 있는지 억장이 무너지는 듯했다.

그렇다고 자신의 전생의 업보라는 생각은 들지 않았다. 이승에서 새로운 업을 짓는 강철호의 첫 번째 희생양이 아닌가 싶었다.

그러므로 그는 마음을 다잡았다.

업의 과보는 강철호가 업을 스스로 짓는 것이라서 악을 쓰고 맞대응할 필요 없이 잠시만 참아주면 그만이라 생각했다. 어차피 진실은 밝혀질 텐데 억울함을 못 참아 원한을 가지고 상대방을 욕하거나 응징한다면 그 또한 없던 업을 새롭게 짓는 것이라서 대수롭지 않게 대처함이 옳다고 판단했다.

그래서 그는 연락을 받고 달려온 배영기 변호사에게 무고로 맞고소도 하지 말고, 진실이 밝혀진 뒤에도 상대를 용서하라고 하였다. 그러고 나서 아내가 불안해 곧바로 집으로 돌아갔다.

"우리 선생님이 이번 사건을 너무 안이하게 생각하시는 것 같다. 아무리 강철호가 처남이라도 그렇지 용서라니 말도 안 돼! 배 변호사, 우리끼리라도 이참에 작살이라도 내야 하지 않겠어? 언제까지 당하고만 있을 수 없잖아!"

주성수가 얼굴이 시퍼렇게 달아올라서 분통을 터뜨렸다.

"같은 마음이다! 그런데 피해 당사자인 선생님께서 저러시니 우린들 어쩌겠어?"

"그래도 방법을 생각해 보자."

"문제가 있어. 진실을 밝히는 건 어렵지 않지만 그 다음이 걱정이야."

"그 다음?"

"응, 그 다음… 저쪽에서 권력을 매수했다 하더라도 우리 쪽을 만만하게 보고 그러지는 않았을 거야. 모함이란 사실이 밝혀질 것이라고 저쪽에서도 알고 저지른 것이라고 생각해. 그 여자들 모르긴 해도 돈에 굶주린 화류계 여자들이 틀림이 없다 싶어. 저쪽 깡패들이 사내들 멱살잡이라도 할 정도로 억센 계집애들 골라서 돈 주고 시켰을 거야."

"그렇담 그년들 감옥 갈 각오로 그랬겠네?"

"그렇다고 봐야지. 첨에야 어깃장을 놓고 부인하겠지만 추궁하면 사람을 잘못 보았다고 실토하겠지. 하지만 문제는 걔들 선에서 끝난다는 거야. 이미 그만한 돈을 받아 챙겼으니까 몇 개월 살고 나오면 그만이라 각오했을 테고, 설사 배후를 말한다 해도 기껏해야 일을 시킨 깡패 한두 놈일 테지."

"그럼 깡패들 족치면 되잖아?"

"순진하긴! 알다시피 깡패들은 그렇잖아. 감옥에 들어가는 것쯤 제 집 안방처럼 생각하고 끝까지 입을 다물 게 뻔해! 고소를 취하해 주고 우리 쪽에 돈 뜯어내려고 그랬다고 잡아떼겠지. 그러니까 강철호란 이름은 거론조차 하지 않을 거야!"

"어쩌지! 진실이 밝혀진다 해도 선생님의 명예가 크게 손상될 텐데… 시쳇말로 아니 땐 굴뚝에 연기 나는 거 봤냐고 떠드는 사람들이 있겠지!"

"개자식들!"

주성수가 부들부들 치를 떨었다. 제 입으로 쌍소리 한 마디 할 줄 못하는 사람인데 그 속이 어떨지 짐작이 가고도 남을 욕설이었다.

"걱정하지 마, 어떻게 하든 신속하게 일을 매듭지을 테니까!"

"그래, 꼭 그렇게 해줘!"

"아무튼 소문을 최소화하는 것이 중요해. 모르긴 해도 내일쯤 선생님한테 소환통보가 갈 거야. 고소장을 벌써 냈을 게 분명하고 저쪽에서 경찰에 미리 손을 썼다면 시간을 끌지 않겠지. 그리고 수사랍시고 선생님을 최대한 오래 유치장에 가두어 놓고 별의별 수단 다 동원해서 망신 주고 소문도 내고 다니겠지."

"죽일 놈의 새끼들!"

주성수는 억장이 무너져 움켜쥔 주먹을 부들부들 떨었다.

그러나 배영기는 법률가답게 냉정했다. 이미 머릿속에는 빠르게 사건을 종결시킬 방법을 찾고 있었다.

"나한테 맡겨둬! 절대로 선생님을 단 하루도 유치장에 계시게 하지는 않을 테니까!"

"꼭 그렇게 해줘! 내가 도울 일은 없을까?"

"우선 김민수 기자한테 가서 말해. 우리 쪽 기자는 물론, 전에 다니던 일간지 기자까지 협조를 부탁해서 경찰서로 지금 당장 보내는 것이 좋겠어. 그리고 담당형사가 누군지 알아서 취재부터 하게해! 그럼 저들 맘대로 함부로 행동하지 못할 거야. 우리는 그 여자들을 회유해야지. 몇 개월이 아니라 몇 년 감옥에서 썩어야 한다는 걸 알면 아마 기겁을 하고 실토부터 할 걸?"

"그렇지! 그년들 명예훼손에다가 무고… 또 뭐냐 하수인이라 해야 되나? 어쨌든 이것저것 죄 될 만한 거 다 들이대고 감옥에서 할머니가 돼야 나올 것이라고 겁을 주면 어쩔 수 없겠지. 그리고 깡패새끼들도 그 방법 이용해서 어떡하든 배후를 캐내 보자."

주성수는 그제야 좀 마음을 놓았다.

어떤 일이 있어도 이번 기회에 강철호의 본색을 밝혀서 사회에서 매장시키고, 가능하다면 아예 감옥에서 한 10년 썩혔다가 다 늙어서 나오게 하고 싶었다.

예전에 이미 흉악범이란 낙인이 찍혀있기 때문에 배후가 강철호란 사실을 입증만 하면 그리 될 게 뻔했다. 그리고 지금은 어디서 나왔는지 모를 돈을 물 쓰듯 하면서 대단한 도인처럼 행동해 추앙받고 있지만 강철호의 인생도 끝장날 것이라 생각했다.

아니나 다를까?

배영기가 예상했던 대로 다음날 경찰서에서 연락이 왔다.

목요일인 이날, 주성수가 출근하자마자 사무실 인근 경찰서의 한 형사로부터 전화를 받았다. 한성민을 소환하는 통보였다.

그 형사는 금요일 아침 9시까지 출두하게 해야 한다며 본인에게 꼭 전하라 했다. 그리고 만약 출두하지 않으면 즉시 체포영장을 발부받아 강제 소환 할 것이라고 엄포까지 놓았다. 실로 사람 속을 뒤집어 절로 분노를 터뜨리게 하는 거만한 명령이었다.

하지만 오후에 잠시 사무실에 들러 주성수로부터 보고를 받은 그는 여전히 태연했다. 거듭해서 그 여자들이 사람을 잘못 보고 그런 것이니 걱정하지 말라는 말만 되풀이했다.

주성수는 세상을 보는 눈이 순진무구한 어린아이 같은 그가 안타까웠다. 하긴 그 자신이 깨끗해서 두려움이 없을 테니 이 이상의 위기가 와도 눈 하나 깜짝 하지 않을 사람이라서 무어라 건의하기도 어려웠다.

거기에다가 새 시대를 준비하고자 세속의 일을 잠시 하기는 하지만 때가 되면 고향의 석굴로 돌아가 초연한 일생을 보낼 그이기에 사소한 인생살이에 매일 리도 없었다.

그리 생각하니 사랑하는 아내 선희의 오빠로서 그리고 친처남이란 이유 때문이 아니라 한 인간으로서 무한히 존경스러웠다. 그래서 이번 일에 설사 불의한 일을 저질러 감옥에 가는 한이 있더라도 그를 위해 모든 걸 바칠 각오였다.

불의한 일이라 생각한 것은 다름이 아니라 강철호의 동태를 파악한 극비 자료들이었다. 전에 깡패들의 난동이 있은 후부터 강철호와 소진수는 물론 깡패들의 동향까지 은밀하게 파악한 것들인데, 잡지사 기자들을 통해서 혹은 예전에 절친했던 한 사범의 도움으로 비교적 자세하게 기록해 두었었다.

그 내용은 대부분 강철호의 불륜행각이나 깡패들의 공갈협박에 관한 것들을 증거까지 수집해 둔 것이어서 때에 따라서는 언제든 그 카드를 꺼내 강철호를 궁지에 몰아놓을 자신이 있었다.

그런데 특이한 점이 있었다.

강철호가 출감한 뒤로 조선족 출신 미국인 지수영이란 사람과 계속해서 비밀회동을 한다는 정보였다. 그리고 뭔지 모르지만 느낌상 큰 음모를 꾸미고 있는 게 틀림이 없는데, 미국에 갔다 오면 그 음모가 구체화될 것 같다는 내용이었다.

그래서 그 사범더러 강철호가 귀국하면 어떡하든 비밀을 알아낼 수 있는 길을 찾아보라는 부탁까지 해두었었다. 언젠가는 강철호가 마각을 드러내면 그때는 여지없이 법의 심판을 받게 할 생각이었다.

그렇게 결심한 주성수는 이번 사태를 반전시킬 카드로 강철호의 부도덕한 행위를 기록해 둔 파일을 다시 한번 읽어 보고는 자신감을 가졌다. 마침 그가 집으로 돌아가고 없는 시간이었다. 그래서 배영기, 김민수, 박희경, 진경숙과 회의실에서 회동하기로 하고 자료를 일목요연하게 정리했다.

그런데 주성수는 뜻밖에도 강철호를 되받아칠 파일 내용을 자세히 설명하지 못했다. 진경숙의 격렬한 항의 때문이었다.

"아니 오빠들은 남자가 돼가지고 왜 이러고 있어? 강철호가 배후라는 것쯤은 세살 먹은 애들도 짐작할 수 있는 일인데 왜 가서 따지지 않는 거야? 이러고 앉아서 회의나 할 것이 아니라 몰려가서 따질 건 따지고 고발할 건 고발하고 그래야 되는 거 아냐? 우리 선생님 경찰서에 가셔서 곤혹을 치르면 어떡해!"

하고 발끈해서 대들었다.

그 말에 아무도 대꾸할 생각을 하지 못했다. 옳다고 판단하면 물불 가리지 않는 진경숙의 성격으로 미루어 신중하게 대처하자는 따위의 말은 통하지 않을 게 뻔했다. 보나마나 불같이 성을 내고 더 길길이 뛰는 기질이어서 가만히 있는 게 능사였다. 그럼 금방 성을 가라앉히는 그녀만의 특징이 있었다.

"경숙이 말이 맞아."

주성수가 우선 그녀의 성미에 맞장구를 쳐서 공감을 표시해 자존심이 상하지 않도록 마음을 누그러뜨려 주고는 계속해서 말했다.

"솔직히 나도 경숙이 말처럼 그러고 싶다. 하지만 아직은 선생님을 모함한 배후가 강 원장이란 증거가 없어. 틀림이 없는 예감이기는 하지만 증거도 없이 그랬다가는 웃음거리밖에 안 되니까 좀 더 신중할 필요가 있다고 생각해!"

"그렇기는 해!"

진경숙은 그제야 어쩌지 하는 난감한 표정으로 고개를 끄덕여 수긍했다.

"어제도 말했지만 일단 나한테 맡겨 두었으면 좋겠다. 법적인 준비는 다 해놨으니까. 선생님께서 맞고소를 하지 않겠다고 하셔도 처벌할 방법은 있어. 그보다는 나는 이렇게 생각해. 우리가 저쪽 깡패들의 표적이 될 수 있다는 생각이 들어. 가지고 있는 파일로 저쪽을 꽁꽁 묶어놓기 전까지는 당분간 조심하는 게 좋겠어."

"파일? 그게 뭔데?"

박희경이 즉시 되물었다.

"응, 그거 사실 그동안 강 원장과 주변 인물들의 동태를 파악해놓은 게 있어."

주성수가 비로소 파일 이야기를 꺼냈다.

"우와! 성수 오빠, 어떻게 그런 생각까지 했어? 역시 오빠가 최고야!"

진경숙이 반색을 했다.

하지만 배영기가 나서서 파일 문제는 이번 사건을 해결하고 나서 다시 논의하자고 했다. 그 말 때문이기도 하지만 저쪽 깡패들의 테러를 주의하라는 배영기의 말에 정신이 번쩍 들어 파일 이야기는 뒤로 미루기로 하였다. 그런데 그런 생각을 알고나 있었다는 듯이 여태 침묵하고 있던 김민수가 파일 이야기는 접어두고 비장하게 말했다.

"배 변호사 말이 맞아! 조심하는 게 좋겠어. 무슨 짓이든 저지를 사람들이니까. 하지만 지금은 우리 안위보다 맞아 죽는 한이 있어도 선생님을 보호하는 게 중요하다고 생각해."

"그야 당연하지! 선생님 보호가 우선이지! 그래도 우리도 나름으로 자식들의 테러에 대비하는 좋겠어. 오빠들 힘쓰는 친구나 선후배들 없어? 까짓 거 같이 맞붙어 싸우지 뭐! 죽자 사자 덤비면 설마 죽이기야 하겠어?"

"야, 야! 경숙아, 넌 남자로 태어났어야 하는데 아깝다 아까워!"

진경숙이 용맹한 여자 전사처럼 말하자 박희경이 희죽희죽 웃으며 놀렸다. 하지만 속으로는 농담으로 하는 말은 아니었다. 남자라도 지레 겁부터 내고 엄두도 못낼 용감성에 괜히 부끄러워서 하는 말이었다. 주성수는 자신의 안위보다 먼저 그를 위하는 마음들을 확인하고 흐뭇했다.

아무튼 이날, 주성수를 비롯한 그들은 재단일은 밤을 새서라도 차질 없이 진행하되 강철호 쪽 사람들의 동태를 예의주시하면서 먼저 그를 보호하는 데 최선을 다 하다가 여차하면 파일 내용을 근거로 강철호를 궁지에 몰아넣자는데 의견을 모았다. 그리고 자신들이 하는 일을 그가 눈치채면 쓸데없는 짓이라 꾸짖을 게 뻔해서 은밀하게 진행하기로 하였다.

연사흘 잔뜩 찌푸리기만 하고 간간히 번개만 번쩍여서 겁만 주던 하늘이 이날은 새벽부터 뇌성을 울리더니 비를 뿌리기 시작했다.

그런데도 한성민은 인시寅時, 새벽 3시-5시에 일어나 정화수 한 그릇을 북쪽을 향해 놓고 아내와 아이의 무사를 기원하는 절을 천삼 배나 하였다. 그리고 다음 단계로 가부좌를 틀고 앉았다. 벌써 다섯 달째 하루도 쉬지 않고 절을 해온 터라 몸에 익어서 힘든 줄은 몰라도 땀은 비 오듯 하고 속옷은 흠뻑 젖었다.

그러나 축축이 젖은 몸을 잊은 그는 오직 아내와 아이의 안녕만을 염원하며 명상에 들었다. 그런데 멀리서 들리던 뇌성이 점점 더 가까워지더니 하필 이때 폭우가 쏟아지기 시작했다. 그리고 벼락 치는 소리가 천지를 뒤흔들었다. 이에 무념의 길목에서 깜짝하고 현실로 되돌아 온 그는 마음이 즉시 몸 밖으로 뛰쳐나가려고 발광해 애를 먹었다.

하지만 뛰쳐나가는 마음을 붙들지 않고 몸 밖에 마음을 머물러 천지를 관찰했다. 그리고 저 소리는 마음이 움직여서 들리는 것이지 사실은 공空한 물질의 부딪침이니 소리는 없다 하고 생각했다.

지구가 자전하면서 내는 소리가 벼락 치는 우레보다 천만 배 크지만 듣지 못함은 내 청각의 감지 한계 밖이기 때문이다. 청각에서 마음을 돌이켜서 가장 낮은 미세한 소리의 한계마저 초월하면 일체가 적막이며 그것이 도이다 하고 염하였다.

그리하여 염이 깊어지자 언제나처럼 귓속이 찢어질 듯 아프고 멍멍하더니 이윽고는 우레소리, 빗소리, 바람 부는 소리, 창문이 흔들리는 미세한 소리마저 뚝 끊어졌다.

그리고 보이는 경계도 감각되는 느낌도 사라진, 생각 없는 의식 속에 들었다. 하지만 그런 중에도 처절하게 붙들고 놓지 않은 아내와 아이의 무사를 염원하는 의식은 뚜렷이 살아 무위의 주문이 저절로 흘러나왔다.

"무위로서 무위하게 천지를 다스리는 분이시여, 천지의 무위로 하여금 아내의 업을 거두어 가게 하소서. 그리고 다음 생에 성인으로 오지 않아도 좋으니 우리 아이 영혼을 그대로 두소서. 지금 업을 시행할 기운을 타고난 자 천지신명이 아니라 마군魔群이나이다. 생전에 쌓은 도력을 더해 그들을 물리치게 하소서. 이 한 목숨 바쳐도 아깝지 않나이다." 하였다.

기원의 소리를 무의식계의 의식으로 보낸 그는 두 손바닥을 가지런히 포개 배꼽 아래에 두고는 북극성과 칠성의 신령스러운 기운이 아내와 아이를 향해 비춰오도록 전력을 다했다. 우주의 중심인 북국성은 천제天帝의 천궁天宮이며, 칠성七星은 태양계의 길흉화복을 다스리는 일곱 신들의 궁궐이다. 그러므로 지성이면 감천이라 한 것도 칠성신들의 감화를 의미하므로 그는 그 기운을 끌어와 아내와 아이한테 연결시키기 위해 마음의 힘을 최고조로 끌어올렸다.

한성민이 굳이 그리한 까닭은 보통사람들은 칠성의 기운을 타고 나기 어려우나 아내는 천성으로 타고난 운명이었기 때문이다. 그런 까닭에 생전에 칠성의 도움으로 흉화를 입지 않았다. 높은 빌딩에서 떨어져도 죽지 않은 아이라든지, 혹은 여러 사람이 타고 가던 버스가 굴러도 죽음을 피하는 사람들은 칠성과 이어진 운명을 천성으로 타고난 경우에 속한다. 아내 역시 그런 행운을 타고났다.

그러나 살다 보면 어느 때에 이르러 칠성의 기운이 충돌을 일으키는 순간을 필연코 맞이하게 마련이다. 그때는 반드시 큰 변고를 당하거나 심하면 가차없이 죽음으로 끌고 가는 것이 또한 칠성줄의 흉포함이기도 하다. 다만 그런 현상이 일찍 오느냐 아니면 늦게 오느냐에 따라서 일찍 죽고 오래 사는 차이가 있을 뿐인데 하필 아내는 젊은 나이에 그때에 이르렀던 것이다.

그것도 매우 심한 충돌이어서 마치 끈 떨어진 연처럼 아내의 영혼이 육신을 떠나게 될 것이란 사실을 그는 일찍부터 예견했었다. 그래서 아내의 생명줄을 이어놓기 위해 필사적으로 노력해 왔다.

특히 오늘은 더했다.

무의식계에서 피를 쏟을 듯 지극한 정성을 끌어올려 칠성줄을 아내와 떨어지지 않게 하려 했다. 얼마나 사력을 다했던지 이마로부터 솟은 땀이 빗물처럼 흘러내렸다. 모습도 없고 만질 수도 없으나 태산도 무너뜨리는 천궁의 기운이라 의식을 극점으로 끌어올려 붙들고 매달렸으므로 그야말로 몸의 진기眞氣가 다 빠져나가 정신을 놓을 지경이었다.

그러기를 한 시간여, 깊이를 알 수 없는 무한의 저 하늘로부터 한 줄기 칠성의 서광이 아내를 향해 쏟아져 옴을 보았다. 눈이 부시지도 않은 황홀한 그 빛은 아내 뱃속까지 밝혀 아이를 황금빛으로 싸고돌아 그저 환희롭기만 했다.

그러나 여기에서 멈추지 않았다.

칠성의 서광이 아내와 아이한테 항구히 머물도록 마지막 한 방울 기름을 짜듯 의식의 힘을 쏟았다. 그러나 하늘은 기어이 업을 시행하려는 것인가! 이때 칠성의 빛을 삼키는 섬광이 번쩍하더니 이내 눈앞이 깜깜해 아무것도 보이지 않았다. 그리고 무의식계는 사라지고 바깥 천둥소리와 빗소리가 들리는 의식계로 회귀하고 말았다.

다시 비워내기 어려운 현상계에 마음을 들여놓았던 것이다. 이제는 무색계無色界, 세속의 일을 일체 여읜 곳에 들 진기眞氣마저 타서 없어진 기름처럼 다해 쓰러질 듯했다.

"아, 나의 도력이 여기까지인가!"

비통한 신음을 토한 그는 절망의 나락으로 한없이 떨어져 내리는 통한의 슬픔을 걷잡을 수가 없었다. 몸의 곳곳을 전류처럼 흐르는 그 슬픔을 못 견뎌서 좌정한 채 윗몸이 앞으로 고꾸라져 이마를 바닥에 내리찧듯 하였다.

그리고 한참을 정신을 놓고 있었다.

쿵쾅대는 뇌성이 지축을 흔들고, 빗줄기는 통곡의 눈물처럼 땅에도 지붕에도 그리고 가슴 속을 마구 때리며 쏟아졌다.

그러나 그는 오래 그러고 있지 않았다.

"천지를 개벽하는 재앙도 일순인 것, 하물며 사람의 일이랴!"

그리 생각한 그는 자세를 다시 바로잡아 꼿꼿이 앉았다.

"서른 개의 바퀴살은 비어 있는 한 구멍에 의지해 있으므로 쓰임새가 있고, 그릇이 빈 까닭에 그릇으로서 쓰임새가 있으며, 창과 문 그리고 방은 비어 있어야 마땅히 쓰임새가 있다."

하였다.

수레바퀴도 가운데가 비어야 그 몸을 지탱할 수 있고, 그릇은 그 속이 비어야 담을 수 있으며, 창과 문은 비어 있어야 공기나 사람이 드나들 수 있으며, 방은 그 안이 비어야 사람이 생활을 할 수 있다. 꽉 차면 아무 것도 담을 수 없고 항상 비어 있으면 천하에 담지 못

할 것이 없다. 슬픔과 기쁨, 아픔과 행복 그 모든 것이 마음을 가득 채우고 있는 한 아무것도 할 수 없을 것이다.

그러므로 비워야 한다!

마음을 비우지 않으면 만 가지 뜻을 한 수레에 담아 실어 나를 수가 없다!

그렇게 자신을 책망한 그는 다한 진기를 끌어 모으기 위해 이완시킨 육신의 곳곳을 염했다. 강한 것에는 천기가 거울에 반사된 빛처럼 되돌아가고, 부드럽게 빈 곳에는 천기가 물 붓듯 쏟아져 들어오기 마련이다. 그리고 마음 가는 곳에 천기가 따라 가는 만큼 이완시킨 육신에 골고루 의식을 집중하자 모래알처럼 흩어졌던 심신의 기력이 되살아나기 시작했다.

그러기를 오래…!

그리도 세상을 뒤집어 놓을 듯 몰아치던 뇌성도 사라지고 빗줄기도 멎을 즈음 온몸의 기력이 처음처럼 되살아났다. 아니 그보다 더 넘치는 기가 불꽃처럼 온몸을 휩싸고 돌았다.

자신감!

무언지 알 수 없는 자신감이었다.

천하에 그 무엇이 아내를 덮친다 해도 그 생명줄만은 붙들어 놓을 수 있다는 의지와 힘이 활화산처럼 타고 올랐다. 두려움도 없었고 공포도 없었으며 마음은 명경처럼 맑고 편안했다. 아마도 영혼을 들어 귀의하고자 했던 저 칠성줄의 감응이 있었을 것이다.

아침이 되자, 간밤에 언제 그랬느냐는 듯이 하늘이 활짝 개였다.

겨울답지 않은 하늘은 청아한 보랏빛으로 은은하고 숲은 에메랄드 고운 빛처럼 상쾌했다. 그러나 아주 먼 곳에서는 아직도 우레 소리가 간간히 들려오고 있었다. 어제도 그러다가 벼락을 치고 폭우를 쏟아냈는데 오늘도 그럴 것 같은 낌새였다.

그래서 한성민은 빠르게 일을 마치고 돌아올 생각으로 아침식사를 하자마자 집을 나섰다.

강서영은 며칠 남지 않은 해산解産일까지 가능한 한 집에서 함께 있기로 한 남편이 어제까지만 해도 아무 말이 없다가 갑자기 사무실에 잠시 다녀오겠다고 하자 왠지 불안했다. 남편을 따라서 오랜 수행을 해온 그녀에게도 느낌 정도의 예지력은 있는 것일까? 그러나 그녀는 설마하니 남편이 경찰서에 갈 것이란 사실은 상상도 못하고 있었다.

그나 그뿐이랴!

강서영은 자신의 업이 시행되는 날임을 무엇으로도 감지할 능력도 없었다. 왠지 몸이 천근만근 무겁고 마음은 찌뿌듯해서 남편이 곁에 있었으면 했다. 그러나 그는 지난 새벽의 그 기운 줄에 마음은 화평하고 힘은 넘쳐 있었다. 오늘 내일 그 검은 업의 시행자가 아내를 덮쳐올 것이란 예상은 하고 있었으나 아내 곁에서 지킬 수만 있으면 아무 것도 두렵지가 않았다.

그래서 경찰서에서 빠른 시간 내에 성폭행사건의 진실을 밝히고 돌아와서 아내를 지킬 생각이었다. 그러나 그것이야말로 업을 시행시키는 하늘이 법망을 그물처럼 쳐놓은 감당할 수 없는 인간의 한계일 것이다. 경찰서에서 잠시면 진실이 밝혀져서 한두 시간 내에

돌아올 수 있을 것이라 예상한 것 자체가 그랬다. 하지만 뜻밖의 일이 벌어져 시간을 허비해야 했으므로 인의로 어찌해 볼 수 없었던 것이다.

물론 소진수가 그리 되도록 주도면밀하게 세운 계략이 그 원인이기는 하지만, 그것이 바로 사람을 통해 나타내는 무위한 하늘 힘이었을지도 모를 일이었다.

"허, 이 사람들! 내가 걱정하지 말라 했는데 일은 안 하고 여기에 왜 왔는가?"

한성민은 경찰서에 들어서자 주성수와 배영기, 김민수 등이 몇몇 기자들을 데리고 먼저 와있는 걸 보고는 나무랬다. 어련히 그런 말을 들을 줄 안 그들은 말없이 꾸벅꾸벅 절만 했다. 그리고 배영기가 변호사 자격으로 조사에 참관하겠다며 그를 담당형사 앞으로 안내했다.

"한성민 씨요? 앉으시오!"

담당 형사가 그를 보자마자 거만한 자세로 윗몸을 뒤로 젖혀 매서운 눈초리로 바라보았다.

그 인상으로 봐서는 그를 저급한 흉악범이란 선입견을 가지고 취급할 게 분명해 보였다. 그렇다면 심문을 그쪽으로 몰고 갈 게 뻔했다. 그래서 배영기가 얼른 변호사라는 신분을 밝히고 그의 곁에 앉았다.

그러자 네까짓 게 다급해서 변호사를 대동하고 온 모양이나 어림도 없다는 듯 눈에 쌍심지를 켜고는 비웃음을 흘렸다.

"자네는 나가는 게 좋겠다. 쓸데없이 뭣하러들 왔어? 이제 됐으니 모두들 데리고 사무실로 돌아들 가게."

조용한 목소리로 말한 그는 형사를 향해 자신이 소환받은 한성민 본인이라 하고는 정중하게 허리를 숙였다. 허름한 옷에 허접해 보이는 그를 시정의 잡배처럼 얕잡아 보았던 형사는 뜻밖이다 싶어 거만하게 젖힌 상체를 엉겁결에 바로 세웠다. 바로 그때 주성수와 김민수 등이 우르르 몰려와 마치 호위무사처럼 그의 뒤에 섰다.

"나 참! 피의자와 변호사님만 남고 모두 나가세요. 그리고 기자 양반, 어제도 왔더니 오늘은 왜 또 왔소? 죄가 있고 없고는 봐야 아니까 그만들 나가세요. 수사에 방해가 되지 않겠어요?"

아까와는 달리 형사가 좀 누그러진 태도를 보였다.

만만찮은 인물들이 떼거리로 몰려온 것이 적잖이 부담이 된 듯했다. 그러나 속으론 냉소를 짓고 있었다. 별로 볼품이 없는 행색으로 봐서는 한 법인의 이사장이기도 한 그가 상당히 돈이 많은 인물이라서 잘 보이려고 너도나도 얼굴을 내민 것이라 생각하고 있었다. 그래서 기자가 사건을 취재하는데 뭐가 잘못됐느냐며 김민수가 항의하자 취재는 결과가 나온 뒤에 하라며 성을 벌컥 냈다.

이에 질 새라 김민수가 다시 대들었다.

"아니 기자가 사건 취재하는 데 뭐가 잘못입니까? 우리가 이유 없이 여기에 온 줄 아세요? 옆집의 개가 웃을 음모라서 온 겁니다. 기자의 입장에서 이번 사건을 철저하게 파헤쳐야 하기 때문이지요. 요즘 세상에 없는 죄도 무조건 뒤집어 씌우고 보자는 독버섯보다 사악한 인간들을 그냥 둘 수는 없잖아요?"

조사를 해보나마나 음모라 단정하고 당당하게 한 말이었다.

형사의 얼굴이 벌겋게 달아올랐다. 자신이 맡은 사건을 일방적으로 결론 지어 몰아붙이는 것이라 생각하고 자존심이 되게도 상한 것 같았다. 그런데 형사는 뭔가 꿀리는 것이 있는지 금방 안색을 화하게 바꾸고 추켜올렸던 양 어깨를 늘어뜨리고는 한숨을 섞어 말했다.

"당신들이야 음모라고 하지만 일단 고소장이 접수됐으니까 조사를 해보아야지요. 그러니 조사가 끝날 때까지 좀 비켜 주세요."

"물론 비켜드리지요. 하지만 한 말씀만 드리겠습니다. 조사를 하기 전에 고발한 두 여자를 불러서 선생님과 대질부터 시켜주세요. 그럼 금방 알 수 있지 않겠어요? 우리는 그 여자들보다 그 여자들을 조종하는 배후가 알고 싶습니다. 솔직히 누군지 알고는 있지만 말입니다. 우리는 어느 정도 증거도 확보하고 있어요."

김민수는 내친 김에 음모를 밝힐 증거까지 있다고 형사를 은근히 압박했다.

사실 그런 증거는 없었다. 그러나 음모임에 틀림이 없는 이상 진실은 밝혀질 것이므로 사실인 것처럼 대놓고 말했던 것이다.

"누구나 처음에는 다 그렇게 말하지요. 아무튼 나중에 흑백을 가린 뒤에 음모가 아니라면 그때 증거를 내놓으시죠. 그런데 고소인이 오후에 오겠다고 해서 그러는데 원하는 대로 대질심문부터 하기로 하고 선생님께서는 돌아가셨다가 연락을 드리면 그때 다시 나와 주시겠습니까? 지금 다른 피의자 조사도 있고…!"

형사는 마지못한 듯했다. 뭔지 모르지만 의도대로 안 될 것 같은 느낌을 받은 것 같았다. 그러나 그는 고개를 설레설레 내저으며 반대했다.

"그럴 것 없이 조사부터 하시지요. 그리고 자네들은 나가 있게! 무엇이 두려워서 이러는가?"

하고 말한 뒤 본의가 아니었으니 이해하라 하고는 미안하다며 다시 한번 형사를 향해 고개를 숙였다. 그가 그리 말하는 데야 어쩔 수가 없었다. 그대로 있었다가는 배영기마저 나가라 할까봐 모두들 주춤주춤 뒤돌아섰다.

그러나 아니나 다를까 역시였다.

우려했던 대로 그는 배영기마저 나가라고 잘라 명령했다. 그리고 배영기가 마지못해 일어나 나가자 마주앉은 형사를 향해 고요한 눈으로 바라보았다. 형사의 눈에 비친 그의 눈은 맑고 그윽했다. 오랜 경험으로 미루어 수도 없이 다뤄본 피의자들의 겁먹었거나 거짓으로 잡아떼고 바라보는 가증스러운 눈빛이 아니었다.

"미안합니다. 이제 심문을 시작하시지요."

하고 그가 조용히 말할 때는 은연중에 배어나오는 거짓 없는 진실을 역력히 느낄 수 있었다. 그리고 온화하면서도 함부로 할 수 없는 위엄이 저절로 긴장하게 해 자신도 모르게 공손히 대답했다.

"죄송합니다. 아까 기자분 말이 맞는 것 같습니다. 고소인과 먼저 만나보시죠. 그래도 고소인들이 피해를 입었다고 주장하면 그때 조사하는 것이 좋을 것 같습니다. 수고스럽지만 돌아가셨다가 나중에 연락드리면 다시 나와 주시면 고맙겠습니다."

형사의 태도가 처음과는 전혀 딴판이었다. 오히려 완곡하게 사정하는 어투였다.

"정히 그렇다면 나중에 다시 오지요. 사무실로 연락을 주셨으면 합니다. 어딜 가지 않고 연락주실 때까지 대기하고 있겠습니다."

한성민이 다시 한번 정중하게 말하자 형사의 표정이 묘하게 바뀌었다. 약간 붉어진 얼굴에 분노의 빛이 살짝 스치고 지나갔다.

자리에서 일어난 한성민은 또 한 번 정중히 허리를 숙여 번거롭게 해서 미안하다 하였다. 이 모두 자신이 덕이 부족해서 그런 것이니 이해하라는 말까지 덧붙였다. 실로 형사인 자신이 해야 할 말이어서 불식간에 자리에서 일어나 그에게 고개 숙여 미안하다 화답했다.

그가 돌아서 나가자 형사가 누구를 향한 것인지 욕설이 터져 나왔다.

"개새끼들!"

그렇게 내뱉은 형사는 무슨 생각에서인지 벌떡 일어나 그가 나간 뒤를 따라 밖으로 나갔다. 아직도 가지 않고 대기하고 있던 그의 직원들이 몰려와 그를 반기며 문을 나서는 모습을 지켜보았다, 그리고 그리도 맑던 하늘이 세상을 시커멓게 물들이고 또 쏟아내는 빗줄기를 바라보며 한숨짓고는 무슨 이유에선지 이내 분노의 빛이 이글이글 타 올랐다.

"이런 씹 새끼들!"

누굴 향한 욕설인지 형사의 표정이 심하게 일그러졌다.

"형님!"

그때 제법 정이 잔뜩 들어간 살가운 목소리가 들렸다.

김태수였다.

그리고 그 뒤에는 화장을 짙게 바른 좀 천박스럽게 보이는 두 여자가 껌을 질근질근 씹으며 서 있었다.

"이 새끼! 따라와! 그리고 너희 두 년도!"

형사의 분기가 이만저만이 아니었다. 잡아먹을 듯 노기를 띠고는 다짜고짜 김강태의 멱살을 잡아끌며 두 여자를 돌아보고도 소리쳤다.

"아니 형님, 왜 그러세요?"

김강태가 끌려가면서 능글맞게 시치미를 뗐다.

"왜 그러냐고? 이 새끼 누굴 죽이려고 이런 짓을 해! 응? 야 이 씨발년들아! 이리 와봐! 너희들 죽고 싶어 환장했어?"

형사는 노발대발 펄펄 뛰었다.

두 여자는 별 생각 없이 서 있다가 얼굴이 새파랗게 질렸다.

"형님 이러지 마시고 이유나 좀 압시다. 뭐가 잘못됐어요?"

김강태는 여전히 능글맞았다. 뭔가 믿는 구석이 있는 것 같았다.

그러나 일이 잘못 틀어졌을 것이란 눈치는 챘는지 당황하는 구석이 엿보였다.

"형님? 이 새끼야! 내가 왜 네 형이야?"

"아, 예, 예, 장 형사님!"

"이 새끼! 너 누굴 죽이려고 이런 짓을 해! 응?"

"왜요?"

"왜요? 하, 이 새끼 아직도 정신을 못 차렸구먼! 난 또 수련원에

취직해서 인간 된 줄 알았더니 제 버릇 개 못주고 있었어. 너, 한성민 그 양반 왜 죽이려고 들었어. 응? 야, 너희들 두 년. 이리 와봐! 정말 성폭행 당했어? 아니 하다못해 그 양반한데 손이라도 잡혀본 적이 있어? 응? 말해봐 사실대로 말하지 않으면 내가 너희들을 죽여 버릴 테니까!"

형사의 노기는 갈수록 하늘을 찔렀다.

한성민을 엮어 넣으려고 누군가 시나리오를 짜고 김강태는 감독으로 나서서 두 여자를 매수해 배우노릇 하게 한 것이라고 추측이 아니라 아예 단정하고 하는 말이었다.

김강태는 그제야 일이 잘못돼도 한참 잘못된 줄 알고 당황했다. 딱딱 소리 내 씹어대던 껌을 뱉어낸 두 여자는 겁에 질려 비실비실 뒤로 물러서고 있었다.

"에라, 이 죽일 연놈들아! 뭐 강간을 당한 것이 아니라 당할 뻔했다고? 그 정도만 돼도 성폭행 당했다고 뒤집어 씌워서 엮어 넣는 건 문제가 아냐! 그리고 김강태 너 뭐라고 했어? 한성민이란 사람 생긴 꼴만 봐도 형편없는 인간인 줄 금방 아니까 심증이 갈 거라고? 야, 이 새끼야! 잡아도 좀 그럴 듯한 사람을 잡아! 내가 네놈 꾀에 호락호락 넘어갈 줄 알았어? 어떻게 그런 분을! 너 이 새끼 얼마나 받아 처먹었어? 응? 너를 사주한 놈이 누구야? 그리고 이유가 뭐야? 솔직히 말하지 않으면 너희들 크게 당해, 알았어?"

장 형사가 흥분을 못 참아 두서없이 마구잡이로 말을 쏟아냈다. 그도 그럴 것이 김태수의 농간에 완전히 넘어간 것이 못내 분했다.

노숙자 비슷한 옷차림을 하고 있는 한성민은 좀 바보스러워 보이는데 음흉해서 그렇다. 그런데 솔직히 두 여자가 강간을 당하지는 않았다. 하지만 당할 뻔한 것은 사실이다. 그러니 정말 나쁜 놈이 아니냐 하고 믿으란 듯이 제법 강한 어조로 반문했다.

그리고 어찌 되었건 두 여자는 강간을 당했다고 우길 거니까 그 쪽으로 사건을 몰고 가면 한성민이 틀림없이 부인하고 증거를 대라 할 것이다. 만약 증거가 불충분해서 한성민이 풀려나도 좋다. 혹시 무고로 고소하면 두 여자가 사람을 잘못 본 것 같다고 변명하면 그만이 아니냐. 그러니 일이 잘 되건 못 되건 적당히 이유를 대서 밤늦도록 유치장에 붙들어 놓아주기만 하면 된다며 입에 침이 마르도록 설득했다.

그러고는 수백만 원의 돈을 호주머니에 찔러 넣어주어 엉겁결에 받고 말았다. 사실 돈도 돈이지만 강간을 당할 뻔했다는 김강태의 말만은 믿었었다. 한성민이 틀림없이 사회적으로도 큰 문제를 일으키고 있는 성범죄자 유형일 가능성이 높다고 판단했다.

도무지 그럴 것 같지 않은 유명인사나 시골의 순박한 농부까지 어린아이를 성폭행하는 세상이라 사회적 신분에 관계없이 누구나 그 가능성을 배제할 수는 없었다. 그리고 김강태가 비록 깡패 짓으로 수차례 감옥을 들락거린 전과자이기는 하지만 나름으로 의리만은 있다고 생각했었다.

더욱이 옛날부터 조사를 자주 하다 보니 친분을 쌓아 형 동생 하는 사이이니 만큼 아무려면 티끌만한 근거도 없이 터무니없는 말을 지어내 자신을 농락할 리는 만무하다고 생각했었다. 한성민이 최소한 여자들의 손을 잡았거나 하다못해 성을 희롱하는 말 정도라도 했을 것이라 짐작했던 것이다.

그런데 막상 그를 만나보니 이건 헛다리를 짚어도 한참 잘못 짚었다는 감이 즉시 뇌리를 스쳤다. 겸손하고 예의가 바른 데다가 변호사와 기자마저 밖으로 나가라 명하는 그의 위엄, 그리고 그윽한 눈길에서 뿜어져 나오는 진실을 한눈에 보고 알아보았다.

죄가 없는 자만이 할 수 있는 언행이란 것쯤은 30년 형사생활에서 저절로 터득한 직감이었다. 그리고 김강태로부터 철저하게 속았음을 깨닫고는 배신감에 치를 떨었다. 녀석이 시키는 대로 했다가는 그를 보호하고자 몰려온 변호사와 기자들에 의해 하마터면 큰 낭패를 당할 뻔해서 생각만 해도 식은땀이 흐를 지경이었다.

"저기 그럼 어쩌죠?"

아까와는 달리 잔뜩 겁먹은 김강태의 속내가 훤히 보이는 물음이었다.

"뭘 어떡해? 야, 너희 두 년들 지금 당장 한성민 씨 찾아가서 사람 잘못 보았다고 무조건 빌어! 아예 무릎을 꿇고 빌어. 저쪽에서 명예훼손에다 무고까지 걸면 너희들 인생 끝이야. 몇 년 감옥에서 썩을 각오해야 해. 그리고 김강태 너도 마찬가지고 너를 사주한 새끼가 누군지 모르지만 줄줄이 엮여 들어갈 각오해. 알았어?"

"예? 몇 개월이 아니고 몇 년씩이나요?"

한 여자가 새파랗게 질려 다급히 반문했다.

"몇 년? 야 이년들아, 저쪽 사람들 만만치가 않아. 너희들 인생 망치고 싶지가 않거든 알아서들 해! 내가 보니까 한성민이란 사람 니들이 잘못했다고 빌면 용서해 줄 인격자야. 그러니까 우선 고소를 취하하고 지금 당장 가서 용서를 빌어! 그럼 나머지 일은 내가 알아서 할 테니까."

"예, 그럴 게요. 죄송해요 형사님, 우린 아무 것도 모르고 그만!"

또 한 여자가 눈물이 글썽해서 기어 들어가는 소리로 말끝을 흐렸다.

그리고 김강태를 원망의 눈초리로 흘겨보고는 한숨을 푹푹 내쉬었다. 듬뿍 쥐어주는 돈에 혹해 김강태가 시키는 대로 일을 저지르기는 했지만 이렇게 무서운 일일 줄은 몰랐다는 표정이었다.

"미친년들! 돈에 눈이 멀어도 분수가 있지. 암튼 우선 고소 취하부터 해야 하니까 따라와!"

노기를 좀 가라앉힌 장 형사가 두 여자를 냉랭한 눈초리로 쏘아보며 명령하고는 투덜투덜 자리를 떴다. 두 여자는 도살장에 끌려가는 소 같은 마음인지 억지 걸음으로 그의 뒤를 따랐다. 그 모양을 지켜보고 있던 김강태가 얼른 휴대전화를 꺼내 소진수에게 자초지종을 보고했다.

"좌우지간 하는 일마다 뭐 하나 제대로 되는 게 없어! 개새끼들!"

소진수의 반응은 즉각 욕설부터 터져 나왔다.

"저쪽에서 무고로 고소하면 어쩌죠?"

김태수도 말이 곱지가 않았다.

생각 같아서는 되받아 욕을 하고 싶었지만 꾹 참고 대들듯 퉁명스럽게 물었다. 그리고 속으론 일이 꼬인 것이 처음부터 계획을 잘

못 세운 제 탓이면서 누굴 욕해? 씨발새끼! 하고 있는 욕 없는 욕 다 퍼부어대고 나서 휴대전화를 바싹 대고 귀는 기울였다.

"그 계집애들 보고 그래. 형사가 말한 대로 한성민이란 사람은 잘못했다고 용서를 빌면 절대로 고소할 사람이 아니라고 안심시켜. 틀림없이 그럴 거니까 너도 안심하고. 그리고 말이야! 주성수, 박희경, 진경숙, 김민수 그 새끼들 처리하는 거나 잘해! 이번에도 실수하면 안 돼! 알았어?"

"알았어요. 형님! 애들이 준비 잘 하고 있으니까 그건 염려하지 마세요!"

"여하간 꼬리가 밟히지 않도록 치밀하게 해. 여차하면 너는 이리로 오지 말고 튀어! 좀 숨어 있다가 잠잠하거든 나와! 대선사님이 귀국하시면 너의 공을 잊지 않을 거야!"

"예, 예! 이번에는 잘 하겠습니다. 그럼 끊습니다!"

김태수가 언제 욕설을 퍼부었느냐는 듯 굽실대며 대답했다.

그리고 두 여자가 고소를 취하하고 진술을 다 받을 때까지 기다렸다가 으슥한 곳으로 데리고 가서 다독였다. 한성민을 잘 아는 누군가가 그러는데 형사 말처럼 무조건 잘못했다고 용서를 빌면 절대로 고소하지 않을 사람이라더라. 그러니까 시간 좀 끌다가 오후 다섯 시쯤 가서 용서를 빌고 결과를 알려 달라고 설득하였다. 그리고 무슨 뜻인지 자신은 애들 데리고 할 일이 있다는 묘한 말을 남기고 두 여자를 남겨둔 채 화급히 경찰서를 빠져나갔다.

아침나절에 잠시 퍼붓던 비가 곧 그쳐서 이제 그만 오려나 하였다. 그런데 오후 3시가 좀 지나서부터 해를 삼킨 먹구름이 초저녁 어둠처럼 대낮을 시커멓게 물들이더니 기어이 빗줄기를 쏟아내었다.

뇌성을 동반한 번개도 번쩍이고 바람도 세차게 불었다. 이런 날씨에는 웬만해서는 밖에 나갈 엄두를 내지 않은 강서영은 하필이면 이때 시누이 집에 가 있었다. 남편이 사무실에 잠시 다녀온다며 나가더니 점심 때가 지나도 오지 않아서 괜히 답답하고 마침 날씨도 쾌청해서 안심하고 시누이 집이 엎어지면 코 닿을 데라 놀러 나가 있었다.

그런데 비가 왔다.

하기는 시누이 집이 바로 이웃이라 날씨가 좋으면 하루에 몇 차례씩 시누이가 오거나 자신이 가서 시간을 보내온 터라 예사로운 일이기는 하였다. 그러나 그 예사로움에서 운명은 불연하게 찾아오는 것이다. 인간의 예지력은 그것을 감지하지 못해서 불행을 자초하기 마련이다.

강서영의 운명 역시 그랬다.

천기의 움직임은 뜻하지 않게 내린 비로 그녀로 하여금 시누이집에 발을 묶어놓았던 것이다. 하지만 그녀는 시누이와는 늘 따뜻하고 포근한 정감이 오가는 사이라 비가 오건 오지 않건 편하게 시간을 보냈다.

한편 한성민은 사무실로 찾아온 두 여자의 통곡을 측은히 바라보고 있었다. 그의 앞에 오자마자 엎어지듯 무릎을 꿇고는 사람을 잘

못 보고 그랬으니 무조건 용서해 달라며 울고불고 매달렸다. 알았으니 돌아가라 해도 막무가내였다. 그도 그럴 수밖에 없는 것이 배영기와 주성수의 추궁이 심한 데다가 박희경과 진경숙이 머리카락을 쥐어뜯을 듯이 덤벼서 돌아갈 엄두도 내지 못했다.

"누가 시켰는지 배후를 밝히세요. 끝까지 입을 다물면 우리도 고발할 수밖에 없어요. 물론 돈을 받았을 테고 협박도 받았겠지요. 하지만 우리 선생님께서 당신들 때문에 치명적인 명예를 훼손당하셨고 우리 재단의 손실도 큽니다. 돈으로 따질 수가 없지요. 하지만 당신들은 사주를 받은 하수인에 지나지 않고 또 선생님께서 용서해주라 하시니까 배후만 밝히면 즉시 보내드리겠습니다."

두 여자를 한바탕 몰아붙인 뒤에 배영기가 점잖게 타일렀다.

그러나 그녀들은 눈물만 줄줄 흘릴 뿐 좀체 입을 열려하지 않았다. 박희경이 펄펄 뛰면서 죽고 싶으냐며 윽박질러도 그저 훌쩍이기만 했다. 하지만 잔뜩 겁을 먹어서인지 아니면 용서해 준다는 말을 곧이곧대로 믿어서인지 체념한 빛이 역력한 것으로 보아 조금만 다그치면 실토할 것 같은 느낌이 와 닿았다.

그리 확신한 배영기가 다시 말을 이었다.

"아가씨들, 우리 선생님께서는 아가씨들보다 더 큰 죄를 지은 사람도 용서를 하실 분입니다. 모르기는 해도 배후에 있는 사람이 그런 말을 하면서 회유했겠지요. 하지만 고문변호사로서 내가 용서할 수 없습니다. 그러나 아까도 말했지만 아가씨들을 사주한 배후만 말해주면 명예를 걸고 절대로 고소하지 않겠다고 약속하지요. 그리고 배후인물이 누구이건 아가씨들한테 들었다는 사실만은 비밀로

해주지요.”

“김강태라는 사람이에요. 우리는 그 사람밖에 모릅니다.”

역시 배영기의 판단이 틀리지 않았다.

두 여자가 서로 얼굴을 마주보고 무언의 눈짓으로 이야기를 주고받다가 이윽고 한 여자가 입술을 꼭 다물고 결심의 빛을 띠고는 기어 들어가는 목소리로 겨우 입을 열었다. 그리고 그쳤던 울음을 또 터뜨려 엉엉 소리 내 울기 시작했다.

“그러면 그렇지! 그럴 줄 알았어! 강 원장 지시받고 소진수 그 새끼가 일을 꾸며서 조종한 게 틀림이 없어! 그 개새끼 죽여 버릴 거야!”

박희경이 냅다 큰 소리로 울분을 터뜨렸다. 당장이라도 달려가서 소진수를 요절을 낼 것 같은 기세였다. 진경숙은 말할 것도 없고 나머지는 어안이 벙벙해서 입을 열지 못했다.

“그만하면 되었네. 이제 아가씨들을 그만 보내주게. 진실이 밝혀졌으니까 더 왈가왈부할 것 없으니 자네들도 그만 돌아가게. 그리고 아가씨들도 걱정하지 말고 어서 가세요. ”

여태 가만히 있던 한성민이 무겁고도 단호한 어조로 말해 모두들 흥분을 가라앉혔다. 그의 성품을 익히 아는 터라 끝까지 사건을 파헤치겠다고 고집을 부렸다가는 크게 꾸중을 들을 것 같아서 어쩔 수가 없었다.

한성민은 그제야 마음을 놓았다. 두 여자가 잘못을 인정하고 고소도 취하한데다 용서를 빌므로 그냥 보내주라고 만류해도 배영기가 극구 고집을 부려서 마지못해 가만히 있었는데 이제야 자신의 진의를 알아들어 주어서 고맙기도 하였다. 그리고 강철호의 소행임을 이미 짐작하고 마음 한 구석이 저리기는 하였으나 마음을 다잡을 수가 있었다. 추악한 음모에 원한을 가지고 그 찌꺼기를 마음에 담아두어서 무엇 하랴 싶었다. 상대방이 원한을 짓도록 했으므로 자신에게 큰 빚을 졌고, 자신은 그들의 채권자이기는 하지만 그냥 채권만 쥐고 버려두는 것이 덕이라 생각했다.

"선생님 이제 그만 가시지요. 밖에 비가 많이 옵니다."

분위기가 더 험악해지기 전에 두 여자를 얼른 내보낸 주성수가 서둘러 말하고 일어섰다. 생각 같아서야 두 여자를 그냥 두고 싶지 않았지만 그의 뜻이 그러하므로 어쩔 수가 없었다. 펄펄 뛰던 박희경이나 진경숙도 생각은 같았다. 그의 뜻을 꺾을 수 없어서 참기는 했다. 그러나 분을 못 참아 벌겋게 달아오른 양볼을 부어 올려 불만을 나타냈다.

배영기와 김민수는 그의 성품상 으레 그러려니 하고 별 표정을 짓지 않고 먼저 나가는 그를 뒤따랐다. 그런데 밖에 나가보니 뜻밖에 장대 같은 비가 쏟아지고 있었다.

요즘 들어 잠깐 사무실에 들렀다가 일찍 퇴근하는 그는 늘 대중교통을 이용했었다. 그러나 일이 그리 되려고 그랬는지 마침 주성수가 함께 퇴근해서 좀체 타지 않던 승용차에 올랐다. 배영기는 가는 방향이 같은 박희경과 진경숙을 태우고, 김민수는 잡지 편집 때문에 아직 할 일이 많아서 밤을 새워야할 것 같다며 그를 배웅하고 사무실로 되돌아갔다.

 그런데 미로의 끝에 놓인 먹이를 찾아가는 개미처럼 인간은 불확실성의 행로 저 끝에 기다리고 있는 운명의 정점을 향해 저절로 찾아가는 것일까? 주성수의 승용차가 주차장을 벗어나자 검은 승용차 한 대가 기다리고 있다가 바싹 그 뒤를 따르기 시작했다. 하도 세차게 비가 쏟아져 차창을 흠뻑 적시며 타고 내리는 빗물이 시야를 가려서 박희경과 진경숙을 태운 배영기는 그 검은 승용차를 보지 못하고 주차장을 벗어났다.

 한편 한성민은 주차장을 벗어난 차가 대로변으로 진입할 때 여태두 여자들 때문에 깜박 잊고 있던 아내 생각이 뇌리를 스침과 동시에 불안이 엄습해 급히 휴대전화를 꺼내들었다. 다행히 아내는 무탈하게 전화를 받았다. 있는 곳도 선희 집이어서 마음을 놓고 곧 집에 가서 우산을 가지고 갈 테니 그냥 기다리고 있으라 하였다.

 그런데 만약 그가 곧바로 아내한테로 가서 함께 집으로 갔다면 어찌 되었을까?

 분명 아내의 운명은 그리도 처절하게 기원했던 대로 아무 탈이 없었을 것이다. 선희의 집이 가까운 탓에 무심코 집에 들러서 우산을 가지고 데리러 가겠다고 한 것 자체가 벗어날 수 없는 아내의 운명을 사람을 통해 시행하는 천기의 작용이라 할 수 있었다. 그렇지 않고서야 그리도 영명한 그의 도력이 잠깐 사이에 영혼의 저 밑바닥으로 자취를 감추어 버렸을 리가 만무했을 터였다.

 그러므로 그는 아내 생각을 잊은 채 마음의 행로를 다른 곳으로 잡아 깊이 몰두했다. 그것은 마음에 접어두었던 인간의 사악함이

다시 떠올라 참담한 심정이었다. 강철호가 사람의 탈을 쓰고 어떻게 없는 일을 꾸며내 죽이려 드는 것일까? 그것도 남도 아닌 자형을? 그리고 자신이 오래 가르쳤고 정도 들만큼 든 소진수까지?

한성민은 그런 생각에 가슴이 미어지는 듯하였다.

하기는 부모 형제, 심지어는 처자식까지 제 욕망의 제물로 삼는 세상이니 피냄새 맡고 달려드는 모기처럼 생각하면 그만이었다. 현대문명이란 것이 욕심낼 만한 물건을 자꾸만 생산해 내고 있으니 썩은 짐승을 두고 아귀다툼을 벌이는 하이에나처럼 제 욕망의 배를 채우기 위한 인간들이 득실거릴 수밖에!

거기다가 나라를 이끄는 자들의 행태가 제 잇속 챙기기에 급급하니 아래 백성들이야 두말할 필요가 없을 것이다. 덩치만 큰 쓸모없는 잡목 밑에 독버섯이 우후죽순처럼 자생하기 마련이니 말이다. 그러나 정갈한 나무 밑에 산삼이나 송이버섯이 자생하듯, 큰 도의 나무가 우뚝 서서 천하에 가지를 뻗으면 잡초는 그 그늘 밑에서 성장을 멈추고 독버섯은 자멸할 터, 그때가 멀지 않아서 절망의 늪에서 괴로워하기보다는 희망이 더 컸다.

그리고 그나마 도를 몰라도 저절로 도를 행할 줄 아는 이들이 있어 그들의 영향을 받는 착한 백성이 적지 않았다. 그들은 사악한 인간들 가운데서 썩은 진흙에 뿌리를 내리고도 피어난 연꽃처럼 아름다운 심성을 간직하고 있지 않은가!

"선생님 다 왔습니다."

한성민이 생각하는 동안에 어느새 주성수가 집 앞에 차를 세우고는 뒤돌아 보고 말했다.

그제야 생각에서 깨어난 그는 급히 대문 처마 밑으로 뛰어갔다. 주성수도 뒤따라와 금방 옷을 적신 빗물을 털어내고 얼른 휴대폰을 꺼내 아내한테 전화부터 하였다.

"여보, 선생님 지금 막 도착하셨어요. 사모님은 아직 거기 계시죠?"

"아니에요. 지금 언니랑 거기 가려고 집을 막 나왔어요."

"그럼 잠시만 거기서 기다려요. 내가 금방 갈게. 사모님을 차로 모시고 오게요."

"그러면 되겠군! 그럼 나는 여기서 기다릴 테니 어서 데리고 오게."

한성민은 별로 걱정하지 않았다. 주성수가 아내를 차에 태워 오니 걱정할 필요가 없어서 그냥 대문 앞에 서서 아내를 기다기로 하였다.

주성수는 몇 차례 운전대를 급히 회전시켜 차머리를 둘렸다.

그리고 불과 10여m 쯤 되돌아가서 거의 90도 가까운 우측 골목으로 꺾어 들어갔다. 집은 골목 입구에서 좀 경사진 길을 20여m쯤 올라가 사람의 발길이 뜸한 한적한 곳에 있었다.

주성수가 골목으로 들어서 집까지 반쯤 올라가고 있을 때였다.

우산을 쓴 한 건장한 사내가 급한 걸음으로 주성수의 차보다 빠르게 달려가며 누굴 향하는지 마구 손짓을 해댔다.

주성수는 무심코 그 사내를 서행으로 따라가다가 차창을 줄줄 흘러 내리는 빗줄기를 급히 걷어내는 윈도브러쉬가 지나칠 때마다 얼핏얼핏 우산을 들고 나란히 선 서영과 아내의 모습을 보았다. 그리고 그녀들의 곁을 지나 쏜살같이 달려오는 검은 승용차도 발견했다.

그런데 그 승용차를 발견하고 불과 몇 초가 지났을 때였다.

뭐라 생각할 여유조차 없었다.

달려오던 검은 승용차가 멈추지 않고 정면으로 곧장 달려와서 반사적으로 급브레이크를 밟았다.

그러나 순식간이었다.

정면으로 달려온 검은 승용차가 그대로 앞 범퍼를 들이받았다. 그와 동시에 차는 한쪽 길옆으로 앞 타이어가 처박혔다. 사고를 낸 검은 승용차는 별로 서두는 기색 없이 조금 후진하더니 멈춰 섰다. 그런데 그 차의 양쪽 문이 한꺼번에 부리나케 열리더니 두 명의 건장한 사내가 우산도 없이 뛰어내렸다. 그리고 뒤이어 좀 전에 차 앞을 달려가며 손짓하던 사내가 달려오더니 이제 막 정신을 차리고 차 문을 여는 주성수의 멱살을 다짜고짜 잡아채 밖으로 끌어냈다. 숨조차 제대로 가눌 수 없이 엉겁결에 얻어맞은 날벼락이나 마찬가지였다. 그나 그뿐이 아니었다. 뒤이어 달려온 또 다른 사내가 차 밖으로 내동댕이쳐져 길바닥에 쓰러진 주성수의 옆구리를 사정없이 걷어찼다. 반항할 기회조차 없었다. 옆구리를 강타당한 통증에 새우처럼 몸을 웅크리는데 두 사내가 마구잡이로 발길질을 해댔다.

"이 새끼가 맞아? 죽여! 그 새끼 맞제야!"

주성수를 끌어내려 몇 차례 발길질을 해대던 사내가 잔인하게 소리쳤다. 그리고 구둣발을 들어 주성수의 허벅지를 내리찍었다. 두 사내가 머리, 배, 다리 할 것 없이 마치 죽은 시신을 짓뭉개듯 무자비하게 짓밟아댔다.

주성수는 비명조차 내지르지 못하였다. 그들의 발길질이 마치 쏟아지는 폭탄 같아서 그저 머리만 감싸 안고 본능적으로 위험한 급소만 방어하는 데만 급급했다.

"이 새끼 차에 태워! 다리 하나 잘라버리게."

한 사내가 소리치며 주성수를 일으켜 세웠다,

"그냥 죽여 버릴까? 비도 오고 보는 사람도 없는데."

주성수는 두 사내의 소름끼치는 소리에도 몸을 반응할 수 없었다. 아프지도 않았다. 그들이 하는 대로 맥없이 몸을 맡겨놓을 수밖에 없었다.

그때였다.

"악! 성수 씨!"

하고 외치는 선희의 비명소리가 어렴풋이 들려왔다.

그리고 뒤이어 성수 씨! 하고 외치는 강서영의 목소리도 들렸다.

그녀들은 자동차가 추돌하는 소리에 깜짝 놀라 그쪽으로 시선을 집중하고 있었다. 그러나 워낙 빗줄기가 강해서 누군지 분간을 못하다가 붙들려 일어서는 사람을 보고서야 주성수임을 알았다.

"여보!"

선희가 정신없이 외치며 달려왔다. 그리고 막 주성수를 끌어 일으킨 사내를 향해 돌진했다.

사내들은 적지 않게 당황했다.

"야, 안 되겠어! 이 새끼 놔두고 씨발! 저년부터 조겨!"

하고 한 사내가 짧게 명령하더니 두말없이 달려오는 선희의 배를 주먹으로 내질렀다.

그리고 다음이었다.

선희를 뒤따라 빗속을 달려오는 그녀를 향했다.

이번에는 다른 사내가 태권으로 발차기 하듯 그녀의 배를 강타했다.

그러고도 모자라 그들은 그녀들을 여러 차례 짓밟았다. 그녀들에 의해 자신들의 인상착의가 알려질까 두려워서 그랬다. 그렇지 않고서야 이유 없이 그것도 힘없는 여자를 그리도 무지막지하게 폭행할 수는 없었다.

그들은 그녀들이 기절할 정도가 되어서야 재빨리 차에 올라 뒤로 급발진해 사라졌다.

순식간에 일어난 일이었다.

쏵 쏵 장대 같은 비는 쏟아지고 어둠을 가르는 번개가 번쩍였다.

우르릉 우르릉 하던 천둥도 어디에선가 땅을 쪼개듯 벼락을 내리쳤다.

주성수가 겨우 정신을 차리고 엉금엉금 기어가 아내 선희를 끌어안아 울부짖었다.

그런데 이것이 바로 그가 그토록 염려했던 그녀의 업보일까?

기절한 강서영의 치마 밑으로 선혈이 빗물에 섞여 도랑물처럼 흘러내리고 있었다.

누구를 향한
하늘의 노여움인가?
몰아치는 빗줄기여!
선악을 분별하지 않는
어질지 못한 하늘이여!
누가 믿고 우러러 보리
아, 하늘이시여!
아, 무정하고 잔인한
천지신명이시여!
착한 이도 돌아보지 않는
비정함이여!

주성수가 울부짖는 통곡의 소리가 빗줄기를 타고 하늘을 향해 고래고래 울려 퍼져나갔다.

한편 아무것도 모르는 한성민은 여태 집안으로 들어가지 않고 주성수가 아내를 데리고 오기만을 초조하게 기다리고 있었다. 이제나 저제나 언제나 올까 하고 초조해하던 그는 진작 되돌아 왔어야 할 주성수의 차가 한참이 지나도 오지 않자 초조하고 불안했다.

그래 급히 휴대전화를 꺼내 전화를 해보았으나 아내도 주성수도 선희도 전화를 받지 않았다. 그제야 번개같이 스치는 불길한 예감이 엄습했다. 그리고 자신도 모르는 사이 가슴이 철렁 내려앉는 불안감에 눈앞이 캄캄했다.

무엇을 생각할 겨를도 없었다.

곧바로 빗속을 내달렸다.

아내의 업!

그 운명의 순간이 불어 닥쳤을 것이란 느낌이 벼락처럼 머리를 때렸다. 발길이 어디에 놓이는지도 몰랐다. 빗줄기 속을 단숨에 내달렸다.

그리고 보았다.

오가는 사람 하나 없는 길바닥에 쓰러져 있는 그들!

저주의 세례인 양 쏟아 붓는 빗물을 다 집어삼킬 듯 선희를 끌어 안고 하늘 향해 울부짖는 주성수, 그리고 그 곁에 새우처럼 웅크리고 모로 쓰러진 채 꼼짝하지 않는 아내!

한성민은 아내를 끌어안았다.

그리고 소리쳤다.

"아- 하늘이시여!"

하고

그러나,

우르릉 쾅쾅, 우르릉 쾅쾅!

그리고 번쩍이는 섬광!

하늘은 그 대답뿐이었다.

땅에도 지붕에도 내리 퍼붓는

비의 소리만치나

절규하는 그의 울부짖음이

빗속을 퍼져나갔다.

비가 멎은 새벽 1시

한성민은 S병원 수술실 문을 초조하게 바라보고 있었다. 기절해 정신을 못 차리는 피투성이 아내를 수술실에 들여보낸 지도 벌써 두 시간째였다.

한성민의 장인과 장모는 잠시도 자리에 앉아 있지를 못하였다. 일어나서 수술실 문을 밀쳐보다가 되돌아와서 앉았다가 또 일어나기를 반복하며 애가 타는 속내를 견디지 못하였다. 그렇게 숨 막히는 기다림의 시간은 먼동이 터 오르기 전인 새벽 3시가 좀 넘어서야 무거운 수술실 철문이 열리면서 멎었다.

가운을 입은 두 명의 의사가 밖으로 나오자 두 노인 부부가 한달음에 달려갔다

"선생님!"

그러나 그들은 대답 대신 고개를 떨구었다. 수술을 주도한 것으로 보이는 나이 지긋한 의사가 고개를 들어 설레설레 내저으며 말했다.

"죄송합니다. 최선을 다했지만 부인께서 피를 너무 많이 흘리셔서… 가망이 없습니다. 들어가 보시죠. 임종을 지키셔야죠."

"가망이 없다니요. 임종! 아이는요?"

노부인이 다급히 반문했다.

"아이는 사산됐습니다. 죄송합니다."

의사는 절망의 빛을 침중하게 토해냈다. 그리고 앞길을 가로막고 선 그의 장모를 피해 빠른 걸음으로 지나쳐 갔다. 그의 장모는 그 자리에 털썩 주저앉을 듯 비틀하고 몸을 가누지 못하였다. 장인이 화급히 부축해 다행히 쓰러지지는 않았다.

그런데 뜻밖이었다.

놀라 허둥댈 줄 알았던 한성민은 되레 침착했다. 오히려 정신을 차린 장모가 통곡부터 터뜨리며 수술실 안으로 뛰어 들어가려 하자 조용히 앞을 가로 막아섰다.

"어머님, 저 혼자 들어가 보겠습니다. 걱정하지 마시고 제가 나올 때까지 밖에서 기다려 주세요. 아버님께서도 기다려 주십시오."

하고 말한 뒤 묵묵히 수술실 안으로 들어가 가만히 문을 닫았다.

그리고 한바탕 회오리가 쓸고 지나간 자리처럼 황량한 수술실 가운데 외롭게 놓인 수술대를 바라보았다. 아내의 몸엔 벌써 죽은 자의 몸을 덮는 하얀 이불이 얼굴만 내놓고 가슴까지 덮여져 있었다. 산소마스크로 코와 입을 가린 채였다.

생명의 마지막 보루인 심장의 움직임을 파장으로 표시하는 전류 그래프가 모니터에 멎을 듯 가느다랗게 흐르고 있었다. 생명의 기운이 스러져 가는 미세한 흐름이었다.

어느 순간 저 그래프가 멎을 때 영혼은 육신을 벗어날 터, 그는 가만히 아내 가슴을 덮은 하얀 이불을 아래로 벗겨 알몸을 다 들어내게 하였다. 희고 고운 아내의 허리 아래는 온통 피로 물들었다.

그 모양을 잠깐 측은히 바라본 그는 이내 마음을 가다듬어 침대

위로 올라갔다.

그리고 피로 얼룩진 골반 위에 엉덩이를 든 채 양 무릎을 꿇어앉아 심장이 들어있는 하얀 젖무덤 사이에 오른 손바닥을 대고는 가만히 눈을 감았다.

언제나 하던 명상의 자세였다.

한성민은 생명의 집인 심장에서 아직 육신을 떠나지 않은 아내의 영혼에 자신의 영혼을 들어 하나로 묶어놓으려 하였다. 그러기 위해 잠시 마음을 가다듬은 그는 서서히 집중을 시작했다. 그리고 평생의 도력을 다 끌어올려 빛줄기처럼 진기眞氣를 쏟아 넣기 시작했다.

그런데 다음 순간 소스라치게 놀랐다.

진기가 화살처럼 아내의 심장 속으로 쏘아갔을 때였다. 아내와 인연이 다한 영혼이 육신을 떠날 준비를 마치고는 심장으로부터 벗어나려고 이제 막 요동을 시작하고 있었다. 하마터면 놓칠 수도 있는 다급한 순간이었다. 긴장한 그는 다시 마음을 가다듬어 육신의 진기를 다 끌어올려서 아내의 심장으로 쏟아 붓기 시작했다.

그러자…!

모니터의 파장이 한때 끊어질 듯 사라져 가던 그래프가 실낱같은 가느다란 선이 희미하나마 다시 살아나 이어지기 시작했다.

그러나 그것도 잠시!

또 아내의 영혼이 꿈틀대기 시작했다.

눈도 코도 없는 불덩이 같은 영혼은 심장 속의 세 개의 털을 휘둘

러 이어진 칠성줄을 끊어 다시 육신을 떠나려고 발버둥치기 시작
했던 것이다. 그는 빠져 나가려고 아내의 가슴을 들먹이는 영혼의
발광을 손바닥에 진기를 다 모아 눌렀다. 그러나 아내의 요동치는
영혼의 힘이 얼마나 센지 팔뚝까지 기운이 뻗쳐 어깨가 빠질 듯 아
팠다. 그리고 아내의 영혼은 진기를 받아들이기를 토라진 아이처럼
자꾸만 거부했다. 그래도 그는 자신의 사랑의 빛을 인당에 모아 아
내의 영혼을 향해 쏟아 넣기를 중단하지 않았다.

오래 오래…!

그래서였다.

사랑의 빛이 아내의 심장으로 들어가 발광하는 영혼을 감싸자 고
분고분 순종하는 아이처럼 고요히 가라앉았다. 그와 동시에 모니터
의 파장이 조금씩 조금씩 굵고 높은 곡선을 그리기 시작했다. 그리
고 저 하늘 어디로부터인지 희미한 한 줄기 빛이 유성처럼 쏘아오
더니 아내의 영혼의 빛을 실타래처럼 휘감아 돌았다.

끊어져가던 칠성의 빛줄이 드디어 이어졌던 것이다.

그것을 본 그는 희망을 가지고 최후의 진기를 끌어올렸다. 그리
고 사랑의 혼불을 흩어지지 않게 오직 일심으로 아내의 영혼에 쏟
아 붓고 또 쏟아 부었다.

그러기를 얼마나 오래 했을까?

주검처럼 고요한 병실의 적막이 숨을 막히게 하는데 그의 생명의
기운만이 전류처럼 아내의 몸속으로 흘러들고 있었다. 이마엔 땀방
울이 송글송글 맺히고 숨은 가빠왔다.

그러나 그는 멈추지 않았다.

육신의 정기가 마르고 말라서 모래알처럼 흩어진다 해도 마지막 한 방울의 기름을 짜내듯 생명의 진기眞氣를 쏟아 붓고 쏟아 부었다. 그 시간들은 정적 속에 멈춰버려서 얼마나 오래 그런지 몰랐다. 억겁의 세월이 흐른 것 같기도 하고 잠깐 사이 같기도 한 어느 순간에 이르러서였다. 실낱같은 모니터의 파장이 꺼질 듯 이어지고 꺼질 듯 이어지다가 조금씩 조금씩 굵고 높게 이어지기 시작했다. 그러다가 어느덧 파장이 수평을 이루더니 높낮이가 보이지 않게 고르게 흐르기 시작했다.

한성민의 옷은 흠뻑 젖었다.

물에 빠졌다가 나온 사람 같았다.

얼굴을 타고 내린 땀방울은 빗물처럼 아내의 가슴으로 줄줄 흘러내렸다.

땀방울은 뜨거웠다.

그 열기가 잃었던 그녀의 의식을 깨운 것일까?

모르는 사이에 아까부터 조금씩 움직이기 시작한 그녀의 손이 살그머니 들리더니 가슴에 댄 남편의 손등으로 옮겨갔다.

그리고 뒤이어 주검처럼 감았던 눈을 살며시 떴다.

"여… 보!"

아내가 입술을 움직였다.

한성민은 그 소리를 듣지 못했다. 그러나 아내와 눈이 마주쳤다.

생기가 돌아온 맑은 눈동자였다.

안도의 한숨이 저절로 길게 토해져 나왔다.

그리고 아내의 눈동자는 슬픔도 고통도 없었다.

오직 하나 사랑의 빛이 영롱한 이슬처럼 머금어져 있었다.

쏟아 붓던 진기를 거둘 때가 되었다.

그러나 아내의 가슴으로부터 손을 떼자 눈앞이 캄캄하고 어찔해서 곧 쓰러질 것 같았다.

잠시 눈을 감아 마음을 고요히 가다듬었다.

그리고 떨리는 손으로 아내의 손을 더듬어 꼭 잡았다.

아내는 스스로 산소마스크를 벗겨냈다.

"여보!"

입술을 열어 소리 내 남편을 부른 그녀는 뜨거운 눈물을 주르르 쏟아냈다.

"고맙소! 나에게 돌아와 줘서!"

떨림으로 말한 그는 울컥 치밀어 오른 감격을 못 참아 아내의 가슴에 얼굴을 묻었다. 터져 나오는 울음을 속으로 삼키며 오래 그러고 있었다.

※ 옛날에 도를 잘 통한 사람은 미묘한 현통을 하였다.

지식으로 그 깊이를 알 수 없고 상식을 초월한 사람만이 안다.

누가 능히 탁함을 청정하게 할 수 있으며, 누가 능히 죽음에 이르는

것까지 그 모두를 되살릴 수 있으랴!

도덕경에 기록되어 있는 노자의 말이다.

한성민은 이 말을 굳게 믿고 그간 지극한 정성으로 닦은 도력으로 아

내를 살려냈던 것이다.

3장

하늘이 만물을 태어나게 했으나
풀잎 하나라도 간섭하던가?
간섭하지 않기 때문에 만물은
제 자리에서 제 할 바를 다하는 것이다

무거운 짐 내려놓고

하늘을 대신한 사자의 분노

한성민은 아내를 데리고 고향에서 보름째 지친 심신을 다스리고
있었다.

보름 전 그날 아내의 영혼을 붙들어 놓으려고 평생의 진기를 다
쏟은 탓에 몸이 몰라보게 상했다. 어린아이처럼 피부가 고운데다
주름살 하나 없어서 나이보다 십 년은 젊게 보이던 얼굴이 며칠 사
이에 이십 년은 더 늙은 것 같았다.

아미와 이마에 가느다란 주름이 지고 윤기가 흐르던 양볼은 살결
이 푸석푸석했다. 그리고 노인처럼 기력이 쇠잔해 빛나던 눈동자도
생기를 잃었다. 그녀는 그렇게 생명줄을 이은 뒤에 빠르게 건강은
회복되었으나 아이를 잃은 슬픔에 말문을 닫았다. 거기다가 쇠락해
진 남편의 모습을 보는 심정은 예리한 칼로 가슴을 저미 듯 아파서
살아 있는 것이 죄스러웠다. 할 수만 있다면 목숨을 버려서라도 자
신의 정기를 기름을 짜듯 한 방울도 남김없이 남편의 몸에 부어주

고 싶었다.

하지만 그는 아내가 곁에 있는 것만으로도 심신이 편안하고 행복하였다.

아이를 잃은 아픔이야 말할 수 없었지만 그것은 자신의 도력 밖이어서 이미 각오한 일이라 빠르게 체념할 수가 있었다. 그리고 각박한 현세에 태어나 자신처럼 고뇌하지 않고 후일 새 시대가 왔을 때 성인으로 태어나는 것이 차라리 그 아이를 위해서도 다행이라 자위하기도 하였다.

그러나 아내를 살리느라 소진된 진기를 축적시키는 것이 생각보다 늦어져서 걱정이었다. 진기는 천기天氣와 지기地氣를 함께 받아야 하는데, 지기는 약으로 다스려지므로 어렵지 않았으나 천기는 마음의 힘으로 끌어와야 하므로 몸이 쇠잔하다 보니 아무래도 시간이 필요했다.

한성민은 길어지는 그 시간들이 몹시 우려스러웠다.

명상 중에 또 다른 행각을 벌이는 강철호의 검은 그림자를 발견하고 나서 더 그랬다. 심각한 위험이 감지돼 하루속히 몸을 추스를 필요가 있었다. 서울에 있을 때는 모르고 있었으나 이곳 석굴에서 인간의 사악함을 슬퍼하며 화두를 강철호에다 두고 명상하던 중에 확인하고는 크게 놀랐다.

아내가 위해를 당하기 전에 발견했던 검은 그림자의 마기魔氣가 그때는 누구인지 확신하지 못했으나 이번에는 뚜렷하게 강철호임을 확신할 수가 있었다. 더욱이 강철호의 행각이 아내를 죽음 직전까지 몰아넣은 깡패들의 무자비함에도 비교할 수 없이 엄청나게 심각하게 느껴져서 하루하루가 불안했다.

그것이 무엇인지 뚜렷하게 보이지는 않았지만 명상 중에 어떤 것은 선명하게 혹은 어떤 것은 희미하게 스쳐 지나간 끔찍한 참상이 섬쩍지근한 전율을 일으켰다. 그것은 분명 화염에 휩싸인 어느 곳의 건물이었다. 그 건물로부터 여러 사람이 뛰쳐나오고 더러는 쓰러져 죽은 시신도 보였다. 그리고 그 건물 옆에는 솟대처럼 높이 솟은 무언가가 있었다. 그곳에 하늘을 가르는 무수한 불꽃이 산봉우리로부터 빗줄기처럼 날아와 쏟아졌다. 그리고 그것은 무참하게 파괴돼 산산이 흩어졌다.

그런데 문제는 다른 데에 있었다.

솟구치는 화염 저만치 허공에서 웃고 선 강철호의 모습이었다. 다른 건 몰라도 강철호의 모습만은 뚜렷했다. 분명 건물을 불태우고 솟대 같은 그 뭔가의 파괴자가 강철호라는 확신에 가까운 느낌이 분노를 일으켰다. 젊었던 그 옛날 모함과 배신에 치를 떨며 살의까지 품었던 분노의 불길을 삭이고자 고뇌하며 수행자의 길에 들어섰던 그날 이후로 처음으로 솟아오른 참지 못할 분노였다. 그런데 이번의 분노는 그 자신의 것이 아니었다. 수많은 사람들의 것이었다. 그들의 원한에 맺힌 분노를 어쩌면 말이 없는 하늘을 대신해 시행할 응징의 분노라고도 할 수 있었다.

그러기에 강철호의 만행을 저지할 사람은 오직 자신뿐이란 느낌을 강하게 받았다. 그러기에 빠른 시간 내에 회복하고 급히 서울에 가지 않으면 안 될 듯해서 한시도 마음이 놓이지 않았다.

그는 이날 새벽에도 지친 몸을 추스르고는 겨우 몸을 일으켰다.

"여보, 좀 더 주무시다가 가세요. 당신 몸을 더 상하시면 어쩌시려고요? 제발요! 네?"

이 시간에 어김없이 눈을 뜨는 그녀가 남편과 거의 동시에 일어나 앉았다. 그리고 흐트러져 얼굴을 덮은 머리카락을 쓸어 올리며 애타게 만류했다.

"아니오. 그렇지가 않소. 몸을 회복하려고 가는데 상할 리가 있겠소. 어제보다 많이 좋아졌으니 염려하지 말고 당신이나 더 자도록 해요."

"그래도 잠 못 자는 것이 얼마나 건강에 나쁜데요? 당신 얼굴 차마 못 보겠어요."

자신의 생명을 살리기 위해 죽음을 불사하고 평생 쌓아온 정기를 다 쏟아 준 남편의 초췌한 모습을 차마 눈 뜨고 볼 수 없는 아픔이었다. 예전에는 그렇지가 않았으나 매일 새벽 이맘 때 일어나 지친 몸을 이끌고 석굴로 가는 남편의 모습이 안쓰럽고 처량해서 날마다 눈물을 걷잡지 못했다. 오늘도 어제처럼 애써 참으려 해도 미어지는 가슴을 못 견뎌 소리 없이 눈물이 펑펑 쏟아졌다.

"또 눈물이오? 제발 이제 그만 그러오. 당신이 자꾸 이러면 내 마음이 편치가 않아서 건강에 더 해롭소. 그리고 당신 건강은 어떻고? 나는 이제 기력이 많이 회복되었소. 오늘 다녀오면 더 좋아질 것이오. 자, 자 그만 울음을 그쳐요. 응!"

한성민은 아내를 가만히 안아 타이르며 다독였다. 그제도 어제도 줄곧 해온 말을 오늘도 되풀이한 마음의 소리였다. 남편의 그 마음을 아는 그녀는 늘 같은 말을 들어도 그때만은 슬픔도 아픔도 잦아들어 눈물을 그쳤다. 그리고 나가는 남편에게 마지못해 무리하지 말고 다녀오라 하였다. 그러면 그는 늘 그랬듯 이때를 기다려 아내를 자리에 뉘고는 집을 나섰다.

오늘도 그리 한 그는 곧장 뒷산 석굴로 향했다.

산 어귀에 이르러서는 새벽바람이 살을 에도록 모질고 혹독했지만 땀 흘리게 뛰어 오르는 것이 좋아 앞서 내달리는 누렁이 진돗개와 경쟁하듯 하였다.

그런데 뛰어보니 어제보다 기력이 많이 회복된 것을 느낄 수 있었다. 얼마 못 가서 턱까지 차오르던 숨이 그리 가쁘지가 않았다. 오르막길에서 그리도 힘들던 다리도 가벼운 느낌이었다.

석굴에 가서는 어제까지만 해도 무너져 내릴 듯 무겁던 몸이 한결 가볍고 편안했다. 이대로라면 한 열흘 지나서는 예전의 진기가 거의 다 회복될 수 있을 것 같았다.

그러나 그때처럼 마음의 힘으로 더운 빛을 끌어와 추위로부터 몸을 보호할 만한 기력이 부족하다 싶어 장작불을 지폈다. 그리고 좀 지나 연기가 다 빠져나가고 으슬으슬하던 동굴 속이 훈훈해질 즈음 동녘을 향해 가부좌를 틀고 앉았다. 그리고 머리끝부터 발끝까지 근육을 이완시켜 감각이 잊혀질 때까지 여러 차례 반복해서 몸속을 관찰했다.

마음 가는 곳에 기氣가 흐르고 몸을 비운 곳에 기가 들어오는 법이다. 그렇게 오래 몸을 관찰하고 느낌마저 비워내면 어느 사이 기氣가 막혔던 강물이 터지 듯 전신을 흐르기 마련이었다. 처음에는 피부가 꿈틀대고 얼굴은 팽팽히 실리며 몸은 실버들처럼 흔들린다. 그러다가 기가 전신을 한 바퀴 돌아 막힌 혈이 다 뚫리면서 몸은 다시 움직임을 멈추고 있는 듯 없는 듯해졌다.

이때를 기다려 온 그는 머릿속, 가슴속, 뱃속을 관찰하고, 전신의 피부 속의 뼈와 피와 힘줄까지 다 관찰했다. 뒤이어 신장·방광을 남색으로 관하고, 간·담을 녹색으로 관하고, 심장·소장을 붉은색으로 관하고, 비·위를 황색으로 관하고, 폐·대장을 흰색으로 관하여 오장의 세포가 활발하게 운동하게 하였다. 그런 다음에 이번에는 하늘의 별을 관찰했다.

수성水星을 관해 그 빛을 신장·방광과 연결시키고, 목성木星의 빛은 간·담과 연결시키고, 화성火星은 심장·소장과 연결시키고, 토성土星은 비·위와 연결시키고, 금성金星의 빛은 폐·대장과 연결시켜서 오성五星과 자신을 하나로 묶었다.

그리고 북두칠성의 빛을 끌어와 영혼의 기운을 불꽃처럼 피어오르게 하였다. 그리고 대자연의 기운을 끌어와 육신의 기운을 돋우었다. 그리 하니 영혼과 육신을 주관하는 천지의 그 모든 것과 일체가 되어 드디어는 불 같고 바람 같은 무한의 생명의 기운들이 폭포수처럼 쏟아져 들어와 몸의 안과 밖을 휩싸고 돌았다. 그리고 쌓이고 쌓이는 진기는 왕성한 생명활동의 불씨가 돼 몸은 날아갈 듯 가벼워지고 머릿속은 청명한 하늘 같았다.

아침나절에 함박눈이 내리다가 그쳤다.

앙상한 유실수 가지에 소복소복 쌓인 하얀 눈꽃이 예전에도 이리 아름다웠을까?

아내 어깨를 감싸고 장인의 별장 정원을 산책하던 한성민은 오랜만에 대자연의 아름다움에 심취했다. 아마도 잃었던 진기를 다 회복한 뒤라서인지 보이는 것마다 환희롭고 신비로웠다.

꼬박 한 달 만이었다.

강서영은 남편이 생기를 되찾자 웬만큼은 안정을 되찾았다. 잃은 아이 생각에 넋을 놓았던 날들도, 그리고 남편을 보는 아픔에 숨이 막혀 꺼억 꺼억 트림으로 트고 가슴을 두들겨 고통을 참아내던 날도 조금씩 잦아들었다.

"오빠!"

유실수 눈꽃 사이로 정원의 끝자락까지 갔을 즈음이었다.

선희가 소리 없이 따라와 그를 불렀다.

"아가씨!"

강서영이 먼저 돌아보았다.

웃음지어 반기는 모습을 하였다.

선희는 영영 못 볼 것 같았던 올케의 웃음에 기쁨이 넘쳐 토끼처럼 껑충껑충 장난스럽게 뛰어가 올케의 팔을 잡고 추운 듯 오들오들 떠는 시늉을 하였다.

"아가씨, 추워요?"

"아니에요. 춥긴요? 언니가 웃으니까 좋아서 그렇지!"

"언니가 웃었어?"

아내의 웃음을 못 본 그가 짐짓 놀란 체하고 반문했다. 그리고 미소 지어 아내를 돌아보았다. 남편의 눈길과 마주친 그녀는 부끄러워 하얀 이를 또 드러냈다.

슬픔을 한꺼번에 날려 보내는 해맑은 웃음이었다.

"오빠, 주 서방이 온댔어요. 배영기 변호사하고!"

"그래? 하긴 네가 너무 오래 여기 있었다. 이번에 주 서방 오면 너도 같이 가는 게 좋겠다. 나도 곧 뒤따라 갈 테니까."

"싫어요! 나도 언니랑 같이 갈 거예요."

선희가 완강하게 고개를 내저었다.

다친 몸을 추스르느라 일주일 늦게 오빠와 올케를 뒷바라지하기 위해 고향에 왔었다. 그리고 줄곧 올케를 위로하느라 무던히도 애를 태웠는데 원기를 되찾은 오빠와 슬픔에서 벗어난 올케의 웃음을 보았다.

그래서 이제는 안심하고 돌아가도 되겠지만 오빠 내외를 떠나 있고 싶지가 않았다. 더욱이 바로 집 근처에서 무자비하게 테러를 당했던 그 끔찍했던 순간을 생각하면 서울이란 곳이 너무 싫어서 영영 고향에 머물고도 싶었다.

"주 서방이 많이 섭섭해 하겠지만 이해할 거예요."

강서영은 시누이의 그런 마음을 모르지 않아서 더 있다가 함께 갔으면 하였다. 그도 말없이 끄덕여 동의했다. 충격이 컸을 선희를 생각하면 좀 더 안정을 취하는 것이 좋을 것 같아서 굳이 주성수를 따라가라 하지는 않았다.

그리고 천성이 낭만적인 선희가 이익을 위해 아귀다툼을 벌이는 서울보다 다툼도 없고 시끄럽지도 않은 시골을 벗어나고 싶지 않은 지금의 심정도 이해했다.

사실 그 자신도 벌여놓은 일이 없으면 고향에 그냥 눌러있고 싶었다. 일이야 웬만큼 자리를 잡았으므로 이제는 주성수한테 맡겨두고 가끔 서울엘 다녀와도 그리 걱정하지 않아도 될 수는 있었다.

그러나 강철호의 행각을 더는 두고 보지는 않으리라고 비장한 각오까지 하였다. 만약 그 행각이 명상에서 느꼈던 것처럼 만인의 생명과 직결되는 것이라면 하늘이 아니면 절대로 해서는 안 될지라도 결행할 결심까지 하였다.

이번의 일도 그렇지만 더 심각한 일을 저지를 것이란 느낌을 떨쳐버릴 수가 없어서였다. 그리고 그것이 뭔지 모르지만 사전에 저지하지 않으면 안될 것 같은 절박감마저 들었다.

큰일은 어려워지기 전에 다스려야 한다. 아름드리 나무는 작은 떡잎에서 어려움이 생기고, 천리길을 가는 것도 내딛는 발아래에서 시작된다 하였으니 말이다.

그러기에 강철호가 큰일을 시작하기 전에 제압할 필요가 있었다.

한성민이 이런 결심을 하기까지는 상당한 고뇌가 뒤따랐다.

강철호의 사악한 행각을 무위의 천도에 맡겨둘 것인지 아니면 인위의 도로써 응징해야 할 것인지 고민스러웠다.

천도는 시궁창의 버러지도 용납하는데 하물며 사람이 자애로움을 버려야 하는가? 자애로 싸우면 말없는 가운데 이기고, 자애로 지키면 무너지지 않는 성벽처럼 자신이 견고할 텐데, 그것을 버리고 인도人道로 다스려야 하는가?

그리고 그 죄를 어떻게 감당해야 할지 심히 혼란스러웠다.

그런데 예전에 강철호가 했던 말이 얼핏 생각났다. 당시 강철호는 그나마 제법 인의仁義를 생각할 줄 아는 때였다. 어디서 들었는지 아니면 불경의 한 구절을 읽었는지 모르지만 이런 말을 했었다. 한 명의 강도가 100명의 아녀자를 납치하여 성폭행하는 등 갖은 범행을 자행하는 데도 용서해야 하는가? 그리고 그 강도를 훈육할 수 없는데도 용서해야 하는가? 아니면 강도를 죽임으로써 100명을 구원하는 것이 옳은가? 하는 질문에 후자를 지지한 붓다처럼 때에 따라서는 죽임도 불사하는 단호한 결단까지 하고서야 혼란한 마음을 정리했다.

하늘이 준 목숨을 단 하나라도 거둘 자격이 누구에게 있으랴마는 한몸 바쳐 인의를 행하는 것은 도의 눈으로 천하의 것들을 측은지심으로 바라보는 자의 몫이 아니라면 어디에서 구원의 손길을 기대할까?

나중에 죽은 자의 영혼을 어찌 하였건 100명이 아니라 천만 명의 재산을 강탈하고 목숨을 앗아가는 자가 있어도 여태 천도는 버려두었다. 후일 새 시대에 그들이 살아생전에 비로소 천도에 의해 멸할 테지만 그 전에 얼마나 많은 이들이 희생되어야 하는가! 그러므로 설사 천도에 반한다 하여도 인의의 도를 행함에 주저하지 않기로 결심했다.

그러나 하늘만이 할 수 있는 죽임의 권한을 임의로 행사한 이상 아무리 정당한 인의라 할지라도 마땅히 그에 상응하는 죗값만은 치러야 함이 옳다는 생각도 정리해 두었다.

주성수가 배영기와 함께 하얀 눈을 밟고 별장 정원으로 들어섰다.

마침 뒷짐을 지고 생각에 잠겨 연못가를 거닐던 한성민은 그들의 모습을 보자 반가움에 큰 걸음으로 걸어가 기쁘게 맞이하였다.

그들은 반가움에 겨워서 그를 얼싸안고 싶었으나 스승이라 감히 그러지 못하고 허리 숙여 인사만 하였다. 그리고 한 달 내내 깎지 않아서 덥수룩이 자란 그의 턱수염을 보고는 괜히 마음이 짠하게 아팠다.

"그래 그동안 재단에는 별일 없는가? 교육도 잘 하고 잡지도 차질 없이 잘 발행하고 있겠지?"

집안으로 들어간 그는 먼저 재단 일부터 물었다.

"예, 선생님! 모두 잘 하고 있습니다. 수강생들도 동요가 없고 잡지를 보고 찾아오는 사람들이 예상 밖으로 많아서 곧 지부를 더 내야 할 것 같습니다. 그리고 배 변호사가 젊은 변호사들을 회원으로 가입시켜서 큰 힘이 되고 있습니다."

"오, 그래? 고맙네. 배 군! 뜻있는 사회 지도층을 되도록 많이 가입시키면 큰 힘이 될 거야."

"젊은 변호사들이 의외로 선생님을 많이 알고 있어서 저도 놀랐습니다. 그래서 가입시키기가 쉬웠습니다."

"그럴 리가?"

"회원들을 통해서 입소문도 많이 나고 잡지를 읽은 독자들이 선생님을 많이 선전한 것 같습니다. 그리고 주성수 사무총장이 워낙 업무관리를 잘 하니까요."

"그랬군!"

한성민은 고개를 크게 끄덕여 혼잣말처럼 하였다.

그리고 잠시 침묵하다가 오래 생각한 바가 있었던지 문득 정색을 하였다.

"배 군은 우리 재단 감사직만 맡을 게 아니라 지금부터 실질적인 고문 역할을 하게. 필요하면 법률고문 두어 사람 더 영입하고 그리고 역사관이 뚜렷한 지식인들 몇 명을 역시 고문으로 영입했으면 한다. 그리고 주 서방은 사무총장이라기보다 앞으로는 이사장이라 생각하고 나를 대신해서 재단을 잘 이끌어 가게."

"예? 무슨 말씀이신지?"

주성수가 깜짝 놀라 반문했다. 마치 자신은 뒤로 물러나 있겠다는 뜻으로 들려 어리둥절하고 황망했다.

"내가 행정을 뭘 아나? 재단이 해야 할 큰 방향은 잡아줬으니까 자네가 알아서 잘 하게. 내가 할 일은 별로 없을 것 같네."

"아닙니다! 선생님은 저희들의 정신적 지주십니다. 저희들에게 일을 다 맡기셔도 선생님이 계시는 것과 계시지 않는 것은 하늘과 땅 차이입니다!"

배영기가 주성수 대신 단호하게 말했다.

"이 사람들아, 그대들이 일을 할 때 나의 존재를 의식하지 말라는 뜻이야! 나를 의식하고 하는 일은 주관이 없어서 옳은 것을 옳게 일하지 못하기 마련이지. 나를 의식하지 않아야 자기 일에 최선을 다하지 않겠나. 그래서 나는 있는 듯 없는 듯 그 자취만 남아 있으면 그것으로 족하다."

"……?"

"이런 말이 있다. 성인은 사람들의 위에 있고자 하면 필히 자신을 낮추어 말하고 사람들을 번영시키려면 필히 사람들의 뒤에 몸을 둔다. 그러므로 성인이 사람들의 위에 있어도 사람들은 중압감을 느끼지 않고 사람들의 앞에 있어도 사람들이 꺼리지 않는다. 그러므로 사람들은 성인을 즐겁게 추대하고 염증을 느끼지 않는다 하였다. 내 비록 성인은 아닐지라도 그 본만은 받으려 한다."

"하지만 지금 시대에 맞지 않는 말씀 같습니다. 선생님!"

배영기가 신중하게 말했다.

"예나 지금이나 이 이치는 다름이 없다. 하늘이 만물을 태어나게 했으나 풀잎 하나라도 간섭하던가? 간섭하지 않기 때문에 만물은 제 자리에서 제 할 바를 다하는 것이다. 그래서 세상은 조화롭다, 지도자가 사사건건 간섭하면 아랫사람이 일을 못하는 법이지. 수동적이어서 창의력을 잃고 그저 기계처럼 부리는 대로 일할 뿐이니 그래서야 어디 발전할 수 있겠나?"

"……!"

"아무튼 나의 뜻이 그렇다. 그리고 일간 서울에 올라갈 생각인데 이번 강연은 내가 할 테니까 준비를 잘 해주었으면 한다."

"알겠습니다. 선생님께서 강연하신다면 강의실이 비좁을 겁니다!"

주성수가 그제야 표정이 밝아졌다. 강연까지 하겠다는 것으로 봐서 그가 일체 손을 떼고 뒤로 물러서겠다는 뜻은 아닌 것 같아 크게 안심도 되었다.

"그런데 선생님! 이번 사건에 대해서…"

배영기도 그렇게 받아들이고 여태 말할 기회를 엿보던 진짜 속내를 조심스럽게 꺼냈다. 그러자 돌연 그의 표정이 굳어지더니 입을 꾹 다물었다.

처음 보는 엄한 모습이었다.

그리고 범접할 수 없는 기운이 방안을 사로잡아 또 무슨 말을 하기 어려웠다.

"자네들이 수사를 의뢰했겠지만 부질없는 일이다. 행패를 부린 자들이 그 빗속을 종적도 남기지 않고 자취를 감췄으니 누군 줄 알겠나? 암튼 그 일은 나에게 맡겨두고 자네들은 그저 업무에만 열중하게!"

한성민은 엄한 표정 그대로 일언지하에 그 사건을 더는 거론하지 못하게 하였다.

주성수와 배영기는 곤혹스러웠다.

사실 그 일 때문에 불원천리하고 찾아왔는데 사건에서 손을 떼라 하니 어이가 없고 의아하기도 해서 할 말을 잃었다. 자신의 도력으로 목숨을 건지기는 했지만 자기 아내를 구타해 죽음으로 몰아넣고 자식을 잃게 한 범인들을 그냥 두라니 상식적으로 하늘과 땅이

미심쩍어 할 일이었다.

하지만 그는 결연한 의지를 나타냈다.

"자네들은 우리 재단의 목표대로 민족정신을 일깨우고 사람을 구원하는 일에만 오직 심혈을 기울이면 된다. 모기떼 다 잡는다고 시궁창이 없어지는 것도 아니지 않은가? 모름지기 새 시대가 올 때까지 그대들은 막중한 책임을 지고 있다. 사사로운 일에 신경쓰지 말고 넓고 멀리 보아야 한다. 천도가 시궁창을 버려두면 인도人道가 있지 않은가! 그 일은 나에게 맡겨두어라!"

의미가 심장한 말이었다.

해석하기에 따라서는 무서운 말일 수도 있었다. 의학의 상식으로는 도무지 불가능한 자기 아내의 죽을 생명을 도력으로 구해낸 그였다. 그의 엄한 함구령에 입을 꾹 다물고는 있지만 경천동지할 그 이야기를 들었을 때 그들의 격동은 이만저만이 아니었다.

그 도력이면 마음의 힘으로 생명을 마음대로 빼앗을 수도 있겠다는 생각도 들었다.

그러나 무위의 위를 강조하는 평소의 성품으로 미루어 설마하니 그가 친히 나서서 강철호와 소진수를 어찌할 것이란 생각은 하지 않았다. 다만 자신들이 헤아릴 수 없는 깊은 속뜻이 있다는 것만 어렴풋이 짐작했다.

그는 말머리를 돌려서 주성수에게 이번 사건과 전혀 무관한 예상치 못한 뜻밖의 질문을 해 그들을 의아스럽게 하였다.

"자네, 언젠가 그런 말을 했었지? 조선족 출신 미국인 지수영이란 자가 강철호를 자주 찾아와서 은밀하게 만난다고! 주로 철호 군 별장에서 회합을 한다지?"

"예? 예…! 서로 형 아우 하는 사이랍니다."

"그 사람 한국에서 뭐 한다는 말은 없었고?"

"네, 거의 매일 만난다던데 혹시 새로운 사업 때문이 아닐까요? 근데 그 사람 좀 수상하다는 말은 들었습니다. 뭘 경계하는 것처럼 항상 긴장한 표정으로 사방을 두리번거리고, 보는 사람마다 날카롭게 쏘아본다더군요. 눈매도 매섭고…"

"혹시 북한 공작원 아냐? 처음 듣는 소린데 그런 말을 왜 이제해? 듣고 보니 확실히 뭔가 있어! 강 원장이 또 무슨 음모를 꾸미는 건 아닐까요?"

검사 출신이라 그런지 배영기가 인당을 찌푸리며 무엇을 추리해 내는 인상을 짓더니 대뜸 의문을 제기했다.

"그럴 테지… 그만 하면 되었다! 그쪽 사범한테 계속해서 잘 살펴보라고만 전하고 혹시 이상한 낌새가 있으면 즉시 나한테 알리라고 하게! 그럼 그 이야기는 그만 접어두고 자네들 봤으니 술이라도 한 잔 해야지? 자네들 온다는 말 듣고 안사람 하고 선희가 꽤나 신경써서 음식을 장만한 것 같더라."

한성민은 그렇게 말하고 아내더러 음식을 내오라 하였다. 그녀가 웃으며 음식상이 무겁다 해서 주성수가 얼른 가서 선희와 마주 들고 나왔다.

아닌 게 아니라 교자상에 여러 가지 음식을 푸짐하게 담은 그릇이 빼곡하게 놓였다. 금방 한 마디씩 농담을 해서 웃음이 터지고 심각했던 아까의 이야기들은 쑥 들어갔다. 그러나 배영기만은 겉으로 웃으면서도 속으로는 딴생각을 하고 있었다.

느닷없이 지수영을 들먹인 그의 속내가 궁금했다. 오늘 처음 그가 질문하고 주성수가 대답하는 말을 듣고서야 지수영을 수상쩍게 여겼다. 그런데 그는 진작부터 뭔가를 간파하고 있었던 게 틀림없어서 예지력에 또 한 번 탄복했다. 그리고 의심하고도 남을 지수영과 강철호의 은밀한 회동을 듣기만 하고 더는 거론조차 하지 않는 무덤덤한 그의 속내가 잔뜩 궁금해서 술이 취하기 전까지는 음식 맛을 몰랐다.

한성민은 시골집에서 설 명절을 보내고 입춘일 다음 날 아내와 선희를 데리고 상경했다.

남쪽 고향과 달리 서울엔 매서운 칼바람이 얼굴을 할퀴고 한강은 얼음이 두꺼워서 오르내리던 유람선도 선착장에 묶여 있었다. 그나마 하염없이 눈이 내린 뒤라 백옥을 뿌려놓은 듯 산야가 아름다워서 마음마저 얼어붙게 하지는 않았다. 그리고 그런 덕인지 그가 강연을 한다는 소문을 들은 사람들이 입추의 여지없이 강의실을 가득 메웠다.

한성민은 주성수가 데리러 오기 전에 이사장실에서 강의 내용을 잠시 정리했다.

이미 무엇을 강의할 것인지 주제를 정해놓았던 터라 강의 맥락만 머릿속에 메모해 두었다. 그런데 그 맥락이란 것이 천하의 일이고,

이것이 사람들을 일깨우기 위한 마지막 노력일지도 모른다는 듯 비장한 빛까지 어렸다.

"선생님, 시간 됐습니다."

하고 주성수가 들어와서 알려줬을 때야 굳은 얼굴을 풀었다. 그리고 어느 사이 평온한 모습으로 일어나 묵묵히 복도를 지나 강의실로 들어섰다.

"저 사람이야?"

한성민이 강의실 문을 열고 들어서자 웅성웅성하던 사람들이 일제히 입을 닫았다. 누군가 그를 신비한 사람으로 여겼던지 경이에 찬 어조로 수군대는 소리가 들렸다. 하기는 여러 명의 불량배들이 그가 한 번 쳐다보자 나가 떨어졌다는 소문이 심심찮게 나돌아서 처음 본 사람들은 그럴 법도 했다. 죽어가는 아내의 목숨을 구해낸 사실까지 알았다면 아마도 사람들이 구름처럼 모여들어 그를 신처럼 우러러 보았을 것이다. 그가 그것을 경계해 절대로 발설하지 말라고 함구령을 내렸기 망정이었다.

여하간 사람들은 그의 일거수일투족을 숨을 죽이고 지켜보았다.

작고 호리호리한 체구가 보잘 것 없어서 눈 아래로 보일 만한데 들은 말이 있어서 눈동자에 경이의 빛을 가득 담았다. 그리고 그가 입을 열어 강연을 시작하자 목청을 높이지 않은데도 마이크를 통해 전달되는 소리가 어찌나 무겁고 힘이 실렸는지 가슴이 울렁이어서 더 그랬다.

강의도 심금을 울릴 만했다.

그 내용이 천하의 일인데다가 사람이 할 바와 예언까지 곁들인 것을 어느 부분에 가서는 힘을 주기도 하고, 나지막이 귀를 기울이게도 해서 온통 정신을 빼앗았다.

어쨌거나 한 마디도 놓칠 수 없이 사람들의 귀를 사로잡은 그의 강연은 대략 이러했다.

만물은 혼돈에서 이루어졌는데 천지보다 먼저인 것이 있었다. 적막하고 적막하게 오직 홀로 영원히 한결같았다.

그것은 두루 운행하여 그치지를 않으니 천하의 어머니라 할 것이다.

나는 그 이름을 알지 못하여 문자로 굳이 도라 한다.

하고 도덕경의 저자 노자의 말을 먼저 인용하였다.

그리고,

이 뜻은 천지가 생기기 이전으로 아득히 올라가 보면, 천지를 낳은 모체가 있었으니 그것을 굳이 말해서 도라고 하는 것이다.

하고 해설을 덧붙였다.

그리고 또 말했다.

이에 천지와 인간은 도로부터 나왔으므로 모두가 도의 자식이다. 그러므로 자식이 부모를 섬기지 않으면 가정이 위태로워지듯, 사람이 도를 섬기지 않으면 그 인생은 물론이요 천하가 위태롭다.

대개 자식들은 그 집안 어른의 본을 보게 되는데, 나라의 어른들이 천도에 불효해서 백성들이 인륜을 저버린다. 제 각각 욕심의 밥그릇을 채우기 위해 사악한 짓을 거리낌 없이 저지르면서 개처럼 아무데고 짖어댄다. 특히 금년은 그와 같은 짓이 극에 달할 것인즉, 이를 경계해서 처신을 바르게 하지 않으면 안 된다.

하고 말할 때는 언성을 높였다.

그러고 나서 이번에는 언성을 낮추어서 약간의 탄식을 섞어 말했다. 그런데 놀랍게도 미래를 예언하는 말인데 사람의 마음을 겁나게 하는 내용이었다.

"도는 무위해서 그들을 내버려 두는 듯하지만, 가득 하면 반드시 그에 합당한 재앙을 내리기 마련이다. 아마도 이 해가 지나고 또 다음 해가 지나면 불같고 폭풍 같은 재앙의 징조가 서서히 나타날 것이다. 그러다가 그때가 되면 하늘이 드디어 사악한 무리를 썩은 살을 도려내듯 멸할 것이니 이때를 당하여 혼비백산해도 도망갈 곳이 없다. 하늘을 찾아도 응답이 없고 구원의 손길을 기다려도 아무도 돌아보지 않을 것이며, 숨을 곳을 찾아도 숨을 곳이 없을 것이다."

하고 서슬이 시퍼런 칼날처럼 냉엄하게 말했다.

그리고 연이어 말하기를,

"지금 천하에 세계평화를 명분으로 인류를 노예로 삼고자 수백 년간 대를 이어 음모를 꾸며온 자들이 있다. 그들은 미구에 그 사악한 이빨을 들어낼 것이다. 아니 지금 드러내고 있는지도 모른다. 그리고 어쩌면 그 음모의 실현을 한반도에서부터 시작할지도 모른다. 한반도는 세계의 이익이 상충되는 곳이기 때문이다. 그러나 그들도 미망에서 깨어나 피를 토하고 통곡할 날도 머지 않았다. 무위의 도로써 천지를 다스리도록 안배해 놓은 한 분이 욕망에 눈이 먼 인간들과 함께 그들을 멸할 것이다."

하였다.

그리고 조용히 음성을 낮추어 부드럽게 타이르듯 말을 이었다.

"그러므로 도를 섬기되 이웃도 함께 섬기게 해서 부지런히 덕을 쌓아야 한다. 나 한성민이 단언하건대 새 시대가 바로 코앞에 다가왔다. 그때 봄소식을 전해줄 푸른 옷을 입은 한 분 귀인이 홀연히 나타나 만인에게 덕을 베풀고 천하를 착함으로 한품에 안을 것이다. 그러니 부귀에 눈이 멀어 악함을 좇아가서 나중에 울부짖을 것인지, 도를 섬겨서 덕의 품에 안길 것인지 잘 판단해서 삶을 영위하기 바란다."

하고 강의를 맺었다.

그는 마지막 말에 힘을 주어 마치 사자가 포효하듯 강의실이 쩌렁쩌렁 울리게 해 사람들의 가슴을 서늘하게 하였다.

그런데 강한 그의 어조 속에는 뭔지 모를 처량함이 배어나왔다. 듣기에 따라서 영원한 이별의 슬픔이 담긴 것 같기도 하였다.

그리고 열심히 강의들 들어주어 감사의 말을 진심으로 보낸다 하고 인사한 뒤에 강단을 내려와 문 밖으로 나가는 그의 뒷모습도 멀리 길가는 나그네처럼 쓸쓸해 보였다.

그래서인지 사람들은 그의 강의가 계속되고 있는 듯 그냥 앉아 있었다. 그가 밖으로 나간 뒤에야 누군가 손뼉을 두어 번 치자 약속이나 한 듯 일제히 박수가 터져 나왔다.

한성민은 강의한 다음 날 아침식사를 마치고 나서 이층 자기 방으로 올라가서 아내한테 차가 마시고 싶다 하였다. 그녀는 식후에 금방 차를 즐기지 않는 남편이 오늘따라 의외여서 할 말이 있는가

보다 하고 생각했다. 하지만 그는 한 모금 한 모금 차만 마실 뿐 아무 말도 하지 않았다. 찻잔을 들 때마다 아내를 그윽이 쳐다만 보아서 차마 말 못할 무언가가 있는 것 같았다.

"당신 혹시 할 말이 있으세요?"

하고 조심스럽게 물었으나 그는 대수롭지 않게 아니라고만 하였다.

그래도 자꾸 쳐다보는 것이 하도 이상해서 또 물었다.

"당신 오늘따라 왜 그러세요? 자꾸 쳐다만 보시고?"

"당신 얼굴을 오래오래 눈에 담아 놓으려고!"

하고는 호탕하게 껄껄 웃었다.

듣기에는 큰 기쁨을 안겨다 주는 말이어서 얼굴을 붉혔지만 아무래도 석연치 않은 기분이 들었다. 게다가 끝내 아무 말도 하지 않고 차만 마시다가 이렇다 저렇다 한 마디 없이 그냥 다녀오겠다는 말만 남기고 집을 나섰다. 그런데 그는 대문을 열고 나섰다가 뒤돌아서서 배웅 나온 아내를 다시 한번 쳐다보았다. 그리고 애정이 깊은 부부라면 별로 이상할 게 없는 말인데도 이상하게 들리는 말을 남겼다.

"당신은 언제나 내 마음 속에 있소!"

하고 말해 마치 먼 길을 떠나는 사람처럼 아쉬움이 담긴 말을 하였다.

그러나 그녀는 마음에만 담아두고 남편의 허리를 껴안고 행복해 하였다.

"그럼 다녀오겠소."

한성민은 늘 하던 대로 이따가 보자는 듯 작별의 말을 하고 돌아섰다. 그런데 그는 여러 발짝을 걸어가다가 무엇이 켕기기나 한 듯 걸음을 멈추었다. 그리고 손을 번쩍 들어 흔들어 보였다.

역시 전에 없던 애정 표현이었다.

남편의 모습이 보이지 않을 때까지 지켜보고 섰던 그녀는 급히 집으로 들어가 주성수한테 전화부터 하였다. 혹시 사무실에 무슨 일이 있거나 남편이 또 무슨 봉변을 당한 일이 있나 하고 물었다. 그러나 주성수는 전혀 그런 일은 없다며 오히려 무슨 일이 있느냐고 반문해서 마음을 놓았다. 하지만 찜찜한 마음은 거두어지지 않았다.

한성민은 집에서 먼 곳까지 와서 또 한 번 뒤돌아 보았다. 그리고 아내의 모습이 보이지 않자 빠른 걸음으로 버스 정류소로 향했다.

출근시간이 지난 좀 늦은 아침이라 버스 안은 한산했다. 마침 빈 자리도 있어서 가서 앉았다. 초점 없는 시선으로 차창 밖을 바라보며 생각에 잠겼다. 시골에서 내린 그 단안이 과연 옳은지 몇 번이고 이치를 따지고 따져 보았다. 아무리 생각해도 도의 관점에서 이치상으로는 맞지가 않았다.

하지만 천지의 도를 따르는 것만이 도가 아니라 피치 못할 인간사에도 도가 있다는 생각이 들었다. 그것이 비록 죽임의 일일지라도 다수를 구원하기 위한 행위라면 설사 죄가 된다 할지라도 마땅히 행해야 한다는 결론만 지어졌다. 극단적인 정의는 극단적인 불의라고 강조했던 그간의 언행에 반하는 위선일 수도 있지만 백 번을 생각해도 답은 한 가지였다. 그래서 더는 갈등하지 않기로 결심하고 오직 하나의 일만을 생각하기로 하였다.

무엇인지 알 수 없는 그의 결심은 사무실에 가서 즉시 행동으로 나타났다. 자리에 앉기가 바쁘게 핵심참모들을 불러들여서 뜻밖의 질문을 했다.

"강철호가 미국에서 왔다든가?"

"예, 그제 귀국한 것으로 알고 있습니다만."

주성수가 의아해하며 대답했다.

좀체 강철호의 이름을 꺼내지 않던 그가 갑자기 웬일인가 싶었다. 여러 경로를 통해 강철호의 동태를 살피고 있던 터라 그것만은 확실하게 알고 있었다. 그런데 지금 이 시간 강철호가 지수영과 또 다른 한 인물과 동승한 차를 타고 고속도로를 달리고 있을 줄은 주성수도 까맣게 모르고 있었다.

그들이 나로호 폭파계획을 세운 날짜 사흘 전이었다. 본래 사흘 전에 나로호 근처 콘도에 가서 대기하기로 했었는데 강서영의 사고소식을 들은 강철호가 부랴부랴 미국으로 떠났다가 최근에야 돌아왔다. 그리고 강서영의 사건이 별 탈 없이 조용해진 걸 확인하고는 서둘러서 이날 나로호 근처 콘도로 출발했던 것이다.

사실 강철호는 사촌누이인 강서영이 그리 될 줄은 상상도 하지 않았다. 자신의 사업에 큰 걸림돌인 홍익진리회의 확장만을 방해할 목적이었다. 그래서 주성수 등의 활동을 제약만 하려 했었다. 그러나 의도와는 달리 잘못 돼도 한참 잘못 돼서 크게 놀라고 당황했다. 아무리 무지막지한 폭력배라고는 하지만 임신한 누님까지 그리 했다는 게 가슴을 치고 싶도록 억장이 무너졌다. 단서가 잡힐까 봐

급한 김에 실수로 그랬다 손 치더라도 이건 아니었다.

그러나 이미 저질러진 일이었다.

김태수와 해결사들을 응징하기보다는 모두 도피시켜서 종적이 묘연하게 급히 조치를 취해두는 게 더 급했다. 다행히 경찰들도 범인이 누구인지 아직은 모르고 있었다. 그러나 만에 하나 한성민이 알까봐 두려웠다. 설사 증거가 없다 하더라도 범인들의 배후가 자신이란 심증을 굳히면 큰 낭패가 아닐 수 없었다. 그래서 하루라도 서울에 있기가 불안해서 미국에 다녀와서도 가능한 한 그와 먼 곳에 떨어져 있어야 마음이 놓일 것 같았다.

더욱이 자칫했다가는 거사를 망칠 수도 있었다. 거사만 끝나면 미국으로 가 그 일과 함께 사건이 잊혀질 즈음 귀국하면 그만이라 생각하고 서둘러 서울을 벗어나려 했던 것이다. 그러나 사람이 음모를 꾸며 잘못을 저지르고 나면 늘 자기 방어만을 생각하기 마련이다. 혼자 이러면 되겠다, 저러면 되겠다 하고 머리를 굴려서 잔꾀를 부려 놓고는 상대방의 의중은 안중에 두지도 않고 다 잘 될 것이라 자위해 마음을 놓기 마련이다.

강철호가 바로 그런 단순한 인물이었다.

나중에야 어찌 되었건 아직은 그가 사촌처남이기도 한 자신을 설마하니 범인의 배후자로 지목하고 있지는 않았을 것이라 믿고 싶었다. 그러나 재앙은 소리소문 없이 찾아오는 법, 그가 어떤 단안을 내렸으리라고는 꿈도 못 꾸고 서울을 벗어난 것만으로 가슴을 쓸어내렸다.

그런 얄팍한 꾀가 강철호 자신의 운명을 참혹하게 바꾸어 놓을 줄을 알 리가 없었다. 한성민이 늘 말했듯이 큰일은 작은 데서 해결하라는 말만 기억했어도 어쩌면 재앙을 피할 수 있었을지도 모를 일이었다.

　사실 제 잘못을 모두 털어놓고 벌을 달게 받겠다며 무릎을 꿇었으면 한성민은 두말없이 용서할 인물이었다. 그리고 저 자신이나 한성민의 운명도 새로운 전기를 맞이했을 텐데 회피할 궁리만 했으니 화를 자초한 셈이었다. 결국 피할 수 없는 운명의 기로에 놓이면 제 발로 비극을 찾아가서 비극을 맞이하는 것이 인간의 한계라 함이 옳았다.

　한성민은 그럴 수밖에 없는 인간의 얄팍한 심성을 한탄했다.

　강철호가 적어도 인간의 탈을 썼다면 귀국하자마자 자신을 찾아와 용서를 구했을 텐데, 혹시나 했던 작은 희망마저 물거품에 지나지 않아서 허탈했다. 아침에 출근하는 버스 안에서 만에 하나라도 그리 했으면 하고 일말의 기대감을 버리지 않았지만 이제는 돌이킬 수 없다고 결심했다. 그래서 그는 참모들을 불러 모은 자리에서 겉으로는 평온을 유지한 체 내심은 비장한 심중으로 말했다.

　"내가 얼마동안 고향의 석굴이 아닌 다른 산중으로 들어가서 수도할 생각이다. 그래서 당분간 나를 보지 못할 테니 자네들은 목적하는 바를 어김없이 잘 해주기 바란다. 그동안 주성수 총장이 나를 대신해서 업무를 관장하되 중요한 업무는 반드시 모두와 의논한 뒤에 시행하고, 각자들은 지금 하는 대로만 맡은 바 책임을 다해주면 더 바랄 것이 없다."

하고 선언했다.

　모두들 그의 느닷없는 말에 어안이 벙벙했다.

　진경숙이 할 일이 많은데 왜 갑자기 입산수도를 해야 하느냐고 다급히 반문했다. 그러나 그는 생각하는 바가 있어서 그런다며 희미한 미소만 지었다. 하지만 아무리 평온을 유지하기는 했으나 은연중에 나타나는 쓸쓸한 빛은 감추어지지 않았다. 미묘한 느낌만 들어서 섣불리 무슨 말을 끄집어 낼만한 생각을 떠올리지 못하게 하는 그런 미소여서 그들은 잠자코 고개만 숙였다.

　그런데 그는 또 그들을 놀라게 하였다.

　"강철호를 만나러 갈 테니 바쁘지 않으면 배 변호사가 함께 가주었으면 하니 준비하게!"

　하였다.

　"예? 선생님 그 사람 만나서 뭐하시게요?"

　진경숙이 배영기가 대답도 하기 전에 재빠르게 먼저 물었다.

　하필 변호사인 배영기를 대동시키는 것도 그렇고, 아직 테러범들의 정체가 모호해서 배후자가 누군지 심증만 있지 증거가 없는데, 왜 갑자기 강철호를 만나겠다고 하는지 납득이 가지 않았다. 그렇다고 왜 강철호를 만나야 하는지 물어볼 수도 없어서 그저 의아한 눈동자만 굴렸다. 하지만 그는 대답하지 않았다. 그리고 다른 이들이 생각할 여유조차도 주지 않고 배영기보고 지금 가자하며 먼저 일어섰다.

　그러나 배영기를 대동한 한성민이 마음먹고 찾아간 강철호가 수련원에 없었다. 게다가 출근도 하지 않았다며 처음 보는 여직원이 퉁명스럽게 대답했다. 배영기가 혹시 어디에 갔는지 아느냐는 물음에는 아예 대답도 하지 않고 제 할일만 하였다. 짜증이 난 배영기가 불쾌한 언성으로 재차 묻자 마지못해 몇 차례 전화를 해보고는 휴대폰이 꺼져 있다며 연락처를 남기고 가라고 하였다. 배영기가 할수 없이 나중에 연락하고 다시 오자 하였으나 그는 고개를 내저었다. 그리고 여직원더러 소진수를 부르라 하였다.

여직원은 왜 그러느냐고 묻지도 않았다. 곧바로 일어나 마침 수련생들을 지도하고 있는 소진수에게 살며시 귀띔으로 그가 찾는다 하였다.

"예? 그분이 오셨어요? 한성민 그분이 확실해요?"

소진수가 기겁을 하고 반문했다.

"틀림이 없어요. 처음 뵀지만 하도 많은 이야기를 들었던 분이라서 바로 알아볼 수 있는 걸요!"

"알았어요! 내가 갈 때까지 그분 정중하게 대해주세요."

소진수는 심호흡부터 하였다. 그동안 한 짓이 있어서 그가 두려웠다. 설마 그가 찾아오리라고는 예상조차 하지 않았던 터라 덜컥 내려앉은 가슴이 두근대서 잠시 안정을 취해 마음을 가다듬었다. 하지만 그럴수록 가슴이 쿵덕쿵덕 방망이질하고 다리가 후들후들 떨렸다. 혹시 강서영과 주성수 부부를 폭행한 깡패들을 뒤에서 조종한 범인이 자신이란 걸 알고 왔을지도 모를 일이었다. 그렇다고 도망이라도 치면 사실을 인정하는 것밖에 되지 않으므로 만나지 않을 수가 없었다.

　그리고 무슨 질문이든 딱 잡아뗄 궁리를 하면서 몇 차례 심호흡을 크게 해 굳게 마음을 다잡았다. 증거가 없는 이상 그가 뭐라 하든 모른다는 데야 어쩔 수 없을 것이라 자위하고 태연을 가장했다. 그러나 사무실 접견실 의자에 앉은 그와 눈을 마주치자 오금부터 저렸다. 평소의 인자한 눈빛이 아니었다. 입술을 꾹 다물고 쏘아보는 그 눈빛은 분노한 사자의 눈빛을 연상케 하였다.

　거기다가 그는 인사할 틈도 주지 않았다.

　언젠가 해결사들이 그의 눈만 쳐다보고 나가 자빠졌다는 말을 실감해야 했다. 갑자기 모골이 송연하고 등에서 식은땀이 물을 끼얹듯 쫙 하고 퍼져나갔다. 그리고 두 다리에 힘이 쭉 빠지며 제 자리에 선 채로 맥없이 무릎이 꺾여 털썩 주저 앉아야만 했다.

　모골이 송연하게 혼비백산해서 무슨 질문이건 잡아떼려했던 각오도 모래 알처럼 무너져 내렸다. 게다가 거역할 수 없는 그의 엄명이 먼 하늘의 뇌성처럼 우렁우렁하게 떨어졌다.

　"내 너에게 속죄할 기회를 줄 테니 철호가 어디로 갔는지 말해라!"

　이 말을 듣는 순간 소진수의 얼굴이 새파랗게 질렸다. 자신이 폭행사건에 깊숙이 연루된 사실을 알고 하는 말이어서 심장부터 덜컥 내려앉았다. 도무지 부정하거나 변명할 엄두도 나지 않았다. 그러나 자신도 모르게 튀어나온 말은 심중과는 크게 달랐다.

　"그… 그건 저도 잘 모릅니다."

　공포 속에서도 강철호와의 의리를 떠올리고는 무조건 잡아뗐다.

그러나 그 말이 떨어짐과 동시에 뼈저린 후회가 뒤따랐다. 의리를 지킨답시고 거짓말을 한 대가는 죽음의 공포였다. 잘 모른다고 더듬대고 나서였다. 갑자기 심장이 찢어져 나가는 극심한 고통이 밀어닥쳤다. 통증이 얼마나 심한지 아프다는 신음조차 나오지 않았다. 그리고 사지가 굳어 가슴을 움켜쥘 수도 쓰러질 수도 없어서 멀거니 선 채로 눈알만 뒤집혔다.

지켜보던 배영기도 경악해 가슴이 쿵쾅댔다. 말로만 듣던 그의 도력을 눈으로 직접 목격하고 보니 두렵고 흥분돼 가슴이 쿵쾅댔다. 여직원은 영문을 몰라 얼굴만 새파랗게 질렸다. 다급히 소진수를 부축해 주려 하였으나 마음뿐 몸이 움직이지를 않았다.

"너는 지은 죄가 너무 크다. 지금 하늘의 벌을 받고 있으니 이 자리에서 죽을 수도 있다. 그러나 사실을 말하면 내가 구원해 줄 것이다."

이번에는 그의 음성이 인자하게 들렸으나 아주 가깝게 들리는 우레소리 같았다.

배영기는 그제야 자신을 대동한 그의 의중을 깨달았다. 스승이 강철호와 소진수를 병신으로 만들거나 목숨까지 빼앗을 각오였던 게 틀림이 없었다. 하지만 어떤 무기나 손으로 위해를 가하지 않았다. 그러기에 마음의 힘으로 사람을 죽인다는 이 경천동지할 사실을 천하의 그 누구건 믿지 않을 것이다. 그래서 증인이 필요해서 자신을 대동했음이 분명했다. 여직원이 있는 사무실 접견실에서, 그리고 하늘의 벌을 받는다고 한 말도 다 그 때문임을 알아차렸다.

"마… 말씀드리겠습니다!. 서, 선생님! 사…살려주십시오!"

소진수는 서슬이 퍼런 그의 표정에서 죽음의 공포를 실감했다.

절대로 말과 행동을 따로 하지 않는 그의 성품으로 봐서 그냥 협박하는 말이 아니란 걸 짐작하고도 남았다. 자기 아내를 죽음으로 몰아가고 곧 태어날 아이까지 잃게 한 조종자가 자신이고 그 배후가 강철호란 사실마저 그가 간파하고 있다는 것도 깨달았다.

그리고 말할 수 없을 그의 분노를 생각하면 더 버텼다가는 죽음뿐이어서 공포가 극에 달했다. 그와 동시에 저 밑바닥에 숨겨져 있던 양심이 전류처럼 치솟아 올라 그에 대한 죄스러움과 후회감이 한꺼번에 덮쳐들었다.

"그럼 말해 보아라!"

한성민이 부드럽게 명령했다.

소진수의 일그러진 표정이 편안해졌다.

심장의 통증도 거짓말처럼 사라져 또박또박 말할 수가 있었다.

"예, 저에게만 말씀하시고 비밀리에 지리산에 가셨습니다. 지수영이란 분하고 처음 보는 또 한 사람과 같이 같습니다. 한 일주일 뒤에 오신다고 했는데 그 안에 휴대전화는 꺼놓는다 하셔서 지금 연락이 안 될 겁니다."

"뭐라 지리산? 그리고 지수영이란 사람하고!"

한성민은 크게 놀랐다.

무언가 불길한 예감이 번개같이 스치고 지나갔다.

지수영이란 인물을 주목하고 있던 중이어서 먹물을 뿌려놓듯 불길한 그림자가 엄습했다.

그리고 이유도 없이 초조했다.

급히 서두르지 않으면 세상이 뒤집힐 일이 벌어질 것 같은 느낌이 천둥소리처럼 전신을 뒤흔들고 가슴이 두근대서 그냥 앉아 있을 수가 없었다.

"지리산 어디로 간다 하더냐?"

"예, 저어기… 이름이 숲속콘도라 했습니다!"

"숲속콘도라…! 그럼 지금 즉시 나와 그리로 가자!"

한성민은 잠시 무언가를 생각하다가 결연한 표정으로 명령했다.

소진수는 거역할 엄두도 내지 못하였다. 그저 살았다는 안도감에 순순히 예! 하고 대답하며 두말없이 순종했다

"자네는 이제 가 봐도 좋네."

한성민의 눈길이 배영기에게 향했다.

"아닙니다, 선생님! 선생님과 같이 가겠습니다. 오늘 재판도 없고 제가 차를 몰겠습니다."

"고생이 많을 텐데?"

"괜찮습니다. 저어기 김민수도 함께 갔으면 좋겠습니다!"

배영기는 즉시 휴대전화를 꺼내 김민수를 고속버스 진입로로 지금 급히 나오라 하였다. 앞으로 어떤 일이 벌어질지 모를 사태를 기자인 김민수의 눈으로 보고 확인하게 해서 기록으로 남길 생각에서였다.

숲속콘도는 남원에서 그리 멀지 않은 지리산 산자락에 있었다.

덩그렇게 선 건물이 골짜기를 바라보아서 앞이 좀 트이기는 했

으나 사방이 산으로 둘러싸이고 인적도 뚝 끊어져서 호젓하면서도 황량했다. 거기다가 추위가 스산한 솔바람을 타고 으슬으슬 흘러들어 음산한 느낌마저 준다.

그곳 주차장에 도착한 배영기는 줄지어 선 여러 대의 차 뒤에서도 눈에 잘 띄지 않을 으슥한 곳에다가 차를 세워놓았다. 그리고 김민수와 휴게소에서 새로 산 위장할 만한 운동복으로 갈아 입고 모자를 깊이 눌러썼다.

한성민은 본래 아무렇게나 입는 옷이라 등산모만 쓰고 소진수는 입은 옷 그대로 두었다. 유독 소진수만 위장하지 않은 것은 김민수와 배영기가 치밀하게 세운 첫 번째 계획이었다. 두 번째는 김민수가 먼저 나가 강철호가 몇 층 몇 호실에 있는지 확인하고 그 방 바로 밑에 층에 방을 얻어놓고 은밀하게 위층을 오르내리며 강철호의 동태를 살필 생각이었다.

그렇게 강철호의 방을 바로 머리 위에 두기로 한 것도 또 다른 까닭이 있었다.

우선 소진수를 강철호의 방에 들여보내 그들의 음모를 알아낼 심산이었다. 그리고 그의 염력과 청각력이 쉽게 통할 수 있는 거리에 거처함으로써 혹시 모를 소진수의 배신을 대비했다. 배영기가 그 사실을 일부러 소진수에게 말해 딴 마음을 품지 못하게 해두었다. 한 번 경험해 본 죽을 수도 있는 고통이 무서워서라도 잔꾀를 부리지 않을 것이라 판단하고 믿기로 하였다.

사실 소진수는 배영기로부터 그런 말을 듣지 않았어도 변심할 생각은 추호도 없었다. 죽음이 두렵기도 했지만 심장이 찢어지는 그 엄청난 고통을 당하고 나서야 비로소 자신의 잘못을 뼈저리게 후회하고 있었다.

그리고 돌이켜 생각해보니 강철호가 악마의 화신이라 할 만한 인간인데도 의리란 것 때문에 사악한 짓을 당연시해 자신이 저지른 죄가 한두 가지가 아니었다. 강도짓에다가 그리도 존경했던 그를 강간범으로 음해했었다. 더더구나 그의 부인을 죽음 직전까지 몰고 아이까지 사산시키도록 사주한 장본인이었다.

실로 천인공노할 짓을 했는데도 그는 참회할 기회를 주었다. 이제는 그에게 속죄하고 용서한 은덕에 보답하기 위해서라도 강철호의 악행을 막을 각오였다. 그래서 김민수가 정해놓은 방으로 따라 들어가자마자 무릎을 꿇고 그에게 심중을 고백하고 맹세도 했다.

"선생님, 죽을 각오로 선사님과 지수영 씨가 무슨 일을 꾸미는지 꼭 알아내 말씀드리겠습니다. 배신하면 죽여주십시오."

"우리는 소 사범님을 믿으니까 계획한 대로 눈치채지 않게 잘만 해주세요. 강 원장은 소진수씨만은 믿을 테니까 실수만 하지 않으면 됩니다. 특히 여기로 와서는 절대로 안 되고요."

배영기가 말없이 고개만 끄덕이는 그를 대신해 신중하게 주의를 주었다.

소진수는 절대로 염려하지 말라며 뜻밖의 사실을 털어놓았다.

강철호가 강원도 별장에서 문을 걸어 잠그고 지수영과 단 둘이서만 장시간 얘기를 나누는 것을 여러 차례 목격했다 하였다.

그리고 또 하나 놀라운 사실도 고백했다.

종북주의자라 알려진 몇 사람이 별장에 와서 지수영으로부터 지시를 받는 소리를 우연히 들었다는 말부터 꺼냈다. 그리고 잠시 뜸을 들였다가 결심의 빛을 보이더니 목소리를 낮추어서 사제폭탄과 총을 다 만들었다고 그들이 하는 말도 들었다 하였다. 그러고는 강 원장이 가장 믿어야 할 자신까지 배제한 이유를 그때서야 알았다며 굉장히 중대한 음모가 진행중인 것만은 틀림이 없다며 긴장했다.

그리고 이번에 강 원장이 별장이 아닌 외지에서 휴대전화를 꺼놓는다는 것은 그동안 꾸민 음모를 행동에 옮기기 위해서라 하였다. 그러므로 자신도 못 믿어서 휴대전화를 뺏을지도 모른다며 배 변호사 차 뒷바퀴 밑에 중요한 정보를 적은 쪽지를 넣어 두겠다며 나름대로 세운 계획을 털어놓기도 하였다. 한 마디 한 마디가 일리가 있는데다가 혼자 계획한 생각까지 말하는 품새가 진정성이 있어서 그들은 소진수를 의심하지 않고 무조건 믿기로 하였다.

강철호는 방안으로 들어오는 소진수를 보자 놀라움이 이만저만이 아니었다.

박격포 도면을 놓고 조립하고 목표물을 조종하는 법을 계속해서 숙지하고 있는데 뜻밖에 소진수가 나타나서 가슴이 철렁하였다. 게다가 저번 폭행사건의 배후를 그가 다 알고 찾아왔다고 소진수가 죽을상을 지어 말했을 때는 등골이 오싹해지며 기겁을 하고 놀랐다. 거기다가 그가 소진수의 심장을 찢어 죽이려 했다는 말을 들었을 때는 눈앞이 캄캄하고 사지에 힘이 쭉 빠졌다.

"야, 무슨 그런 새끼가 다 있어? 어떻게 마음으로 심장을 찢어놔? 순 쇼하는 거야! 네가 괜히 무서워서 착각한 거지. 믿지 마! 지금이 어느 땐데 그딴 소릴 지껄여 응?"

듣고 있던 지수영이 가증스러운 표정으로 냅다 소릴 질렀다.

"그래서 내가 여기 있다고 했어?"

강철호는 지수영의 말을 들은 체도 않고 다급히 소진수를 추궁했다.

"아니에요! 어디에 계시는지 찾아보겠다며 슬쩍 나왔습니다. 그리고 큰일 났다 싶어 무조건 이리로 달려왔습니다. 차도 못 가지고요. 버스로 남원에 왔다가 택시 타고 찾아왔어요.

소진수는 그럴싸하게 둘러대고 강철호의 눈치를 살폈다.

침통한 표정으로 봐서는 의심하지 않는 것 같았다.

그러나 지수영은 석연치 않은 눈초리로 자꾸 쏘아보았다. 그리고 한쪽 구석에 등을 대고 비스듬히 누운 다른 건장한 사내도 뒤돌아보지는 않았지만 어쩐지 등이 서늘한 것이 매섭게 노려보는 느낌이 들었다.

"잘 했어! 일단은 피하고 봐야지. 근데 그 양반 확실한 증거를 가지고 찾아온 것 같았어?"

"그런 것 같지는 않았습니다. 김태수와 애들 다 도망시키고 흔적도 남기지 않았는데 어떻게 알겠어요? 그냥 심증만 갖겠지요. 저라도 그렇게 생각할 것 같습니다!"

"야, 야, 아우! 증거도 없는데 뭘 어쩌겠어? 여기 일 끝내고 어차피 미국 갈 거니까 몇 개월 지내다 보면 되지 않겠어? 증거만 잡히지 않으면 저들도 포기할 거야!"

지수영이 또 끼어들었다.

하기는 증거만 없으면 문제될 것이 없었다. 미국에서 몇 개월 아니라 몇 년이라도 잠잠해질 때까지 도피해 있으면 그만이었다. 그리 생각한 강철호가 결심을 굳히고 말했다.

"형님 말이 맞소! 증거도 없는데 뭘 어쩌겠어요? 하지만 그 양반 능력이 보통이 아니라서 만나는 것은 피해야 해요. 형님은 모르시겠지만 저는 알아요. 그 양반 능력을! 마음으로 사람을 죽일 수도 있을 사람이에요."

"에이, 이 사람, 그런 이야기는 그만 둬! 황당한 무협소설 쓰는 것도 아니고… 그까짓 거 잊어버려! 안 되면 내가 처리해 줄 테니까. 그 사람 몸에 철판 깔았대? 한 방이면 끝나! 그러니까 큰일 앞두고 일이 틀어지지 않게 딴 데 정신팔지 마!"

지수영이 과격한 언사를 서슴없이 내뱉었다.

한 방이면 끝난다, 철판 깔았느냐 하는 말 따위의 말로 봐서 칼이 아닌 총을 지칭하는 것이 틀림이 없었다. 그리고 미국에 간다든지 큰일이라 말하는 등 듣기에도 엄청난 계획이 있음이 확실해서 소진수가 바싹 긴장했다. 자칫 실수했다가는 이들의 손에 죽을 수도 있겠다는 느낌도 강하게 머리를 때렸다.

그런데 아니나 다를까? 벽에 길게 기대 누운 보기에도 주먹이 대단할 것 같은 사내가 아니꼬운 얼굴로 벌떡 일어나 앉더니 소진수에게 들으라고 큰 소리로 위협을 가했다.

"지 형! 누군지 모르지만 이 사람 때문에 탄로나면 어쩔 거요? 행동을 함께 하든지 아니면…!"

소진수는 또 한 번 놀랐다. 사내의 매서운 눈초리도 그렇지만 흐린 말끝은 분명 자신을 죽여야 한다는 무서운 뜻이 숨겨져 있음을 직감했다. 실로 등줄기에 식은땀이 흐르는 긴장감에 숨이 멎을 것 같았다. 그러나 그때 지수영이 사내의 속뜻을 간파했는지 즉시 소진수를 변호해 안도의 숨을 내쉴 수 있었다.

"그건 염려하지 않아도 돼! 이 사람은 내가 잘 알아. 아주 의리가 있는 사나이지! 안 그래 아우?"

"예, 형님! 저와 진수하고는 생사고락을 같이 하는 사입니다. 형님이 제가 옛날에 감옥에 가기 전의 일을 잘 아시겠지만 의리 하나는 걱정하지 않아도 됩니다. 기왕 이리 된 거 저와 행동을 같이 하겠습니다."

강철호가 자신 있게 대답했다.

그리고 소진수의 의견을 물어볼 것도 없이 당연하다는 듯 자신의 일에 동참하라 하였다. 그렇게 두 사람이 의견을 일치시켜서 기정 사실화하자 사내도 안도했는지 더 말하지 않았다. 지수영은 소진수가 강철호를 도울 수 있어서 오히려 잘 됐다며 노골적인 속내를 드러냈다.

"이봐! 소진수!"

"예, 선생님!"

"말이 나온 김에 한 마디 해두겠어! 우린 지금 세계평화를 위해서 목숨을 내놓고 일하고 있어! 철호와 의리가 남다른 너를 믿으니까 동참을 시키는 것이다. 무슨 일을 하는지 지금 말해줄 수는 없다.

하지만 너는 지금부터 우리와 행동을 같이 한다. 운명 공동체인 것이다. 그래서 배신이란 있을 수 없다. 배신엔 죽음뿐이다. 우리 모두가 그렇다. 그리고 어차피 행동을 같이 하는 이상 잘못 되었을 때는 그 책임도 함께 져야 한다. 그리 알고 철호를 도와라. 그럼 나중에 큰 상이 주어질 것이다!"

"예, 저는 무조건 대선사님을 믿고 따르겠습니다. 죽어도 같이 죽고 살아도 같이 살겠습니다!"

소진수는 두려움에 쿵덕쿵덕 뛰는 심장을 느끼면서도 겉으로는 비장한 각오를 내보이며 씩씩하게 대답했다. 강철호는 그러면 그렇지! 하고 만족한 웃음을 흘렸다. 지수영은 입을 꾹 다물고 고개를 끄덕여 믿음을 표했다. 그러고 나서는 분위기 일변해 그들은 스스럼없이 말하기 시작했다.

저녁이 돼서는 보다 구체적으로 대화를 나누었다.

내일 몇 시에 출발할 것이며, 나로호가 있는 고흥군 봉래면 예내리까지 시간이 얼마나 걸리고, 봉래산 뒤 계곡 입구에서 발사 준비가 돼 있는 곳까지 오르는 시간은 몇 분 등등을 세밀하게 점검했다. 그리고 지수영과 사내는 산을 오르는 입구에서 지키고, 강철호와 소진수 둘이서 발사 위치로 가서 협력한다는 구체적인 행동지침도 정했다. 그러고는 내일의 성공과 건투를 빈다며 술잔을 부딪치며 자축했다.

소진수는 걱정이 태산 같았다.

아직은 확실하지는 않지만 나로호 파괴공작이 틀림이 없다는 예감에 엄청난 중압감이 가슴을 짓눌렀다. 그리고 이 무서운 음모를 한시바삐 그에게 전해야 할 텐데 무슨 수로 이들의 눈을 피할 수 있을지 고민스러웠다. 혼자 몰래 빠져나가다가 발각되기라도 하는 날엔 죽음을 각오해야 할 것 같았다. 그러나 목숨을 내놓고서라도 반드시 이들의 음모를 저지하지 않으면 안 된다는 사명감마저 들어 위험을 무릅쓰기로 각오했다.

하늘은 맑고 쾌청했다. 인적이 드문 산속은 적막했다. 비록 대형 숙박업소가 있기는 해도 겨울 이른 아침이라 그런지 한산한 데다 바람 한 점 없어서 잎을 벗은 나무들도 겨울잠에 빠진 듯 실가지 하나 움직이지 않았다.

복도에 서서 창 밖 산속을 바라보던 소진수가 급한 몸짓으로 문을 열고는 허둥대듯 화장실에 들어갔다. 누가 봐도 급해 보였다. 그러나 소진수는 변기에 앉기가 무섭게 재빨리 바지 주머니에서 볼펜과 작은 종이조각을 꺼냈다. 하지만 마음이 급해 '파괴공작. 오늘 고흥에 함께 감'이라고만 짧막하게 요점만 적었다. 그리고 가늘게 쪽지를 돌돌 말아서 안 호주머니 깊숙한 곳에 넣고는 겉에서 쓰다듬어 보았다. 만에 하나 지수영이나 사내가 몸을 샅샅이 뒤진다 해도 손가락에 감각이 가지 않을 정도는 될 것 같아서 안심하고 태연히 밖으로 나왔다.

"진수야, 아침식사 하러 가자!"
마침 강철호가 기다리고 있었다. 지수영과 사내는 먼저 식당으로 갔는지 보이지 않았다. 오늘이 거사일이라서 그런지 강철호의 표정이 상당히 긴장돼 있었다. 천하에 무서울 게 없어 보이던 강철호도 이번 일만큼은 두려운 모양이었다. 긴장하면 누군가 곁에 있는 것만으로도 심리적 안정을 취할 수 있다고 했던가? 제왕처럼 군림하던 강철호가 식당에 함께 가자며 기다려 주어서 조금은 측은해 보였다. 지수영으로부터 무슨 올가미에 걸려서 이 위험한 일에 앞장서는지 모르지만 그 거만하던 무인武人으로서의 기질을 한풀 꺾고 어린아이처럼 부리던 자신을 의지하는 듯해서 안쓰럽다는 생각도 들었다. 하지만 강철호가 무서운 일을 저지르기로 한 이상 예전처럼 무조건 복종한다는 건 양심이 허락하지 않았다. 의지를 불태웠다. 어쩌면 강철호에 대한 마지막 연민일 수도 있다는 생각도 없지가 않았다.

강철호와 마주 앉아 아침식사를 마치고 나서 소진수는 어떡하든 의심받지 않고 밖으로 나갈 핑계거리를 찾고 있었다. 하지만 묘안은 떠오르지 않고 이대로 방으로 바로 올라가 버리면 어쩌나 싶어 초조했다. 함께 움직이기로 한 데다가 지수영과 사내의 의심의 눈초리가 예사롭지가 않아서 섣불리 단독으로 행동하기가 어려웠다. 쪽지를 전할 기회가 없을 듯해서 마음이 다급했다. 다행히 자신을 의심해서 몸수색을 하지는 않았으나 특히 사내의 눈초리가 감시하는 빛이 역력해서 섣불리 말을 꺼내기도 어려웠다.

그러나 하늘이 도왔을까?

아마도 그랬을 것이다.

이들의 잔악한 음모를 하늘이 두고 보지 않았을 것이다. 애국가처럼 하느님이 보우했으므로 기회가 저절로 찾아왔을 것이다. 만에 하나 쪽지를 전하지 못할까 봐서 초조해 하던 소진수로서는 그렇게 믿고 싶었다.

"어이, 아우! 방안에만 있었으니까 소화가 안 되는 것 같은데 우리 좀 걷다가 들어가자."

하고 지수영이 식당 문을 나서는 강철호에게 먼저 제안했다.

"예, 형님! 저도 좀 그렇습니다. 출발할 때까지 아직 시간이 많이 남았으니까 좀 걷다가 올라갑시다. 긴장한 몸도 좀 풀 겸."

강철호가 기다렸다는 듯이 얼른 대답했다.

소진수는 기회는 이때다 싶었다.

강철호 역시 하늘의 힘에 의해서 마다하지 않고 그러자 했을 것이라 믿고 싶었다.

그런데 모두들 야외 넓은 주차장 둘레를 걷는데 사내는 별로 내키지 않은 듯 어슬렁거리는 걸음걸이로 맨 뒤에서 따라와서 불안은 했다.

그러나 역시 하늘의 도움이 있었다.

상당히 넓은 야외주차장을 서너 바퀴 돌고 나서였다. 사내가 먼저 방으로 가겠다며 걸음을 돌렸다. 그러나 지수영이 몇 바퀴 더 돌자며 빠른 걸음으로 앞장섰다.

절호의 기회였다.

마침 배영기의 차가 다른 차들의 맨 뒤에 있는데다가 그곳은 꼭 지나쳐야 할 산자락 바로 밑이었다. 그래서 미리 안 호주머니에서 돌돌만 쪽지를 꺼내 손에 꼭 쥐고는 일부러 느릿느릿 뒤처져 걸었다. 그리고 배영기의 차 뒤에 와서는 무얼 보는 척 슬쩍 고개를 돌려 쪽지를 차바퀴 밑으로 던져 넣었다. 일이 잘 되려고 그랬는지 쪽지도 정확하게 차바퀴 밑에 떨어졌다.

이제는 안심이었다.

의심받지 않게 빠른 걸음으로 성큼성큼 걸어 강철호를 따돌리고 맨 앞에서 걷고 있는 지수영의 등 뒤로 바싹 다가갔다. 그런데 소진수의 행동 일거수일투족을 고양이 눈처럼 번쩍이며 바라보는 한 사내가 있었다. 그 사내는 새벽부터 차 뒤 숲속에 숨어 끈질기게 주차장을 향한 눈길을 돌리지 않았다.

김민수였다.

김민수는 암만 해도 소진수가 미덥지가 않았다. 강철호와 생사를 같이 하기로 맹세한 사이라는 말을 주성수로부터 들은 적이 있었다. 그리고 상당히 의리에 강하다는 말도 들었다. 그러기에 소진수가 강철호의 일거수일투족을 세세히 관찰해서 알려줄 것 같지가 않았다. 그리고 만에 하나 강철호에게 한성민이 이곳에 와 있다는 귀띔이라도 하면 이만저만 낭패가 아니어서 일찍부터 숲속에 숨어서 동태를 살피고 있었던 것이다. 만약 의심이 가는대로 행동하는 기미가 보이면 즉시 배영기와 또 달리 세워둔 계획을 실행에 옮길 작정이었다.

하지만 소진수가 저들과 주차장을 돌면서 기회를 엿보는 눈치가 엿보여서 안심했다. 그리고 약속대로 쪽지를 슬쩍 던져놓는 모양에서 거짓 정보가 아닐 것 같다는 느낌을 받았다.

아닌 게 아니라 쪽지를 펼쳐서 적힌 내용을 읽어보니 파괴공작이란 말에서 믿지 않을 수 없었다. 하지만 어디에 있는 무엇을 파괴하는지 애매해서 혼란스러웠다. 시간과 장소, 목적도 적혀 있지 않아서 어리둥절하기까지 하였다. 그러나 무언가 엄청난 음모가 진행중인 것만은 분명해서 황급히 방으로 달려갔다.

"파괴공작이라니 어찌 이런 짓을!"

사색이 돼 방으로 달려온 김민수로부터 쪽지를 받아 읽은 한성민이 절제된 노기를 탄식으로 토해냈다.

"파괴? 이런 개새끼들! 뭘 파괴한다는 거야?"

배영기가 파괴공작이란 말만 곱씹으며 분노부터 터트렸다.

"어쩌지요 선생님? 소진수가 급한 나머지 구체적인 내용을 적지 못한 것 같습니다. 애매합니다만 파괴공작이라 한 것으로 보아 무언가 엄청난 음모가 있는 것만은 틀림이 없는 것 같습니다."

"나도 같은 생각이야! 파괴공작이란 말 자체가 북한공작원이 아니고 누구겠어? 그렇다면 지수영이란 사람이 북한 간첩이고 강철호가 포섭당한 것으로 보아야 해! 그리고 또 한 사내는 틀림없이 고정간첩이거나 이번에 남파된 테러리스트일 가능성이 있어!"

배영기가 거침없이 파괴공작이란 말을 파악해 냈다.

"배 변호사 말이 사실이라도 증거가 없잖아! 추측만으로 신고했다가 나중에 아니면 큰코다칠 수도 있어! 선생님 어쩌지요?"

김민수가 신중하게 말하고는 한성민을 바라보았다.

"두 사람 말이 다 일리가 있군. 하지만 아무런 증거 없이 타인을 모함할 수는 없지 않은가. 정치꾼들처럼 아니면 그만이란 식으로 저질러 놓고 보는 야비한 행동을 해서는 안 되네."

"그럼 저자들의 뒤를 밟을까요? 어딘지 모르지만 가다가 소진수가 새로운 정보를 남길 수도 있고. 감시가 심해서 정보를 흘리지 못하더라도 저들을 놓치지만 않으면 됩니다."

김민수가 새로운 제안을 했다.

"그게 좋겠군! 무슨 짓을 하는지 보고 그때 가서 적절한 조치를 취하도록 하지! 혹시 위험한 일이 있더라도 자네들은 절대로 동요하지 말고 내가 하라는 대로만 하게!"

한성민이 김민수의 제안을 따르기로 하였다. 그런데 위험한 일이 있더라도 동요하지 말라는 대목에서 평온하던 눈빛이 번쩍하고 빛났다가 스르르 평온해지는 모습을 배영기가 놓치지 않았다. 강철호 수련원을 찾아갔을 때 묻는 말에 사실을 대답하지 않는 소진수를 말없이 굴복시킬 때의 모습 그대로였다.

새벽 11시 30분.

추위가 모질게 몰아쳤다. 산꼭대기에서 보름달을 가린 먹구름이 칠흑 같은 야밤이라 얼굴이 얼어붙을 것 같았다. 두터운 점퍼 속으로도 차디찬 바람이 스며들어 몸도 으슬으슬 하였다. 숲을 휘저어 계곡을 쓸어 가는 바람소리는 사방에서 울어대는 귀신울음을 같아서 세상에 무서울 게 없다던 강철호도 소름이 저절로 오싹오싹 끼쳤다. 소진수가 함께 있기에 망정이지 혼자였다면 어땠을까 싶어 소진수의 존재가 새삼 고마웠다. 하지만 소진수는 그런 일로 무서움에 떨지 않았다. 나로호를 파괴하려는 강철호를 제지할 자신이 없어서 무서웠다. 제발 한성민 일행이 뜻한 대로 뒤를 밟아오거나 경찰에 신고했으면 좋으련만 쪽지 내용을 이해하지 못했으면 어쩌나 싶어 더 두려웠다. 혼자서 강철호를 대적한다는 건 그야말로 계란으로 바위 치는 것과 같아서 죽음을 각오하고 덤빈다 해도 자신이 없었다.

"야, 진수야 이리로 와봐! 여기가 맞는 것 같지?"

강철호가 손전등을 켜서 산꼭대기에서 조금 내려가서 산죽이 무성한 한 곳을 비추었다. 지수영이 말한 대로 그곳에는 바람에 심하게 나부끼는 하얀 천 여러 개가 한 공간을 두고 빙 둘러서 산죽에 매달려 있었다.

"그런 거 같네요!"

"수영이 형님이 말한 대로 여기 어딘가에 야전삽이 있을 텐데!"

강철호가 하얀 천이 매달린 산죽 몇 곳을 손전등으로 비추어 보다가 어렵지 않게 야전삽을 찾아냈다.

"야, 진수야 불을 비춰봐! 내가 구덩이를 팔 테니까!"

강철호가 손전등을 소진수에게 맡겼다. 그리고 하얀 헝겊이 빙 둘러 매달린 산죽 가운데 흙을 돋운 흔적이 있는 곳을 파헤치기 시작했다. 순간 소진수의 눈에 커다란 돌맹이 하나가 발견되었다. 본능적으로 그 돌맹이를 들어 강철호를 내리쳐 기절이라도 시키고 싶은 충동이 일었다. 하지만 용기가 나지 않았다. 오랜 세월 부하로서 의리를 다해 섬겨온 강철호를 차마 그리 할 자신이 없었다. 그저 산꼭대기로 쫑긋이 귀를 세워 한성민 일행의 기척을 초조하게 기다렸다.

"진수야! 여기 있다!"

이윽고 강철호가 떨리는 소리로 가만히 외쳤다.

그리고 곧바로 박격포 포신을 들어내고 연이어 다리를 비롯해 분해한 몇 가지 부속품을 꺼냈다. 부속품 밑으로는 포탄이 즐비하게 놓여있었다. 밖으로 들어내 보니 모두 12발이었다. 그러니까 정확히 포탄 한 발이 목표지점에 떨어지기 전에 쏠 수 있는 숫자였다. 엄청나게 성능을 개량한 포탄이라 12발이면 축구장 하나쯤은 눈 깜짝할 사이에 날려버릴 수 있는 가공할 무기였다.

"선사님, 이 많은 포탄을 정말 다 쏘아야 합니까?"

소진수가 속으로 무던히도 참았던 말을 작심하고 꺼냈다.

"그럼! 아니 넌 또 그게 무슨 말이야? 당연한 걸 가지고 묻긴 왜 물어?"

"하지만 이거 다 쏘면 사람이 많이 죽잖아요. 그리고 전쟁나면 또 얼마나 사람이 죽겠어요?"

"이 자식이 이제 와서 뭔 딴소리야 응? 통일을 위한 일이야, 통일! 알았어? 당연히 희생자가 따르게 돼 있어! 희생 없이 어떻게 통일을 할 수 있어? 잔소리 말고 이거 조립하는 거나 도와! 너도 군대 갔다 와서 이 정도는 잘 할 거 아냐?"

강철호는 무엇에 씌워도 단단하게 씌웠는지 제정신이 아니었다. 아니고서야 수십 아니 수백만 명의 목숨을 잃을지도 모를 엄청난 일을 눈썹 한 올 까딱하지 않고 자행하려 할 리가 없었다.

"저는 육군이 아니고 공군 출신이거든요! 이런 병기는 다뤄보지 않아서 잘 모릅니다!"

소진수는 일부러 시간을 끌기 위해 거짓으로 둘러댔다.

"새끼! 알았으니까 그럼 넌 포탄을 산꼭대기에 올려다 놔. 불을 비춰보면 평평한 곳에 십자가가 그려져 있을 거야 거기에 갖다 놔."

"예? 아 예! 산꼭대기 평평한 곳 십자가라 그랬죠? 거기다가 갖다 두면 됩니까?"

"새끼! 오늘 왜 그래 너? 왜 말귀를 못 알아먹고 그래 응?"

강철호가 버럭 화를 냈다. 같은 말을 반복하는 걸 싫어하는 성미 그대로였다. 그러나 소진수는 뭐라 했건 별로 귀담아 듣지 않고 느릿느릿 포탄 하나를 들어 가슴에 안고 상당히 가파른 언덕을 기다시피 겨우 산꼭대기에 올랐다. 그리고 손전등으로 비춰보니 아닌 게 아니라 선이 굵고 깊게 파인 십자가 선명하게 그려져 있었다. 거기다 포탄을 놓고 한참을 서서 두리번대며 한성민 일행의 기척을 들으려고 귀를 기울였다. 그러나 세차게 쓸어가는 바람에 울부짖는 나뭇가지 소리만 어둠을 찢어놓을 뿐 아무 것도 들리지 않았다.

"야! 이 자식아! 좀 빨리 빨리 움직여, 그러다 날 새겠다!"

어느 사이 조립을 다 마친 강철호가 박격포를 한쪽 어깨에 울러 메고 산꼭대기에 올라왔다.

"너무 어두워서 이제 막 십자를 찾았어요. 또 가지고 올게요!"

"야! 이 새끼야! 굼떠도 분수가 있지! 이제 겨우 포탄 하나밖에 안 가져다 놨어? 벌써 열두 시야! 정확하게 1시에 쏘아야 해! 어서어서 서둘러 갖고 와! 여기 포 설치해 놓고 나도 가지러 갈 테니까. 짜식아! 포탄 두 개씩 들고 와! 뭐가 무겁다고 하나씩이야!"

박격포를 십자 한가운데에다 내려놓고 허리를 편 강철호의 성화가 거셌다.

"예, 예!"

말은 그리 하면서도 소진수의 발걸음은 느릿느릿했다. 밤이라 잘 보이지 않아서 망정이지 멀건 대낮에 강철호가 그 꼴을 보았다면 아마도 주먹이라도 날렸을 것이다.

소진수는 마지못해 포탄을 두 개씩 가져다 놓았다. 서둘러대는 강철호는 세 개씩 가슴으로 안아다 놓았다.

이윽고 새벽 1시가 10분 정도 남았을 무렵이었다. 달빛이 그 검던 먹구름을 헤집고 산등선을 희미하게 밝혀주어 손전등이 없어도 포와 포탄을 선명하게 볼 수 있었다. 그 덕에 강철호의 손길이 빨라졌다. 그리고 손쉽게 나로호를 향해 그어놓은 십자가 한 선에 포구를 나란히 놓고 손전등을 비추어 포신 각도를 맞추었다. 지수영이 데리고 온 사내가 낮에 미리 와서 나로호에다 정조준해 맞추어 놓은 각도라서 다시 조준할 필요가 없었다. 이제는 약속한 1시에 포탄 12발을 연속해서 포구에 집어넣어 발사만 하면 그만이었다.

"야! 진수야! 오늘 일 마치면 너도 나와 함께 미국으로 가자! 비자는 지수영이 알아서 내줄 거니까 걱정 말고!"

"미국이요?"

"그래, 미국!"

"그… 글쎄요!"

"자식아! 뭐가 글쎄요야? 너는 내가 시키는 대로만 하면 돼!"

좀 언성을 높여 명령한 강철호가 휴대폰을 켜 시간을 보았다. 약속한 1시를 3분 남겨놓고 있었다.

포탄을 빠르게 포구에 넣을 수 있도록 포구 가까이에 모아놓았다. 그리고 포탄 하나를 들었다.

이때 갑자기 사방이 어두워지며 세찬 바람이 불어 닥쳤다. 얼마나 큰지 모를 나무 하나가 견디다 못해 뚝 부러지는 소리가 밤공기를 찢어놓았다. 가슴이 철렁한 강철호가 하마터면 들고 있던 포탄을 놓칠 뻔했다. 얼마나 놀랐던지 두 다리가 휘청했다. 주먹의 힘에 의지해 세상에 두려울 게 없었던 용기와 배포가 순식간에 사라지는 순간이었다.

그 모양을 본 소진수의 눈이 살쾡이처럼 번쩍였다. 희미한 어둠 속에서도 겁에 질린 강철호의 모습을 똑똑히 지켜보았다. 그러고 보면 강철호의 두려움을 모르는 용맹성은 진정한 용기라 할 수 없었다. 그저 제 무술실력만 믿고 약한 자 위에 군림한 그저 그런 범부에 지나지 않다는 생각이 들었다. 비로소 강철호의 진면목을 확인하고 나서 두려움을 웬만큼 떨쳐냈다. 1시까지 한성민 일행이 오지 않아도 어떻게 하든 그들이 올 때까지 강철호가 포를 쏘지 못하게 막아볼 결심을 굳혔다. 그러나 워낙 힘이 장사인데다가 무술실력 역시 고단자여서 섣불리 덤볐다가는 죽을지도 모른다는 생각에 함부로 나설 수는 없었다. 그런데 나무 하나 부러지는 소리에 소스라치게 놀라는 인물이라면 그까짓 거 죽을 각오로 겁 없이 대들면 웬만큼 승산이 있을 것 같아서 마음을 단단히 고쳐먹었다.

"야, 포탄이 왜 이렇게 미끄러워! 씨팔! 땅에 묻어놔서 습기가 차서 그러나?"

자신도 모르게 두려움에 떨었던 강철호가 지켜보았을 소진수에게 멋쩍었던지 들으란 듯이 큰 소리로 중얼댔다. 그리고 들고 있는 포탄을 소매로 쓱쓱 문질러 습기를 닦아내는 척했다.

"야, 진수야!"

"예, 선사님!

"자, 그럼 지금부터 포탄을 포구에 넣을 테니까 너는 12발을 다 쏠 때까지 한 발씩 들어서 나한테 줘라! 그래야 빠르게 한 발이 떨어지기 전에 12발을 다 쏠 수가 있다! 자 그럼 시작한다! 너도 얼른 한 발을 들어라!"

"잠깐, 선사님! 정말 이래야 합니까? 포기하면 안 됩니까?"

소진수가 다급히 소리치며 반사적으로 강철호가 들고 있는 포탄을 낚아챘다.

"아니? 이 새끼가!"

너무나 뜻밖이어서 강철호의 놀라움은 이만저만이 아니었다.

감히 자신의 명령을 거부하리라고는 상상조차 하지 않았다. 무슨 일이건 토도 달지 않고 고분고분 순종해 오던 소진수였다. 그런 소진수가 절박한 순간에 앞을 가로막고 나서다니 기가 막혀서 얼른 말이 나오지 않았다. 포탄까지 빼앗긴 채 어이가 없어서 멍하니 어

둠 속의 소진수를 쏘아보기만 하였다. 그러나 잠깐 사이였다. 배신
감에 치를 떤 강철호의 주먹이 번개같이 날아들었다. 다행히 대비
하고 있던 소진수의 몸이 날렵하게 피했다. 그리고 여러 걸음 뒷걸
음질 쳐 멀찍이 물러섰다. 강철호가 무슨 공격을 하던 닿지 않을 만
큼의 거리를 유지할 생각이었다.

"너, 이리 안 와?"

"싫습니다!"

"너, 또 방해하면 죽는다. 알았어?"

"모르겠는데요!"

"하, 이 새끼 보게! 너 죽을래?"

다분히 약을 올리는 소진수의 말에 더 분노가 치민 강철호가 다
짜고짜 달려갔다. 그러나 작전을 세운 소진수의 몸놀림이 더 빨랐
다. 강철호가 달려오려는 기미를 알아차림과 동시에 잽싸게 옆으로
돌아 포와 포탄을 중심으로 한 바퀴 빙 돌았다. 한성민 일행이 올
때까지 잡히지만 않게 거리를 두고 피하면서 최대한 시간을 끄는
데까지 끌어볼 계산에서 도망 다니는 터라 강철호가 술래잡기하듯
몇 바퀴 뒤쫓았으나 쉬이 잡힐 리가 없었다.

"진수야! 너, 이 새끼! 또 방해하면 그때는 죽는 줄 알아라!"

시간이 촉박하다고 느낀 강철호가 추격을 멈추고 포탄 옆에 발을
멈추었다. 그리고 냉엄한 어조로 겁을 주고는 포탄 하나를 집어 들
었다.

"선사님! 제발요! 네?"

소진수가 도망가던 걸음을 멈추었다. 그리고 죽일 테면 죽여라

하고 소리치며 사생결단으로 달려들었다. 희미한 어둠 속인데다가 죽을 각오로 덤벼드는 소진수의 뜻밖의 행동에 당황한 강철호가 저도 모르게 들었던 포탄을 놓치고 말았다.

"하! 이 새끼 봐라? 너, 정말 죽으려고 환장했구나!"

일갈한 강철호의 주먹이 드디어 잔인하게 소진수의 등을 내리쳤다.

"아니에요! 죽기 싫어서 이러는 거예요. 선사님! 제가 언제 선사님 명령 거부한 적이 있습니까? 하지만 이건 아닙니다!"

소진수는 아픔을 참고 악을 써서 소리쳤다.

"야, 이 새끼야! 안 하면 우린 죽어! 그리고 우린 역사에 남을 일을 하고 있는 거야! 알았어? 이 새끼야!"

강철호의 주먹은 사정을 두지 않았다. 허리를 껴안은 소진수의 몸 여기저기를 닥치는 대로 내질러댔다. 그러나 죽을 각오를 해서일까? 소진수의 맷집도 여간 아니고 악에 받쳐 내지르는 소리는 처절한 분노가 섞였다.

"죽을 때 죽더라도 아닌 건 아닙니다!"

하고 악바리를 하였다. 그러나 강철호의 주먹을 더 이상 견딜 수 없어 무릎을 꿇고 호소했다.

"이게 어째서 역사에 남을 일입니까? 전쟁 벌어지면 누가 죽습니까? 저도 죽고, 선사님도 살지 못합니다! 그리고 우리 가족, 선사님도 죽고, 선사님 가족도 다 죽습니다. 그뿐입니까? 수백만 명이 몰살할 수 있습니다. 그러니 선사님 부탁입니다. 제발 여기서 멈춰 주십시오! 네!"

"너, 방해하면 죽는다고 했지? 예전에 깡패놈들 죽이는 거 너도 봤잖아! 표창으로 너라고 못 죽일 것 같아?"

"선사님! 저 목숨 내놓겠습니다. 마음대로 하십시오!"

할 수 없었다. 자포자기한 소진수의 다음 행동은 나 죽이세요! 하는 투였다. 그리고 악마의 이빨처럼 흉물스러운 여러 개의 포탄을 한 아름 안고 엎어져 죽이든 살리든 마음대로 하세요! 하고 또 한 번 악을 쓰고 소리를 질렀다. 그야말로 이판사판이어서 강철호도 더 참으려 하지 않았다.

"진수야! 그동안의 정을 생각해서 이러고 싶지 않다만 어쩔 수 없다. 너와 나의 인연은 이것으로 끝이다. 각오해라!"

포악한 강철호의 마성이 드러나는 싸늘한 일갈이었다. 그리고 말이 끝나기가 무섭게 쇠갈고리 같은 손아귀로 소진수의 등덜미를 잡아 낚아챘다.

하지만 소진수의 저항도 만만치 않았다. 죽을 각오로 끌어안은 포탄을 놓지 않았다.

"이 개새끼 봐라!"

악에 바친 분노를 폭발시킨 강철호의 발길이 사정없이 소진수의 옆구리를 걷어찼다.

갈비뼈가 으스러지는 소리가 났다. 하지만 이를 악물고 더더욱 팔에 힘을 주어 포탄을 끌어안았다.

"이 새끼가!"

역시 강철호의 힘은 불가항력이었다. 죽을 힘을 다해 포탄을 끌어안고 필사적으로 저항하는 데도 버둥대는 아이 보듬어 안듯 소진수의 몸을 가볍게 들어 올리더니 마치 가벼운 물건 던지듯 서너 발짝이나 멀리 내동댕이쳐 버렸다.

그리고 다시 포탄 하나를 주워들었다.

그런데 맨땅에 나가떨어져 운신하기 어려울 것 같은 소진수가 어느 사이 기어와서 강철호의 양 다리를 붙들고 늘어졌다.

어디서 그런 힘이 나오는지 소진수의 팔힘이 엄청나게 강했다. 강철호의 무시무시한 힘으로도 붙들고 늘어진 두 팔을 쉽게 떼어 놓지 못했다.

"씨발 새끼!"

강철호가 냉혹하게 일갈했다. 그리고 떼어 놓으려던 소진수의 두 팔을 그대로 둔 채 주먹을 휘두르기 시작했다. 어깨와 허리, 엉덩이, 두 다리, 그리고 머리까지 무자비하게 폭행을 가했다. 소진수로서는 더 버텨낼 수가 없었다. 빨래방망이처럼 쏟아지는 주먹에 온몸이 걸레조각처럼 찢겨 나가는 것 같았다. 하지만 그런 아픈 느낌도 잠시였다. 몸이 주검처럼 축 늘어지며 아무것도 생각나지 않았다.

"진수야! 어쩔 수 없다. 미안하지만 죽어주어야겠다! 네가 살아 있으면 다 탄로가 날 테니 나를 원망하지 마라! 네가 자초한 거다!"

강철호는 결국 소진수를 죽일 작정으로 오른손 주먹을 불끈 쥐었다. 강철호의 주먹이라면 소진수의 머리를 한 번만 내리쳐도 죽음에 이를 수 있었다.

그런데 천우신조의 순간이 이때부터 거푸 찾아왔다.

"야, 철호야! 시간이 10분이나 지났어. 그 자식은 우리한테 맞기고 너는 빨리 발사부터 해야 해!"

산꼭대기에서 멀찍이 떨어져 망을 보고 있던 지수영이 발사시간이 지났는데도 소식이 없자 사내와 급히 달려왔다가 소진수와의 싸움을 잠깐 지켜보다가 다급히 외쳤다.

"10분이나 지났어요? 이 새끼 때문에…! 그럼 형님이 이 새끼 처리하세요. 절대로 살려둬서는 안 됩니다!"

"저 새끼는 나한테 맡기고 얼른 발사부터 하시오!"

사내가 지수영 대신 나섰다. 이때 잠시 정신을 놓았던 소진수가 살며시 눈을 떴다. 강철호로부터 위기를 간신히 넘겼다 싶었는데 엎친 데 덮친 격이었다. 사내의 시커먼 얼굴이 어둠 속에서도 묘하게 희미한 빛을 발산했다. 먹잇감을 노리는 야행성 짐승의 눈빛처럼 싸늘해서 살기가 저절로 느껴져 소름이 오싹 끼쳤다. 그러나 뼈마디가 쑤셔서 얼른 일어날 수가 없었다. 하긴 지금 도망친다 해도 사내로부터 벗어날 자신이 없어 속절없이 죽은 목숨이라 생각하니 분하고 원통했다. 그러나 왠지 겁은 나지 않았다. 허공을 날아서라도 반드시 한성민이 나타나 구해줄 것이란 믿음을 놓지 않았다.

하늘의 별을 바라보며 허공을 날아오는 한성민의 모습을 환상으로 그려보다가 고개를 돌려 다가오는 사내와 지금 막 포를 장착하는 강철호를 눈을 부릅뜨고 번갈아 바라보았다.

"다 됐어? 쏴!"

지수영의 명령이 떨어지고, 알았소! 하고 짧게 대답하는 강철호의 목소리가 들렸다.

이제 모든 것이 끝이구나 하고 생각한 소진수가 눈을 질끈 감았다. 그런데 다음 순간!

"네 이놈, 철호아! 네가 정녕 죽을 때가 되었구나!"

하고 벼락 치는 소리가 밤공기를 뒤흔들었다.

강철호가 그 소리에 얼마나 놀랐던지 들었던 포탄을 떨어뜨리고 말았다. 이때 마침 검은 구름이 바람에 밀려나고 둥근 달이 모습을 드러냈다.

한성민이 분명했다. 그 뒤를 따르는 두 인물은 김민수와 배영기였다.

"야! 이 씨발! 저건 또 뭐야? 야, 철호! 빨리 쏘지 않고 뭘 해! 저 새끼는 나한테 맞기고 빨리 포탄 집어넣어!"

지수영이 다급히 소리쳤다.

"저 새끼는 내꺼요!"

소진수를 향해 한 발 내딛던 사내가 휙 돌아서며 칼을 뽑아들었다. 그리고 무서운 기세로 돌진했다. 그러나 사내는 한성민의 모습조차 보지 못했다. 두 발짝도 내딛기 전에 억! 하고 짧은 비명을 내지르더니 칼을 놓치고 가슴을 움켜쥐었다.

잠깐 어안이 벙벙해진 강철호가 정신을 가다듬기는 하였으나 제정신이 아니기는 마찬가지였다.

이것저것 생각할 겨를도 없었다. 지금 이 마당에 살아남기 위해서는 상대방이 누구이건 죽여야 한다는 생각뿐이었다.

떨어뜨린 포탄을 그대로 둔 채 한성민을 향해 들소처럼 돌진했다. 머릿속에는 단 한주먹으로 한성민을 기절시킨 다음, 한두 차례 머리가 깨지게 짓밟아 죽인다는 생각만 하였다.

강철호의 몸놀림은 전광석화 같았다. 과연 뛰어난 무술고단자다웠다. 한성민과 거리가 큰 걸음으로 서너 발짝이나 떨어진 지점에서 훌쩍 날아 오르더니 한쪽 발을 한성민의 가슴을 향해 강력하게 내뻗었다. 웬만한 나무도 한 발길질로 부러뜨렸던 바로 그 무술이었다.

그러나 강철호의 몸통은 두 다리를 뻗은 채 총에 맞은 새처럼 허공에서 뚝 떨어져 땅바닥에 나가떨어지고 말았다.

거기에서 그치지 않았다.

무엇이었을까?

한성민의 눈에서 이글이글 타오르는 섬광이 번쩍였다. 그 빛은 피를 본 사자처럼 냉혹하고 잔인했다. 젊은 시절 마음으로 수도 없이 사람을 죽였던 그 살기가 내면에 숨을 죽이고 도사리고 있다가 드디어 때가 되자 본모습을 드러낸 것일까?

섬광은 강철호를 향해 번개보다 빠르게 쏘아갔다. 그와 동시에 강철호는 뜨거운 뭔가가 확 밀어닥치는 느낌을 받았다. 연이어 사지에 힘이 쭉 빠지더니 저절로 몸이 새우처럼 구부러졌다. 그 다음은 창자가 끊어져 나가는 극심한 통증이 밀어닥쳤다.

그뿐이 아니었다.

배가 풍선처럼 조금씩 부풀어 오르더니 어느 사이 열 달을 채운 산모의 배보다 더 팽창해 곧 터질 것 같았다.

힘으로는 일생에 단 한 번도 당해보지 못한 처음이자 마지막 참패였다. 그것도 반격의 기력조차 낼 수 없는 일생일대의 치욕이었다. 그나마 치욕감마저 강철호가 가질 수 있는 삶의 마지막 감정이었다.

산기슭에 엎어진 채 고통을 못 참아 풀잎을 움켜잡았다. 너무 아파서 신음조차 토해내지 못했다. 배는 산더미처럼 불룩이 솟아 숨도 제대로 쉬지 못하였다. 오장이 갈기갈기 찢겨져 나가는지 배를 움켜쥐고 꺼억 꺼억 숨이 넘어가는 단말마의 비명을 토했다. 그런데도 한성민은 내뿜는 살기를 거두지 않았다.

강철호는 고통을 못 이겨 기어이 혼절하고 말았다. 그러나 죽음에 이르기 직전의 일시적 현상이었다.

드디어 죽음의 소리가 들려왔다.

소리는 소름을 오싹 끼치게 하였다.

"우지직! 으드득! 으득! 뚝! 뚝딱! 펑! 퍽!"

가슴뼈가 부러지고 내장이 터져 내려앉는 소리였다.

얼른 김민수가 손전등을 켜서 보다 자세히 비춰 보았다. 불빛에 드러난 강철호의 모습은 처참했다. 입과 코에 선혈이 꾸역꾸역 흐르고 눈은 허옇게 뒤집혔다.

차마 눈뜨고 볼 수 없었다.

"선생님! 살려주십시오! 우리 선사님 죽이지만 말아주십시오!"

달려온 소진수가 한성민의 다리를 부여잡고 통곡하며 애걸했다. 김민수와 배영기도 목숨만은 살려달라며 매달렸다.

그제야 강철호를 쏘아보는 한성민의 눈빛이 거두어졌다.

그러나 때가 늦은 뒤였다. 강철호의 팔다리가 죽어가는 짐승처럼 부들부들 떨었다. 숨이 넘어가는 최후의 발악이었다.

"형 님! 잘 못 했 습 니 다! 용 서 하…!"

뭉클뭉클 쏟는 피가 멎고 숨을 거두기 전에 잠깐 정신이 돌아온 강철호가 꺼억 꺼억 숨을 토해내며 들릴 듯 말 듯 가까스로 입술을 움직이다가 뚝 그쳤다.

그리고 눈을 찢어지게 부릅떴다가 스르르 감기며 고개가 옆으로 축 처졌다. 손아귀가 풀어지며 으스러지게 움켜잡았던 풀잎이 풀풀 흩어져 바람과 함께 어둠 속으로 날아 사라져 갔다.

"처남!"

한성민이 강철호를 끌어안았다.

그리고 처연히 하늘을 우러러 울부짖었다.

"하늘이여! 용서하소서!"

뜨거운 눈물이 펑펑 쏟아져 내렸다.

배영기와 김민수가 꿇어앉아 그의 어깨에 머리를 기대 흐느끼고, 소진수는 강철호를 끌어안고 통곡했다.

그들의 통곡소리가 윙윙 울어대는 바람을 타고 어둠의 장막 저쪽으로 메아리 없이 사라져갔다.

한편 일련의 사태를 지켜보던 지수영이 아직도 일어나지 못하고 나자빠져있는 사내를 재빠르게 붙들어 일으켰다. 공포에 질린 사내가 기를 쓰고 일어났다. 그리고 지수영을 따라 뒤도 돌아보지 않고 넘어지고 자빠지면서도 죽을 힘을 다해 산 아래로 달음질쳐 달아났다.

인적이 끊어진 산꼭대기가 황량했다. 강철호의 싸늘한 몸뚱이를 바람의 넋이 윙윙 울어대며 차디차게 쓸어가고 하늘의 별들은 슬픈 눈동자처럼 측은한 빛으로 쏟아져 내렸다.

"선생님! 누군가가 발견하고 신고하도록 우리는 시신을 치우지 말고 이대로 산을 내려가야 합니다. 시간이 없습니다. 날이 밝기 전에 빨리 내려가야 합니다. 산을 내려가서도 절대로 사람들의 눈에 띄어서도 안 됩니다. 물론 강철호 원장의 사인은 그 누구도 밝혀내지 못할 겁니다. 하지만 북한제 박격포와 포탄 때문에 곤욕을 치를 수 있으니까 극히 주의해야 합니다."

배영기가 긴장해 잠긴 목소리로 재촉했다.

"선생님! 배 변호사 말이 맞습니다. 안타깝지만 강 원장님은 이대로 두고 어서 내려가셔야 합니다."

김민수가 서둘렀다.

"무슨 말인지 알겠네. 하지만 이 사람을 찬바람에 방치해 두고 갈 수는 없네! 잠시만 기다리게!"

하염없이 흐느끼던 한성민이 울음을 그쳤다. 그리고 일어나 세 번 절하고 주변의 소나무가지를 꺾어다가 시신을 덮었다. 한성민의 뜻을 알아챈 배영기와 김민수도 묵념하며 고인의 명복을 빌었다. 그리고 잎이 넓은 활엽수를 한 다발 꺾어다가 강철호 시신 위에 수북이 덮어놓았다. 소진수는 엉엉 슬피 울며 손가락으로 흙을 긁어

모아 시신을 덮은 나뭇가지에 뿌렸다.

그들이 산을 내려가자 밤새 불어대던 바람도 지쳤는지 잠잠했다.

먼동이 터오자 푸른 바다 빛 하늘이 적막하던 산을 깨웠다. 작은 겨울새가 울고 간간히 부는 바람이 슬픈 곡조처럼 마른 풀잎을 울리고 스쳐 지나갔다.

"사람은 언제나 죽기를 두려워하는데 나쁜 짓을 했다고 해서 내가 잡아 죽일 수는 없다.

물론 내가 잡아 죽이면 감히 나쁜 짓을 못할 테지만 말이다. 그러나 사람을 잡아 죽일 수 있는 권한을 가진 자는 오직 천도天道만이 유일하다. 만약 누군가 어쩔 수 없는 부득이한 사정이 있다 하더라도 천도天道를 대신해 사람을 죽인다면 목수를 대신해서 나무를 깎는 자와 같다. 그런 자 치고 손을 다치지 않은 자가 없다."

하였다.

집으로 돌아온 한성민은 도덕경의 내용을 다시 한번 곰곰이 곱씹어 보았다. 강철호가 조금이라도 잘못을 뉘우치는 기미만 보였어도 죽이지는 않았을 것이다. 그저 따끔하게 혼을 내어 무술이 뛰어나다고 사람을 함부로 대하고 해치는 교만과 잔인성에 경고를 보내는 정도로만 응징하려 하였다. 그러나 강철호는 뉘우치기는커녕 소진수를 죽이려 하였고 자신까지 죽이려고 미쳐 날뛰는 악마처럼 덤벼들었다. 그래도 죽일 생각은 없었다. 그러나 어설피 손을 봐주었다가는 언제 어느 때 박격포를 쏠지 모를 일이었다. 지수영과 이름 모를 사내까지 합세한 마당에 누군가는 반드시 포를 쏠 게 분명한 만큼 희생은 불가피한 선택이었다. 그리고 한 사람을 죽임으로 수백만 명의 목숨을 살릴 수 있다는 생각에 극단적인 방법으로 강철호를 희생시켰던 것이다.

그리 함으로써 수많은 목숨을 죽음으로 몰아넣을 강철호의 악행을 사전에 막아낼 수는 있었다. 그러나 사회정의라든지 대를 위한 소의 희생을 정당화시킬 수는 없다고 생각했다. 그것도 죽임이라면 어떠한 명분도 용납할 수는 없었다. 노자의 말처럼 사람의 목숨을 앗아갈 권한을 가진 자는 오직 천도天道뿐이니 말이다.

천도는 하늘이 행하는 것이지 인간이 대신할 수 있는 것이 아니기 때문이다. 그러기에 천도를 대신해 사람을 죽이면 목수가 아닌 자가 나무를 깎는 것과 같다고 하였다.

즉 제가 할 일이 아닌데도 건방지게 함부로 행함으로써 진리를 왜곡하여 하늘의 질서를 무너뜨리고 자신은 몸을 크게 다치듯 그 영혼이 상처를 입고 그에 상응한 응보를 받는다는 뜻이다.

"이치가 이러한데 내 어찌 하늘을 대신해 사람을 죽일 수 있는 권한을 행사할 수 있으리오. 하지만 그리 한 이상 내 영혼은 마땅히 응분의 대가를 받아야 하는 법, 육신을 가진 이승에서 뼈가 으스러지는 한이 있더라도 참회의 고행으로 그 빚을 갚아야 하리라.

아, 또 한 번 스스로 지은 이 업業을 내 어찌 피하리오!"

한성민은 처연했다.

금은보화도 시궁창도 무위로 실은 천하의 짐수레처럼 선악을 분별없이 한 마음에 실어 구원의 삶을 살고자 했던 자신의 뜻을 꺾고 만 처지가 한탄스러웠다.

신령한 그릇인 천하의 도만이 생명을 낳고 기르고 가져갈 수 있는 것을, 아무 권한도 없는 자신이 천도를 대신해 생명을 빼앗았으니 그 업이 태산처럼 무겁게 가슴을 짓눌렀다.

몇 번이고 곱씹어 업으로부터 피할 방도를 찾으려 해도 목수도 아닌 자가 나무를 깎다가 몸을 상한다는 그 말이 올가미처럼 가슴을 죄어왔다. 저승에서, 그리고 내세에서 입을 영혼의 상처와 응보가 두려웠다.

애초에 그리 될 것이란 사실을 알면서도 마지못해 내린 결단이었다. 그러나 천만 번을 생각해도 죽일 권한이 없는 자신이 죽임의 권한을 행사한 만큼 응보는 필연적인 것, '마음과 육신을 제물祭物로 바치는 것만이 영원히 사는 길'이란 생각은 바뀌지 않았다.

하지만 사랑하는 아내 서영을 생각하면 가슴이 미어지게 아팠다.

"아, 하늘이시여! 정녕 이것이 나에게 주어진 숙명입니까? 태어나기 이전부터 아니 태어난 이후에 하늘이 나에게 이리 하라고 정해놓은 덫이었나요? 그렇다면 걸려들지 말았어야 할 덫에 걸리고 말았으니 나의 행동이 뱀을 찾아간 쥐처럼 어리석었나요? 아니면 배고픈 호랑이에게 제 몸을 보시하고 내생에 성자로 태어난 붓다처럼 되게 하려고 나에게 이런 시련을 주었나이까? 그것도 아니면 아직 덜 닦은 몸이라 더 닦게 하여 저 천상의 도리천에 데려 가시려고 방편을 주셨나이까? 아, 하지만 하늘이시여, 할 수만 있다면 이승에 남아 아내와 더불어 생을 마치고 싶나이다. 그리고 저승에서도 내생에서도 영원히 함께 하고 싶나이다."

한성민의 갈등은 처절했다.

뼈를 깎고 살을 뜯어내는 심정이었다.

그러나 돌이켜 보면 과거 젊은 시절 원한이 깊어 마음으로 사람을 죽이고 또 죽였던 기억이 되살아났다.

스스로 선량하다고 믿었던 자신의 내면에 살기가 있다는 사실만으로 처절하게 고뇌했었다. 그리고 이 악업의 잔재를 수행으로 닦아내려고 무던히도 노력했었다. 그런데도 사라지지 않고 뱀처럼 도사리고 숨어 있다가 때가 되자 기어이 사람을 죽이고 말았으니 생각할수록 통탄할 일이었다.

그간 치열한 수행으로 쌓은 도력도 공덕도 물거품 같고 아침이슬 같아서 허망하기 짝이 없었다.

"아, 나의 삶은 실로 이를 데 없이 허무하였구나!"

한성민이 내린 최후의 결론은 결국 세속을 떠나 살인의 업을 닦아내는데 남은 생을 다 바치기로 하였다. 그리고 사랑과 연민, 행복과 불행, 그 모든 것은 육신이 있어서 일어나는 법, 육신의 집착을 버리고 영혼 깊숙이 뿌리 내린 살의를 비롯한 일체 악업을 닦아내서 구름을 흘러 보낸 하늘 같은 청정심을 지닌 채 저 세상에도 내세에도, 그리고 태어남이 없는 곳에서도 영원히 유지하리라 원을 세워 맹세하였다.

한성민은 사랑의 아픔도 이별의 슬픔도 그리고 세속의 그 어떤 미련도 지워내고 홍가분한 마음으로 초연함을 지키면서 얼마간을 아내와 함께 보내기로 하였다.

그리고 비로소 자신의 분신을 세상에 남겨놓으려 하였다. 하지만 새로운 영혼의 분신을 원하지는 않았다. 불행한 운명에 희생된 그 아이의 영혼을 다시 불러들여 아내의 태에 들게 하고 싶었다.

아내는 오랜 세월 불편한 다리를 절뚝이며 힘들게 살아왔다.

그리고 잃어버린 그 아이로 인해 처절한 심신의 고통도 겪었다. 그 정도면 전생의 업을 다 내려 놓았을 터, 이제는 유산의 고통은 없을 것이라 믿었다.

그리고 황금빛으로 빛나던 그 아이의 영혼은 기쁘게 아내의 자식으로 태어나서 세상의 빛이 될 것이라 확신했다. 더욱이 아내가 그 아이를 의지해서 외로움을 잊고 여생을 보내주면 더 바랄 것이 없어서 정중하고 간절한 마음으로 삼매에 들었다. 그리고 그 아이의 영혼이 아내의 태에 들 수 있도록 기원을 간절하게 다 한 뒤에 한마음 한뜻으로 사랑과 정성을 다해 아내를 품었다.

오랜만에 남편의 품에 안긴 강서영은 행복했다.

한성민은 강철호를 죽인 다음 날 아내한테 숨기지 않고 사실을 털어놓았다. 폭력을 행사하지도 않았고 무기도 사용하지 않았다는 말도 하였다. 그럴 힘도 없고 그럴 틈도 없는 너무나 절박한 순간이어서 어쩔 수 없이 도력으로 제압하였다며 처연한 한숨을 내쉬었다.

그리고 비장한 목소리로 처남을 기절을 시키거나 몸 한 부위를 못 쓰게 할 수도 있었다 하였다. 그러나 내면에 숨어 있다가 때를 만나 발광하는 살기를 제어하지 못하고 그만 죽이고 말았다는 사실도 숨기지 않고 솔직하게 고백했다.

강서영은 사촌동행 강철호를 죽일 수밖에 없었던 남편의 고뇌를 누구보다 잘 알고 있었다. 자신의 아이를 유산시킨 보복에서가 아니라 나라와 수백 만 명의 목숨을 구하기 위한 부득이한 결단이었다. 세상의 누구든 입장을 바꾸어 놓고 생각해도 그때 그 순간은 그리 할 수밖에 없었을 것이다. 아니 당연히 그리하지 않으면 안 될 일이었다. 그런데도 남편은 전생으로부터 전해진 살인의 업이 발광한 것이라며 자책하였다. 그런 남편의 심정을 생각하면 가슴이 미어지게 아팠다.

얼마나 괴로울까?

심장이 터질 듯 아프지 않을까?

그 아픔을 조금이라도 덜어내어 나누어 가질 수는 없을까?

오만 생각을 다 하였다.

그러다가 어느 순간 소스라치게 놀랐다.

남편이 집을 떠날 것 같은 예감이 벼락처럼 머리를 때렸다.

남편의 성품으로 보아 스스로를 용서하지 않을 게 뻔했다. 아무리 죽일 수밖에 없는 정당한 사유가 있었다 하더라도 그것은 변명일 뿐 업으로 전해진 자신 속의 살기가 발광했기 때문이라고 고백했던 그 말은 분명 세속을 떠나 살인의 죗값을 치르고 업을 닦아 낼 것이란 심중의 결단을 은연중에 나타낸 암시였음을 비로소 깨달았다.

하지만 몇 날을 두고 생각하고 생각해도 남편의 뜻을 꺾을 자신이 없었다. 울며불며 매달린다고 마음을 돌릴 사람이 아니었다. 그럴 사람이라면 몇날 며칠이고 그리 하겠지만 그럴수록 남편의 마음만 아프게 할 뿐이라 생각했다. 그럴 바에는 마땅히 남편의 뜻을 거룩하게 여기고 존중해 주는 것이 아내로서의 도리라 결론지었다.

정글을 떠나는 사자

한성민이 세속에서 좀 더 시간을 보내려 했던 것은 비단 아내를 위한 마음 때문만은 아니었다. 나로호 폭파계획을 무산시켜 전쟁을 막고 온전하게 나라를 지킬 수 있게는 하였으나 목적을 위해서는 수단과 방법을 가리지 않는 프리메이슨과 종북주의자들의 집요한 재범을 우려했다. 또 강철호처럼 그릇된 판단으로 북한공작원을 위장해 청와대를 비롯해 여러 곳의 국가시설을 파괴할 수도 있다는 생각도 들었다. 특히 나로호 폭파계획을 성공시키지 못한 지수영이 누군가로부터 심한 문책을 받았을 것이라 판단했다. 그리고 실패를 만회하기 위해서라도 포기를 모르는 저들의 특성상 또 다른 계획에 착수했을 가능성이 있어 소진수를 급히 불러 지시하였다.

우선 이번 사건의 내막을 자세하게 기록한 다음, 몽타주 그리는 전문가를 찾아서 지수영과 사내의 인상착의를 그리라 하였다. 그리고 국정원이나 경찰에 신고하여 일망타진하게 하되 소진수의 신분만은 절대로 드러나서는 안 된다며 여러 차례 주의를 주어 돌려보냈다.

그러고는 또 다른 생각을 정리해 놓으려 하였다. 그것은 도만큼이나 열망의 끈을 놓지 않았던 망각의 역사가 어느 시점에 부활의 날개를 펴게 될지 짐작해 온 머릿속의 노트였다.

민족혼의 기록이라 할 우리의 역사가 수천 년간 질곡의 늪에서 허우적이고 있는 현실이 안타까움을 넘어 곤혹스러워서 깊이 새겨 두었던 기록이었다. 그 기록에는 동방의 빛나는 등불의 하나였던 그 심지에 불을 다시 지피기 위해서는 무엇보다도 한민족으로서의 정체성 확립이 중요하다는 생각을 수도 없이 했었다. 그러나 역사 교과서를 필수과목에서 제외시킨 위정자들의 무지한 소치에 크게 낙담하였다.

거기다가 요즘 사회지도층의 언어 행태가 부쩍 사대적이어서 여간 실망스럽지가 않았다. 자기 정체성의 발로인 언어를 망각한 사람들이 날이 갈수록 늘어나고 있어서 한탄스러웠다. 영어 한 마디 써야 유식하게 보이는지 좀 배웠다는 인물들의 언어 행태가 가증스럽기도 하였다. 거기다가 언론 방송마저 웬만해서는 알아듣기 어려운 영어를 남발하고 있어서 개탄을 금할 수 없었다.

마치 두루마기를 입고 카우보이모자를 쓴 희한한 사람 같다는 생각도 들었다. 말하고 글을 쓰는 사이사이에 아주 똑똑한 것처럼 알아듣기 어려운 영어를 끼워 넣어 말하는 꼴이 가관스럽기도 하였다. 그리 말해야 자신의 훌륭함을 드러내는 것이라 여겨서인지는 모르지만 자기 정체성을 부정하는 사대 근성의 발로가 아닌지 자성해 봐야 할 것이다.

무슨 말인지 알아들을 수 없는 보통사람들이 외래어를 마구 쏟아내는 그들의 말을 계속해서 듣다 보면 어느 사이 민족정신이 점차 희석될 게 뻔해서 참으로 무서운 일이라 하지 않을 수 없었다.

언어는 마음의 발로이고 마음은 정신으로부터 나오는 법이라 언어의 사대에 세뇌되면 누에에 갉아 먹히는 뽕잎처럼 점점 정체성을 잃고 외세에 민족혼마저 빼앗길 수도 있는 일이었다.

한성민은 그런저런 생각에 잠깐 동안 마음이 산란하였다.

그러나 이내 고개를 설레설레 내저었다.

거룩한 역사의 유전자를 면면히 이어받은 우리의 정신이 그리 쉽게 매몰될 리는 없다는 생각이었다. 남북으로 갈라진 민족이 통일되는 날, 질곡의 늪에서 허우적이는 역사의 진실이 백일하에 드러날 터이므로 자연히 자존이 지켜질 것이라 확신하였다.

잃어버린 역사의 진면목은 지금은 남의 땅인 저 동북의 황량한 벌판에서 숨을 죽이고 때를 기다려 온 지 수천 년이었다. 진실을 감추지 않으려는 듯 붉은 흙의 색깔을 퇴색시키지 않은 홍산紅山, 홍산문화이 통일이 되는 날부터 가슴이 열리기 시작할 터이므로 크게 저어할 일은 아니란 생각도 들었다.

어쨌건 그는 통일의 날을 손꼽아 기다려 왔다. 그리고 그때가 이제 거의 다 왔다는 확신을 갖고 있었다. 하지만 보다 확실한 믿음을 가다듬기 위해서 하루 낮 하루 밤을 석굴에서 꼬박 새워 명상하였다. 깊은 삼매의 시간은 동이 틀 무렵 새 희망의 빛인 양 찬란한 희열이 온몸을 휘감을 때에야 멎었다.

짐작했던 바가 틀리지 않아서 한동안 가만히 앉아서 생각을 가다듬었다.

결심을 굳히고 드디어 필을 들어 아내에게 남길 최후의 글을 쓰기 시작하였다.

그 내용은 아내의 가슴을 더 아프게 하지 않을 생각으로 일부러 애틋한 사랑과 이별의 안타까움은 쓰지 않았다. 그저 담담하게 당분간 집을 떠나 수도하려고 태백산으로 갈 것이라 하였다. 그리고 수도를 마치고 돌아오기 전에 남북이 통일될 것이므로 그때를 대비해서 서울에서 잘 운영하고 있는 재단의 일을 대신 관리하라는 당부부터 하였다.

그리고 잠시 마음을 가다듬은 뒤에 실로 천지가 개벽하고 경천동지할 말을 거침없이 써내려갔다.

이 다음 대통령 임기 중에 통일의 발판이 마련될 것이라는 말을 망설임 없이 썼다. 통일은 북한의 어린 지도자가 큰 사고를 당하고 나서 급속히 진행될 것이라 하였다. 그 이유로 북한의 어린 지도자가 무술년과 신축년에 큰 재앙을 입거나 중풍으로 쓰러질 가능성이 높다는 말을 단정 짓다시피 하였다. 그리고 설사 그런 일이 없다 하더라도 큰 봉변을 당할 게 분명하다는 말을 덧붙였다.

그리고 나서 다시 생각을 가다듬고 힘을 주어 필을 꾹꾹 눌러 쓰기 시작하였다. 민중 속으로 깊숙이 들어간 재단의 두레 이념을 통일 이후에는 북한의 굶주린 사람들을 위해 펼쳐주기 바란다 하였다.

끝으로 재정이 허락하면 홍산문화 유물을 수집하여 후일 역사의 진실을 밝히는 데에도 일조해 주었으면 좋겠다는 말도 잊지 않았다.

편지를 다 쓰고 난 그는 무거운 짐을 내려놓은 듯 가벼운 마음으로 일어섰다. 그리고 언젠가 아내가 볼 것이라 생각하고 명상하던 자리에다가 편지를 묻어놓고 그 위에다가 돌 하나를 얹어 놓았다. 그리고 집으로 내려와서는 지수영의 동태를 살피는 소진수의 연락을 기다리면서 아무 일도 없었고 앞으로도 그럴 사람처럼 아내와 오붓한 하루하루를 보냈다.

그런지 한 보름쯤 지나서였다.

지수영이 체포되었으나 무슨 연유에서인지 풀려나 다른 프리메이슨을 데리고 조용히 미국으로 떠났다는 보고를 받았다. 그리고 종북주의자들은 은밀한 내사를 계속하고 있다는 소식도 들었다. 그는 그 말을 듣고서야 세속에서의 일을 마저 마친 홀가분함으로 새로운 삶을 결행할 날을 잡았다.

한성민은 어둠이 걷히지 않은 이른 새벽에 조용히 일어났다.

강서영은 그와 함께 하며 행복해하면서도 긴장의 끈을 놓지 않았다. 마음의 눈을 뜬 채 밤을 새우던 중이라 전에 없이 새벽에 이불을 걷어내는 남편의 기척에 올 것이 왔음을 직감하고 말없이 따라 일어나 앉았다.

드디어 남편이 세속을 떠날 그때임을 말없이 받아들였다. 그리고 남편이 무슨 말을 할지도 알고 있기에 슬픔도 괴로움도 안타까움도 없는 담담한 눈길로 남편을 쳐다보았다.

한성민은 그런 아내가 고마워 편한 마음으로 말하였다.

"여보, 당신은 알고 있었을 줄 믿소…! 지금 산으로 가려 하오!"

"……!"

강서영은 아무 말도 생각나지 않아서 가만히 남편의 다음 말을 기다렸다.

"천도가 할 일을 아무 권한도 없는 내가 대신했으니 어찌 속죄하지 않을 수 있겠소. 하니 다음 생에 그 업을 받기보다는 이승에서 내 영혼의 상처를 치유하려 하오. 하늘이 용서하여 내가 저지른 죄업이 풀리고 마음 속 깊이 난 상처가 낫는 날 즉시 당신 곁으로 돌아오겠소. 가는 곳은 태백산이오. 올 때까지 찾지도 말고 기다리지도 말아요. 몸은 비록 당신 곁에 없지만 마음은 항상 당신과 함께 있을 것이오."

"알고 있습니다. 당신의 마음을! 그래서 슬퍼하지 않습니다. 저는 걱정하지 마시고 뜻을 이루시거든 지체없이 돌아오세요. 당신이 돌아오실 때까지 여기서 기다릴 게요. 당신이 수도하시던 석굴에서 저를 위하시던 당신처럼 당신을 위해 기원하면서 기다릴 게요. 마음 편히 다녀오세요."

강서영은 그 말을 끝으로 자리에서 일어섰다. 그리고 비록 먼길 떠나지만 곧 돌아올 것이라 믿으며 남편의 옷매무새를 살펴주고는 진작부터 준비해 놓았던 작은 가방 하나를 내놓았다. 그 안에는 갈

아입을 속옷과 한 되 남짓한 미숫가루에다가 며칠 먹을 시루떡이 들어 있었다.

"고맙소. 그럼 다녀오겠소."

한성민은 마치 가까운 이웃집에 다녀오듯 말하고 조용히 일어섰다.

강서영은 눈물을 보이지 않았다.

대문 밖까지만 따라 나가서 어둠 속으로 사라져 가는 남편의 뒷모습이 보이지 않을 때까지 하염없이 서 있었다.

세월은 강물처럼 쉼 없이 흐르고 흘렀다.

한성민이 편지에 써놓았던 대로 남북은 통일되었다.

통일 이후 상당한 혼란이 있었으나 지금은 안정을 찾아 나라가 평화로웠다.

그리고 어느 사이 국력이 급속도로 성장해 일본은 침략의 역사를 진심으로 사죄하고 억지를 부리던 독도 영유권 주장도 철회하였다.

중국은 관리들의 부패와 지역이기주의가 만연해지면서 예전의 명나라와 청나라 말기처럼 쇠락의 길을 걷고 있었다.

그래서인지 거만했던 중화주의가 한풀 꺾였다.

그리고 저들의 자존을 지키기 위해, 전해 받은 역사와 문화를 끈질기게 왜곡하던 못된 버릇을 자제하고. 그동안 철저하게 숨겼던 홍산문화의 진실을 하나씩 털어놓기 시작하였다.

한성민은 그런 날이 올 것을 이미 예견하고 통일 후에 한민족의 유구한 역사를 밝혀줄 홍산문화 유물을 수집하라 하였던 것이다.

강서영은 남편의 예측이 그대로 나타난 현실을 지켜보면서 그리움에 지쳐가던 마음이 무한한 자긍심으로 되살아났다.

홍익진리회 재단도 남북을 아울러 큰 명성을 얻고 있어서 한층 높아진 삶의 가치가 가슴에 맺힌 슬픈 그리움에 큰 위안이었다. 재단의 일은 모두 시누이 한선희에게 맡기고 일체 관여하지 않았다.

그러나 남편이 편지에 남긴 뜻만은 꼭 지켜지도록 재단 운영방향을 확실하게 정해 주었다. 선희는 오빠의 뜻이 곧 자신의 삶의 몫이라며 반드시 그리 하겠다 하였다. 그리고 사무총장직을 맡고 있는 주성수에게도 다짐을 받았다. 물론 주성수도 같은 마음이었고, 그간 함께 일해 온 박희경, 진경숙, 김민수, 배영기 등도 한마음 한뜻으로 한성민의 뜻을 받들었다. 그리고 최후의 순간에 자신의 잘못을 뉘우친 소진수도 그들의 일원이 되어 누구보다 열정을 쏟았다. 그처럼 여러 사람들의 노력이 단절 없이 지속되자 이질적으로 갈라졌던 남북의 국민성이 하나의 민족임을 자각하고 한울타리 안의 우리가 되도록 정책을 편 국가에 큰 도움을 줄 수 있었다.

강서영은 그처럼 바라던 남편의 뜻이 완성되는 것을 지켜보면서 살아 숨 쉬는 남편의 생명력이 느껴져 행복하였다. 그리고 남겨준 남편의 분신을 열 달 동안 정성으로 품었다가 낳은 아들이 있어 더 행복하였다.

하지만 언젠가는 반드시 남편이 돌아올 것이란 믿음의 끈은 놓지 않았다. 그러기에 여러 세월을 남편과 다정하게 함께 할 때처럼 뒷산 석굴을 하루도 빠짐없이 아이의 손을 잡고 찾아갔다.

오늘도 그리 하였다.

이른 아침에 남편의 발자취가 서려 있는 뒷산 언덕길을 아이를 데리고 천천히 밟아 올랐다. 산위에 올라서는 남편이 명상하던 석굴 안의 그 자리에 아이와 함께 가만히 무릎 꿇어 두 손을 꼭 모았다.

강서영의 소원은 오직 하나 남편의 무사안녕이었다.

그리고 먼 곳으로부터 뚜벅뚜벅 걸어오는 남편의 모습을 상상하였다.

그러다가 밖으로 나와서는 밝아오는 동녘하늘이 훤히 보이는 언덕에 서서 그가 있을 먼먼 하늘을 바라보았다.

아이도 아버지를 그리워하며 하늘 저 멀리로 말없이 시선을 보냈다.

태산처럼 무겁게 짓누르던 세속의 멍에를 훌훌 벗어버린 채 떠난 사람,

그녀는 저 하늘 아래 어딘가에 고요히 앉았을 남편의 모습을 그려보았다.

오늘따라 파란 하늘 화폭에 뭉게뭉게 피어오른 하얀 구름이 미소 짓는 남편을 그린 그림처럼 피어올랐다.

어느새 그리도 깊었던 사랑의 울림이 햇살처럼 퍼지고,

온 누리를 싱그럽게 물들인 풀잎 같은 그리움이 가슴에 파릇파릇 돋아나 영원할 사랑의 숲으로 무성하게 자라나고 있었다.

사바에서 짊어졌던
무거운 짐 내려놓고
저 강 건너 가신 님
머무신 피안의 땅이
사랑보다 깊은가요.

봄은 가고 여름은 오고
그리고 가을 겨울,
눈은 쌓였다 사라지고
피고 지는 꽃 하염없어도
잊힐 날 없이 기다립니다.

아, 아니 오시는 님이시여!
반이나 희어진 머리카락
서리 내린 풀잎같이 시들어도
기다리고 기다리렵니다.
사바 건너 피안에 가서도
기다리고 기다리렵니다.
내세에 다시 태어나도
기다리고 기다리렵니다.
사랑하는 님이시여
그리운 님이시여

도리천 가는 길 〈3〉 사자의 분노와 슬픈 이별

저자 정경대
발행인 윤선경
편집위원 권응두, 박영옥

인쇄 2018년 3월 05일
발행 2018년 3월 12일

펴낸곳 도서출판 아름원
주소 서울특별시 종로구 삼일대로 461 운현궁SK허브 102-210
대표번호 02-2264-3334

후원 (주)이플랜텍, 韓國馨命學會

©도서출판 아름원, 2018

※ 잘못된 책은 교환해 드립니다.

ISBN 979-11-89104-01-6
ISBN 979-11-950201-8-8 (세트)
값 15,000원